SINCLAIR McKAY

[英] 辛克莱·麦凯————著

张祝馨————译

德累斯顿
Dresden

一座城市
的毁灭与重生

THE FIRE
and
THE DARKNESS

文汇出版社

新经典文化股份有限公司
www.readinglife.com
出　品

目 录

第二部分　恐怖之夜

第三部分　劫后余生

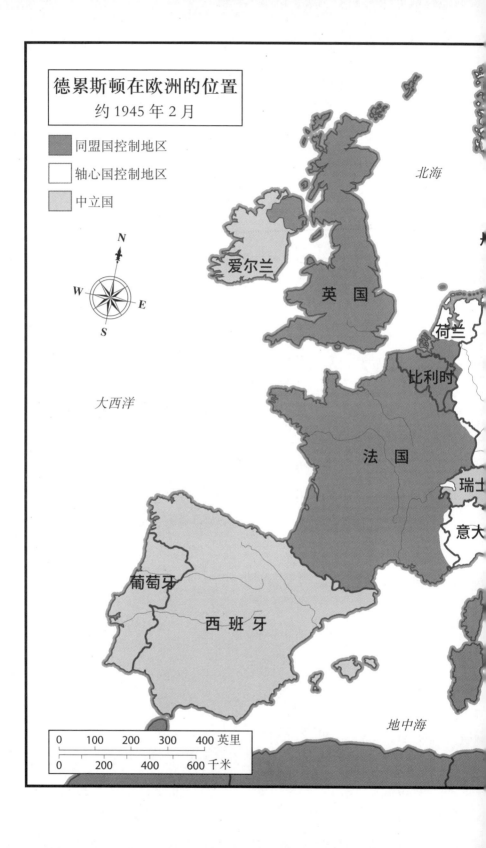

德累斯顿在欧洲的位置
约 1945 年 2 月

■ 同盟国控制地区
□ 轴心国控制地区
▨ 中立国

N
W E
S

北海

大西洋

爱尔兰

英 国

荷兰

比利时

法 国

瑞士

意大

葡萄牙

西 班 牙

地中海

| 0 | 100 | 200 | 300 | 400 英里 |
| 0 | 200 | 400 | 600 千米 |

威

瑞典

芬兰

波罗的海

苏联

德国

累斯顿

波兰

捷克斯洛伐克

奥地利

匈牙利

罗马尼亚

黑海

南斯拉夫

保加利亚

阿尔巴尼亚

希腊

土耳其

德累斯顿

轰炸区域，1945 年 2 月

盟军轰炸区域：

指定接近路线：
第一波攻击 第 5 组

第二波攻击 第 1、3、6、8 组

易北河

图 3 区域

| 0 | 1000 | 2000 码 |
| 0 | 1000 | 2000 米 |

德累斯顿市中心
约 1945 年

1. 茨温格宫及庭院
2. 森帕歌剧院
3. 日本宫
4. 奥古斯特桥
5. 天主大教堂
6. 德累斯顿城堡和绿穹珍宝馆
7. 布吕尔露台
8. 圣母教堂
9. 新市场
10. 老市场
11. 圣十字教堂
12. 中央剧院
13. 普拉格大街
14. 德累斯顿中央车站
15. 大花园公园

易北河

0   500码
0   500米

前言　时光中的城市

在王宫城堡的边墙下，在天主大教堂的阴影里，冬季的薄暮偶尔会引起你的注意。若你环顾四下，可能会有那么一瞬，你发现自己孤身一人。在王宫广场上，石砖铺就的地面和石刻石雕构成一片三角空间，上方巨大的拱廊通向王宫庭院，教堂尖塔高耸，戳向紫晶般的天空——时间在这里可能会滑向任何方向。

如果你通晓艺术史，你也许能想象自己正身处 19 世纪初期，是浪漫主义艺术家卡斯帕·大卫·弗里德里希画中的某个人物。弗里德里希生活在德累斯顿，他在画中描绘了这座城市沐浴在柠檬色阳光下的教堂尖塔和穹顶。如果你让自己在思绪中继续漫游，回到更早的时代，那么你又能置身于贝纳多·贝洛托笔下精致细腻的风景。贝洛托也为 18 世纪德累斯顿建筑的雅致所吸引——开阔的集市广场，比例匀称的房屋和楼宇。若你在那儿站得够久，就能听见这些艺术家也曾听过的乐音：大教堂的钟鸣。钟声敲响，带着些许急切，还有喧嚣，继而沉潜、回荡，仿佛诉说着愤怒。

而正是在这近乎不协和的乐音中，更近、更可怕的时代也不请自来。许多在这里或停或走的人都忍不住去想象——哪怕只有短短一瞬——想象飞机掠过头顶时的轰鸣，想象被红红绿绿的火光点亮的天空，想象熊熊火焰从残破的大教堂越蹿越高。

此类景象不仅限于这一处。就在广场数步开外的地方，有一条雅致的阶梯走道，低处便是易北河与它那令人惊叹的宽阔河岸。和往昔一样，石阶一直延伸至带有闪亮玻璃圆顶的艺术学院。与在天主大教堂附近相同，沿着石阶漫步，你也会步入两条时间的河流：你站在此处，在当下，凝望着易北河那蜿蜒曲折的河谷；而与此同时，你也能看见，在清冷的夜空中，成百上千架轰炸机从西方俯冲而来。你仿佛能看见身边惊恐万状的人群，他们拼命想要逃离炙烫的火焰，本能地涌向河岸。这就是德累斯顿阴森的真相：每一处美丽的景色，都能让人想起最可怕的暴行。所有来到这座城市的人都会体验到这种转瞬即逝的错乱感。用"不安"来形容并不确切，因为这里给人的感觉并不可怖。然而，童话般的建筑景观与其背后的历史并存，无疑尖锐又残酷。当然，错觉也构建在错觉之上：事实上，我们今日所见的许多童话般的建筑都被修复过，其原身早已在之前的灾难中被摧毁。

我们再也看不到表现主义画家康拉德·菲利克斯穆勒在 20 世纪 20 年代所绘的那座生动俏皮的城市，再也看不到 17 岁的酿酒学徒玛戈·希勒在 20 世纪 40 年代中期战时下班回家路上会见到的那些砖石与玻璃，再也看不到阿尔贝特·弗罗梅博士、伊萨克维茨一家、格奥尔格·埃勒尔以及玛丽埃莲·埃勒尔在 20 世纪初刚搬来时的那个资产阶级舒适乐园：精致的餐厅、歌剧院、精美的画廊。这一切我们再也见不到了，因为在 1945 年 2 月 13 日，离战争结束只剩数周时间的那个夜晚，796 架轰炸机飞过广场，飞过了这座城市。用一位年轻亲历者的话来说，它们"打开了地狱之门"。就在那个地狱般的夜晚，估计有 2.5 万人丧生。

德累斯顿被重建了。缓慢，历经困难和冲突。细致入微的修复与小心谨慎的现代景观美化手段结合在一起，所以你很难一眼就辨认出广场上的那些新建筑。但奇怪的是，尽管重建工作奇迹般地完成了，我们却还是能看到曾经的废墟。

以俯瞰新市集广场的 18 世纪巴洛克风格建筑圣母教堂为例：你可以清晰地看见修复用的白色石材刺向天空，与原来焦黑的砖石和残破的墙柱形成鲜明对比。所有经英国轰炸机司令部和后一天美国第八航空队飞行员轰炸后剩下的东西都被保留了下来——这是深思熟虑后的结果。

这座城市现在成了某种象征残忍的总体战的图腾：同广岛和长崎一样，"德累斯顿"这个名字将永远与"湮灭"联系在一起。这座城市位于纳粹德国的心脏地带，是孕育早期国家社会主义政治运动的摇篮，这个事实又让德累斯顿所背负的道德难题愈发复杂。

在过去数十年中，伴随着不同程度的愤怒、同情、痛苦与创伤，关于这座城市及其遭到的轰炸，道德争论和分析一直不曾停歇。时至今日，这样的争论仍然是这座城市的一个重要组成部分。在德累斯顿，过去与当下并存，所有人都必须小心翼翼地穿过时间与记忆的层层关卡。

这座城市更晚近的历史又为它带来新的难题：二战结束后，德累斯顿归属苏联控制下的德意志民主共和国。苏维埃政府真正控制了历史的进程，他们在市中心大兴土木，建造新的建筑和设施，为未来发展做准备。这也是为什么当 1990 年德国重新统一，欢庆的浪潮席卷欧洲大陆时，一些人却由衷地对东德政府的垮台感到遗憾，直到今日他们的想法也仍未改变。

有一个比较有名的德累斯顿人，名叫维克多·克伦佩雷尔 ❶，是一位学者。在大多数犹太人都被驱逐到死亡营后，他成了这座城市为数不多的犹太裔居民之一。战后，他形容这座城市曾是"一个珠宝盒"，这也是轰炸引起如此多关注的主要原因之一。毫无疑问，德国还有其他城镇遭受更严重的破坏。在德累斯顿遇袭几周后，西边的城市普福尔茨海姆也遭到袭击，短短几分钟内，该城的死亡人口比例甚至比德累斯顿那惊人的死亡率还要高。

还有其他城市遭到焚毁。1943 年，成吨的燃烧弹从汉堡的天空中倾泻而下，砸向成片的木质建筑，一时火光四起，窗瓦尽碎。橙色天空中的飞行员惊愕地看着一条条火龙在狭窄的街道中穿梭蔓延，汇聚成巨大的熔炉，仿佛要将所有元素破坏殆尽：空气被抽走，滔天热浪冲上天空，没被烧死的人也窒息而亡，每一次越来越微弱的呼吸都灼烧着肺部。

科隆、法兰克福、不来梅、曼海姆、吕贝克以及其他城市的情况也一样。在许多地方，除了超出想象的遇难人数以外，那些在某种意义上象征着欧洲文明的宫殿、剧院、教堂等建筑也被大量摧毁。

然而，和德国西部的很多城市不同，德累斯顿靠近波兰和捷克边境，距布拉格只有约100英里，具有十分重要的国际地位。长久以来，它一直以精美的艺术品收藏、多姿多彩的萨克森历史，以及美轮美奂的巴洛克教堂和赏心悦目的巷弄闻名于世。当时，就像现在一样，这座城市离世界如此之近。它坐落在易北河的河谷深处，环绕四周的迷人山丘一直延伸到远处风景如画的山林之中。19 世纪初，哲学家约翰·戈特弗里德·赫尔德曾将德累斯顿称作"德国的佛罗伦萨"，

---

❶ 维克多·克伦佩雷尔（1881—1960），语文学家，他在第三帝国时期的日记成为后世研究纳粹反犹宣传与种族灭绝的重要材料，著有《第三帝国的语言》。——本书脚注如无特别说明，均为译者注

并且描述了两座城市令人赞叹的相似之处。这也是后来更广为人知的"易北河上的佛罗伦萨"这一称呼的由来。

但这座古城并不古板，这也成就了它的名声。德累斯顿可不只是个珠宝盒那么简单，在艺术上它同样声名远扬，充满活力：这里有大胆创新的画家、作曲家和作家；这里有最早的一批现代主义者；富有远见的建筑师也将关于完美社区的新理念注入城市。除此之外，音乐也是组成街道的有机成分。至今也仍然如此，走在夜晚的旧城中，你总能听见街头艺人演奏的古典乐音和教堂唱诗班的歌声。这些悠扬的曲调不知在此地回响了多少岁月。

德累斯顿的故事，它的毁灭与重生，呈现出一系列可怕的莎士比亚式道德难题。如果我们承认那天晚上及其后，成千上万儿童、妇女、难民、老人遭受了巨大的苦难，那么纳粹在那里犯下的丑恶罪行会不会因此而淡化？如果我们继续深入挖掘这座城市的特殊遭遇，那么我们是否会因"沉迷"于一个特别美丽的地方，而忽略欧洲大陆上还有很多村庄和城镇经历过更为残酷的过往？

接下来的问题是，我们该如何看待那些对目标投下炽热炸弹的飞行员？这些疲惫不堪、饥寒交迫的年轻人，经历了心惊胆战的长途飞行，目睹过无数战友在空中被炸成碎片，飞到这里，只为完成他们接到的命令。这些机组里有英国人、美国人、加拿大人、澳大利亚人和其他来自不同国家的人，他们驾驶飞机，规划航线，瞄准敌机，趴在弹仓上，用对讲机互相交谈，手中紧抓着护身符：可能是帽子、袜子甚或女友的文胸。文胸的辟邪威力可比十字架要强。这些人透过黑暗看着几千英尺之下的熊熊大火，不断投掷更多的炸弹。因为他们知道，自己也随时可能被烈焰吞噬，被活活烧死。这些年轻人，以及英国皇家空军的总司令、绰号"屠夫"的亚瑟·哈里斯上将，要怎么面对那些针对他们犯下战争罪的指控？他们该如何为自己辩护?

尽管在某种程度上这只是一场军事行动,但我们不能仅从军事历史的角度去思考它。相反,我们应该尽可能地透过那些现场亲历者,天上的和地上的,那些指挥者,那些平民参与者,透过他们的视角,去进一步探究这场灾难。因为这是一场远远超出战争范畴的悲剧。就在一夜之间,成千上万的生命被抹去,文化和记忆被摧毁。那个恐怖的夜晚至今仍是一个棘手的政治问题:必须特别小心,不要给当下那些企图利用死者的人提供任何支持或帮助。纪念本身成了战场。德国东部和其他地方的极右翼分子不断发挥"纳粹德国的平民也是无辜受害者"这样的观点,他们将自己的论点与关于轰炸原因的一些古怪阴谋论杂糅在一起。一些市民反对这种论调,因为他们明白,不能放任右翼分子为了达成自身目的而操控、利用那个夜晚。他们明白,历史必须被保护。

保护历史的方式之一也许就是倾听那些亲历者的声音,走进他们的人生:那些早在德累斯顿被黑暗笼罩前就出生并生活在这里的人,那些在那段黑暗岁月中出生的孩子,那些经历那个恐怖夜晚的人,还有那些不得不在随后的混乱岁月中重建日常生活的人。

这座现代城市的政府与英国的一个志愿者组织展开了一项感人的合作,致力于德累斯顿的复兴。德累斯顿信托基金会密切参与了圣母教堂的艰难重建。

这座城市和信托基金会充分运用了德累斯顿与考文垂之间的共生关系。位于英格兰中部的考文垂市在1940年11月遭到纳粹德国空军的袭击,被付之一炬,只剩断壁残垣。两座城市的共生基于一个共同的理念:绝不能让这样的悲剧重演。

但是,德累斯顿的故事既关乎死亡也关乎生命,它诉说了人类精神在最特殊的境遇下展现出的无限坚忍。明白这一点尤为重要。

　　这些事件已渐渐从鲜活的记忆中淡去，我们可以不被各种主张、反诉、政治宣传所蒙蔽，从更客观的角度去审视它们。因此，以另一种形式重建德累斯顿的机会也摆在了我们面前：去纪念彼时的德累斯顿人，描绘他们日常生活的图景。

　　近年来，这座城市的档案馆一直在尽最大努力收集证词和目击者描述。这项鼓舞人心的公共历史计划收集了许多人的声音，让许多失落的记忆重见天日。这些在不同时期被记录的故事来自各种各样的市民，他们年龄各不相同。有事发时尚且年幼的人讲述的故事，也有亲历那场恐怖灾难的成年人留下的日记、书信和只言片语。从德累斯顿的首席医疗官到防空管理员；从城市中被残酷迫害的犹太人到心怀羞愧而伸出援手的非犹太人；从青少年和学童们的回忆到成年市民的非凡经历：这些档案记录的不仅仅是一个夜晚，而且是一座非凡城市经历的非凡历史时刻。千百个声音正等待着世界的倾听，许多故事此前从未为人知晓。

　　现在，是时候拨开德累斯顿那些废墟和重建的建筑，看看在被纳粹玷污之前，这座充满革新和创造精神的城市究竟有着何种韵味。是时候走上消失已久的街道，像个德累斯顿人那样凝视往来的景色。这个故事不仅讲述了一场骇人听闻的毁灭，也诉说了破碎的生命在其后的新生。

第一部分

怒火将至

第一章　在那天之前

　　1945 年 2 月初，德累斯顿凛冽的空气中弥漫着烟味。虽然战时总是无法保证煤炭供应，但这座城市的火炉和锅炉工还是顶着清晨的寒霜，坚持工作。雪已经化了，但冰冷的空气依然让人呼吸不畅。圣母教堂周围的砖石路潮湿难行，对那些双手插在大衣口袋里前行的人来说尤为危险。每天早晨，上了年纪的老绅士们都戴着帽子，小心翼翼地挪步去老市场的银行和保险公司上班，努力维持着中产阶级平常生活的假象。

　　其他在窄路上行走的人则要轻松多了。少年格哈德·阿克曼穿梭在米褐色相间的电车和绿色木制手推车之间，上个周末他刚在电影院度过大把好时光。当时，很多德国人对电影如饥似渴，把自己代入电影营造的另一个世界。阿克曼看的那部电影名叫《犯罪现场》，在几个月前摄制完成，也是纳粹管理体制下的最后几部电影之一。这是一部荒诞喜剧，充满滑稽的冲突，其中有一位秘书变身私家侦探的桥段。[1]

　　那个冬季，整个德累斯顿的 18 家电影院都在持续放映。其中最大的一家叫"宇宙电影院"，拥有上千座位，面向高端顾客。在德累斯顿，电影的主要受众和爱好者是工人阶级，但中产阶级也会被高雅的古装剧和经典小说改编的作品吸引到像宇宙电影院这样的剧院里。[2] 在纳粹下令关闭德国所有电影院之前，《犯罪现场》是最后一部在德累斯顿上映的电影。[3] 年轻的阿克曼手里的电影票将成为纪念品。

无论如何，对许多年长的德累斯顿人来说，逃避现实太难了。他们有一种本能的悲观认识，即他们所熟悉的世界秩序随时都会崩塌。这些市民自己就能看得出来，这座城市的节奏十分狂躁。川流不息的卡车通过宽阔的街道和桥梁，它们载着年轻的德国士兵和军火穿过城市，然后向东行驶。疲惫不堪的马匹拖着马车朝相反的方向痛苦前行，车上载着同样疲惫不堪的农村难民家庭。

在这一切嘈乱背后是一种真切的紧迫感。格奥尔基·朱可夫元帅率领的红军已经在波兰渡过奥德河。1 月中旬，苏联人像用斧头劈开烂门一样突破了德军防线，并且保持着这种令人窒息的攻势。在西线，"阿登战役"❶ 后的英美联军正向德国施加新的压力，他们在潮湿且寒冷的森林和小镇中奋力推进。

许多德国人开始用一种较为平静的矛盾心情去构想美军占领的前景，但是，可能会被苏联征服的念头却引发了无法遏制的真正恐惧。在红军到来之前，早有传闻说他们在东线对无数妇女和平民男子犯下反社会的罪行。在这场不可避免的溃败中，逃命的德国农民、农工，还有他们的家人都不会想到，他们与国家的命运将在黑海边一个距德累斯顿大约 1300 英里远的度假村被决定。在雅尔塔一座曾经十分华美的宫殿里，约瑟夫·斯大林、温斯顿·丘吉尔和因病而面黄肌瘦的富兰克林·罗斯福[4] 正在讨论治理和控制战败德国的种种

---

❶ 阿登战役，又称"突出部之役"，指纳粹德国于 1944 年 12 月 16 日至 1945 年 1 月 25 日在欧洲西线战场比利时瓦隆的阿登地区发动的攻势。

细节。他们商定如何将德国分成美国、英国、法国、苏联四个占领区，并在一丝不苟的民主原则下进行治理。在会议上，斯大林的高级指挥官要求英美联军进攻苏联势力范围内的德累斯顿交通枢纽，以此来阻碍德军向东移动。[5]

很明显，战争到了这个阶段，重型轰炸机已经过时，战场的未来掌握在物理学家手中。纳粹没能造出的原子弹，美国人就快要秘密完成了。同时，同情共产主义的科学家克劳斯·福克斯也一直秘密向斯大林报告美国新墨西哥州洛斯阿拉莫斯实验室的工作进展。

德国平民一定很难想象还有什么能造成比现在更大的破坏了。1945 年 2 月 6 日，美国第八航空队空袭开姆尼茨和马格德堡，造成巨大破坏。以马格德堡为例，这座位于德累斯顿西北方向 140 英里处的易北河畔城市，其历史街区完全变成一片尘土瓦砾；而在上个月一次主要针对炼油厂的空袭中，宏伟的城市建筑和无数房屋楼宇都被大火吞噬。[6]

尽管每天的广播都在报道德国人正激烈抵抗盟军的进攻，报纸上的文章也向读者保证英美的入侵将被阻挡。但每个德累斯顿人都知道，这座城市正在吸引敌人越来越多的注意，11 岁的迪特尔·帕茨回忆道，侦察机"在天空中闪着银光"。[7]母亲们拼命想要保护自己的孩子不被战争伤害。弗里达·赖歇尔特有一个 10 岁的女儿，叫吉塞拉，她肚子里还怀着另一个孩子，预产期在 3 月。"我一直期待着弟弟或者妹妹的到来，"吉塞拉回忆道，"德累斯顿似乎离战争很遥远，我们都没把那些轰炸放在心上。我的母亲尽她最大的努力让我拥有一个美好的童年。"[8]

尽管许多市民故意表现得漫不经心，但其实德累斯顿之前就遭到过美国人的空袭，一次发生在 1944 年秋天，另一次发生在 1945 年 1 月 16 日。袭击者突然出现在白日的天空中，两次空袭都杀死几百人。他们最初的目标是腓特烈施塔特医院不远处的大型铁路编组站。德累斯顿的早期警报系统几乎每天晚上都神经兮兮且毫无必要地对着黑暗啸叫，增添了紧张的气氛，让许多人无法正常入眠。尽管这座城市多年来似乎一直远离战事，但这里的居民哪怕在梦里也会不断地被提醒现在仍是战时。

晚间新闻报道称，牵制苏联红军的德国军队正处于有利形势，但柏林随时可能沦陷的传言四起，盖过了报道的声音。德累斯顿人不知道的是，柏林当局最近已将他们的城市指定为"防御区"[9]——这意味着，一旦苏联军队大举入侵，德国士兵就会把德累斯顿的街道和广场变成战场。德累斯顿大约有65万人口，和英格兰的曼彻斯特或美国的华盛顿特区相差无几，这里会成为易北河战线的一部分，该战线将在阿道夫·施特劳斯将军的指挥下，以布拉格为起始，顺着河谷一路延伸，穿过德国内陆抵达汉堡前线。理论上，汉堡将被凶残的德军牢牢控制。

在灯火管制时期那些陷入死寂的夜里，有许多德累斯顿居民认为自己能听见远处山丘上回荡着的死亡之音。关于强奸和残害的骇人传闻不断，统统都是真事。红军驻扎在60多英里外。赫塔·迪特里希是一名单身女子，寄宿在一位退休的马房管事家。她担心自己无法忍受这个城市落入这些人手中，于是宣布她"也许会把老房东带到更西边另一个城镇她的熟人那里去"。[10]

这座城市里有多少人听说过，就在几天前，行进中的苏联人碰巧经过一座纳粹集中营这样的传闻？学者维克多·克伦佩雷尔和他的妻子当然获悉了关于奥斯维辛集中营的恐怖情报：苏联士兵在被遗弃的集中营里探索，发现了数千名骨瘦如柴的囚犯，他们被德军留在那里等死。这个噩梦般的集中营在1月27日被发现。有关此事的各种猜测传到德累斯顿，证实了克伦佩雷尔一直以来的担忧。过去几年里，每当盖世太保让他的朋友和邻居整理东西去短途旅行时，他都明白他们登上的火车将驶向死亡。[11]

少数犹太人留在德累斯顿，他们的财产被没收，被迫住进专门分配的房屋，那些房子破旧不堪，被拆隔成一间间小公寓。这些公寓简陋、寒冷，煤气供应中断，因此几乎无法烧水。不论白天还是深夜，当局可能在任何时候进行粗暴的房屋检查。克伦佩雷尔见过数不清的犹太人收到"驱逐出境"的文件；他也目睹了犹太人口从战前的几千人减少到如今的几十人。许多德累斯顿人也有相同的疑虑，但所有人都知道公开讨论这种事并非明智之举。当地的盖世太保和警察有权处决任何涉嫌叛国的人，而打击士气即可视为叛国。

维系日常生活是一种挑战，要视而不见，要充耳不闻。但普通资产阶级标准正以惊人的形式瓦解。人们可以看到聚集在中央火车站周围的农村难民蹲在附近小巷里解手，因为火车站厕所门口的队伍实在排得太长了。这可不是挑剔讲究的德累斯顿人惯于目睹的事。

64 岁的阿尔贝特·弗罗梅医生看到越来越多西里西亚难民出现在他的诊室，这些难民身患疾病，不知所措，在向西的跋涉中停留于此。弗罗梅医生是德累斯顿腓特烈施塔特医院最杰出的外科医生，这家医院坐落在一片绿荫之中，位于易北河和编组站之间的地带。（虽然战争还在继续，但该医院仍然对所有人开放。）弗罗梅医生面临着许多困难，比如药品和止痛药库存可能不足，医院大楼的燃料供应也变得断断续续。

弗罗梅医生是德累斯顿最有影响力的市民之一。就在一年前，他被任命为德国外科学会会长，并在德累斯顿创办了一所备受尊敬的医师学院。然而，这并没有让他成为体制内的一员，因为他从未加入纳粹党。弗罗梅家中摆满朴素的油画和种类繁多的书籍。根据他孩子的说法，他们的父亲是一个拘束严谨的人——每天他回家吃午饭的时候，都要求家中肃静，家人端庄得体——但如果你知道他在一战时的医疗经历，就会觉得他有这种性格也不奇怪。一战期间，他不仅目睹过战壕里发生的污秽丑恶之事，还曾拼尽全力救治那些惨遭不幸的人。经历过这些之后，他怎么可能不变得沉默严肃呢？

如今，他在德累斯顿的工作非常耗费精力。每天，当他走在医院的走廊上，清新的空气中弥漫着消毒剂的味道，他和年轻的同事们都面临着补给不足的困难，哪怕是在和平时期，这些困难似乎都难以克服。但是，就像德累斯顿的其他人一样，弗罗梅医生已经适应了这个倾斜的世界。

从拥挤的医院走一小段路就到了德累斯顿另一家历史悠久的机构——赛德尔与瑙曼工厂，每天都有大批工人从工厂大门进出。长久以来，这家工厂的名字一直家喻户晓。的确，弗罗梅医生就对该厂精制的产品之一、他的私人打字机极为信赖。及至 1945 年 2 月，这家工厂的生产几乎完全向战争妥协。

赛德尔与瑙曼工厂建筑群上方的天际线上耸立着两座巨大的烟囱，仿佛与东面半英里处老城区大教堂的塔尖互为呼应，除此之外，它还有其他雅致的回响。厂房有一种朴素的庄严感，从外部看有点儿像大型住宅区。这些建筑形成了一个巨大的广场，广场中间是开放空间，光线可以照进每一个角落。二战以前——确切来说是自 20 世纪初以来——该公司一直在生产做工精细、设计精美的家居用品。它生产的"理想"和"埃里卡"牌打字机出口到欧洲各地。它生产的缝纫机也同样出现在欧洲大陆各地家庭的客厅里。它生产的自行车长销不衰。这家公司在劳资关系处理方面也创新而巧妙。赛德尔与瑙曼工厂不仅为员工建造了供应营养膳食的大食堂，还为他们提供公司医保和娱乐活动。

战争爆发前，德累斯顿工厂雇用了 2700 名工人，但现在每天从汉堡街工厂大门进出的工人和那时大不相同。在没有青壮年男性的情况下，在这里工作的绝大多数是妇女，其中许多是强迫劳工，比如犹太妇女，甚至有苏联妇女。战争期间，劳动力不断劣化，这个过程不可逆转，及至 1945 年，这些形容憔悴、精神恍惚、衣着不整的奴隶劳工已渐渐为德累斯顿人接受，被当作正常世界的一部分。工厂的工作性质也发生巨大变化。成品的用途——从引爆弹片的引信到深水炸弹和高射炮的点火器——对所有工人都严格保密，连那些没日没夜为它们生产零件的人都不知道这些产品将作何用。不难想象，德国国内的商品早已供不应求。

德累斯顿仍然有一些青壮年男工人不在军队服役，而是在工作。11 岁的迪特尔·帕茨的父亲就在附近一家专门制作精密乐器的金属加工车间工作。这个男孩深信他的父亲"在剪刀厂工作"。[12] 事实当然并非如此：工厂早在几年前就移交给军事部门从事更精密的生产业务，对于这些技术工人来说，他们现在有了额外的任务，包括每天工作结束后强制参加人民冲锋队 ❶ 的集会。

在最宽泛的意义上，人民冲锋队是德国军队的最后堡垒，其成员为所有未被征召入伍的人。每个城市和每个地区都有自己的小队，由中老年男子组成，但这些队伍不以任何正式形式隶属于军队。直到 1944 年，这些冲锋队才被重新启用。被强制参加集会的人清楚，他们几乎不可能获得正规的武器或装备。在其他城市，一些队员接到命令，要负责填补轰炸留下的凹洞和弹坑。冲锋队也暗含一种邪

---

❶ 人民冲锋队，纳粹德国在二战最后阶段成立的国家民兵部队，其成员为 16 到 60 岁尚未被征召服役的健全男性公民。该部队并非传统上由德意志国防军负责建立，而是纳粹党根据希特勒在 1944 年 9 月 25 日发布的元首命令建立的。

教意味：集会上充斥着纳粹关于死亡、流血和荣耀的布道，穿插着对远古家园近乎神秘的呼唤。帕茨回忆说，他父亲每天终于回到家时，"都远远超过正常的晚餐时间，他看起来筋疲力尽"。[13]

强迫劳工最多的是蔡司·伊康相机工厂。该工厂位于德累斯顿东南部，靠近大花园公园。及至 1942 年，这些工厂对军用精密仪器生产和光学技术发展起到了非常重要的作用。德累斯顿犹太人——包括学者维克多·克伦佩雷尔——也被迫在那里工作。[14] 到 1945 年 2 月，大批犹太人被送进东部的死亡营，工厂不得不额外补充强制劳工来接替他们：波兰和苏联边境地区的妇女被带到这里。这些工人入住的营房简陋不堪：三层的床铺，微弱的供暖，永远短缺的食物，还有侵蚀灵魂的疲惫。不过，其中也有当地女工，她们拿全额工资，要么步行上班，要么从郊区搭乘电车到工厂。

这样的群体本来不可能就这么不带怨恨或怜悯地融合在一起，但他们做到了。克伦佩雷尔回忆说，德累斯顿工人每天都在工作，他们似乎对工厂里的犹太人没有任何敌意，也不觉得需要和他们保持距离，不论是出于敌意，还是出于无声的同情。相反，生产线上的气氛常常是轻松诙谐的。

德累斯顿自由市民的工作日开始得很早，孩子也早早地赶去学校，看看那天学校是否开门，即使周围越来越混乱，他们也还在刻苦学习。学校的课程表被严重打乱，经常停课，往往是为了节省燃料。没有学上，孩子们就在市区公园和树木繁茂的郊区玩冬季游戏。一些教室被改造成临时野战医院，救治从东线回来的伤员。

对所有 13 岁以下的德国儿童来说，在 1945 年这一年的成长过程中，他们只知道纳粹的统治规则，除此以外一无所知。对他们来说，纳粹就是这个世界的自然秩序。有一些孩子听到过父母在私下里质疑当局，所以当学校向他们不断灌输那些被其他同学欣然接受的政治宣传时，他们一定会觉得很矛盾。弗罗梅医生的大儿子弗雷德里克就读的菲茨图姆文理高中是这座城市教学质量和学术水平最高的学院之一。近年来，学校遭受了两次重大挫折：先是一幢主楼被征用作军事用途，不得不与另一所学校共用校舍；之后，在1944年，在一次美军的随机空袭中，这些建筑都被炸得粉碎。

这所高中的很多学生后来会成为律师、工程师、医生和记者，但在当时，有越来越多的15岁男孩通过希特勒青年团被选派进防空部队，负责用枪指着德累斯顿和其他城市上方的夜空。

所有男孩都必须加入希特勒青年团，有些安静斯文的孩子根本不适合防卫任务，却也逃不过征募。1945年，15岁的温弗里德·比尔斯也有自己的课后任务。这些任务似乎并未对他更重要的事业——集邮——造成太大影响。温弗里德和母亲住在易北河北岸郊区的一处高档公寓里。他那当兵的父亲当时在波希米亚：那里是纳粹主义最凶残的熔炉之一。在那里，在捷克斯洛伐克，当地的犹太人几乎完全被消灭，其他少数民族，如吉卜赛人，也惨遭迫害。如今，比尔斯的父亲面对的不仅是不断推进的斯大林军队，还有当地的抵抗组织，他们拿出十足的劲头进行反击，而此时，在一百多英里之外，比尔斯的儿子正准备回家吃晚饭。

即使在那个食物稀少的年代，也还是有红甘蓝和炸土豆——比尔斯的母亲感叹，如果"还能吃到炸土豆"，那就没什么不开心的理由。[15]事实上，在和平时期，萨克森人的主食总少不了土豆汤（配黄瓜和酸奶油）和土豆饺子（配酪乳）。现在唯一真正缺少的是重奶油蛋糕，这是德累斯顿人都会向往的传统食物。

1945年2月初，比尔斯的希特勒青年团任务集中在大中央火车站，包括帮助离境的难民在德累斯顿外围农场和村庄里找到新的临时住所。火车站的建筑无疑让所有到达德累斯顿的人都对这座城市留下深刻印象:德累斯顿车站一直有着雅致悠长的弧形玻璃屋顶,还有设计巧妙的月台和大厅。这是一座带有世界主义色彩的建筑:铁艺轮盘的细节呈现出泛欧式的质感,阳光透过玻璃屋顶倾泻进来,给蒸汽引擎产生的浓烟投上一层浪漫的迷雾。[16] 直到最近,还有从西部一些遭到轰炸的城市逃来的难民陆续到达。除此之外,从休假或休养中归来的德国士兵也会出现在火车站。

在车站下车的人经常被指向北方,指向河对岸的新城区。新城区的街道带有明显的巴黎风味:又长又高的露台,底层是商店和餐厅,背面藏着绿树成荫的庭院。与此同时,火车站附近的老城区则呈现出复杂精密的感觉,与之相匹配的是优雅而奢华的普拉格大街,即使在总体战的经济控制之下,这条购物街仍然激起许多当地人的想象力和欲望。

普拉格大街早年的橱窗里不仅展出闪耀亮丽的商品——靛蓝和翡翠色的艳丽丝绸、时髦的高级时装、蓬松厚重的奢华皮草、炫睛夺目的珠宝——而且还以一种奇异的方式代表着社会稳定的形态:不同于 20 世纪 20 年代里通货通胀极重的德国货币,这些精致的资产可以保值,因此,在购买它们的同时,顾客也买下安全与安心。然而,许多店主却没法安心。1935 年通过的《纽伦堡法案》让反犹太主义成了宪法的重要组成,使其深入德国人的生活中心,自那以后,商界人士痛苦地认识到,他们的资产可能会被攫取——被国家没收。尽管如此,即使在战争后期,德累斯顿那些时髦的淑女仍然会来普拉格大街购物、用餐、喝咖啡,虽然那都是带着燕麦味的假咖啡。

更务实一些的德累斯顿人则青睐传统商店,比如博曼商场。到1945 年,这家商场成了一处蓬勃发展的市场,流通着各种小道消息和对战争的猜测。也有更现代化的百货商店,比如位于老城区的雷纳商场，哪怕是在战争年代，这家商场里的商品也应有尽有，从童装到家居用品，都有存货。再往前走几条街就有一家非常新潮的商店，以前的店名是"阿尔斯伯格"。这家店和两边古色古香的迷人街道形成强烈对比，它由精心校准的水平线和微妙的曲线构成，简直是一座带有未来色彩的现代主义圣殿。阿尔斯伯格是第一家引进自动扶梯的商场，为上流购物者免去过度疲劳的可能。和这座城市及德国其他地方的许多企业一样，作为雅利安化进程的一部分，这家商场被纳粹当局从其犹太所有者手中夺走。他们把店名改成了"莫比乌斯"。[17] 反正就算商场没被没收，在这十年间也不会有什么生意：纳粹对犹太商店的抵制太彻底了。

在德累斯顿年轻的工人阶级女性——比如 17 岁的安妮塔·奥尔巴赫眼中，其他更大、更浮夸的商店则是带有讽刺意味的娱乐场。奥尔巴赫是白弓餐厅的服务员，这家餐厅和市中心只隔几条街，是一家生意兴隆的廉价饭店。早年，这里曾是滴酒不沾的左翼政治激进分子的聚集地，是他们进行演讲，举行激烈的会议，以及开展冗长、喧嚣的辩论的非正式场所。那时，德累斯顿有一位杰出的共产主义者，一个叫埃尔莎·弗罗里希的年轻母亲，她被纳粹当局监禁，随后被释放。她现在在附近一家卷烟厂当会计，这家卷烟厂已被改造成弹药厂。1945 年 2 月，只有为数不多的人期待在德累斯顿的街道上看见斯大林的军队，弗罗里希就是其中之一。[18] 然而，白弓餐厅现在挤满德国士兵（实际上偶尔也会有鬼鬼祟祟的逃兵，他们想避开严查），端上桌的蔬菜汤让窗户都蒙上了雾气。

在城市西南角，另一个 17 岁的年轻女子玛戈·希勒在几个月前刚刚结束学徒培训，在和平时期她几乎不可能获得这样的培训机会。现在，她在费尔森凯勒啤酒厂有一份全职工作。德累斯顿有许多成功的酒厂，费尔森凯勒就是其中一家。该公司成立于 19 世纪中期，曾挖掘专用的隧道以储存啤酒。[19] 战争也使公司开启了一条全新的生产线，它藏在工厂黑暗的深处，专事军用复杂机械技术部件的生产。但啤酒生产也没有停。费尔森凯勒精于酿造一种烈性啤酒，在该啤酒的广告中，一个微笑的金发男孩穿着格纹裤子，高举着一个冒着泡沫的啤酒杯。

当地制造业和酿酒业保持运作，仿佛世界局势很稳定一样——如果说这样的局面看起来有些不真切的话，那么这种感觉在老城区还会被进一步放大，在那里，银行和保险公司的日常业务照常进行。和百货商店一样，德累斯顿的银行也曾遭到纳粹劫掠。这座城市最著名的金融机构之一在 1935 年被纳粹的雅利安化进程所吞并，其原本的所有者是犹太裔阿恩霍尔德家族。阿恩霍尔德银行被并入德累斯顿人银行，虽然后者已将总部迁往柏林，但在德累斯顿仍有大量支行。

德累斯顿人银行的业务现在完全围绕战争事务展开，它的触角延伸至纳粹治下东欧的每一个角落。我们可以合理推测，在那段黑暗的日子里，银行内部一些高管肯定清楚地知道东部森林深处那些集中营里到底发生了什么。他们的部分业务就是为这些集中营的运作提供资金，并找到从中牟利的方法。在德累斯顿人银行高级管理层控制的街道上，鲜艳的红黑纳粹党旗在冬日的风中飘扬，在灰色砖石建筑的映衬下，纳粹的万字符是那么显眼。

然而附近却有一些不知何故并未完全陷入战争泥沼的城市地标。比如普丰茨乳制品店——这家过于华丽复古的乳品店，店内贴着 19 世纪的唯宝牌手绘瓷砖，代表老一代德累斯顿人的精神，活泼而轻快，简直是一座供奉甜蜜的圣殿（这家店今天仍在原地）。[20] 在和平时期，这里是旅游胜地，有糕点和脱脂牛奶——这不仅吸引着孩子们，也吸引那些葆有童趣的父母。沿着易北河再往前走，可以看见艾克城堡坡地上成片的葡萄园。城堡是一座富丽堂皇的 19 世纪建筑，由当地一位富有商人按照英国城堡的风格和气质建造。[21] 据说这里和附近许多葡萄园都拥有相当优良的风土条件。在这样的环境下，自然能产出口味微妙的雷司令葡萄酒，它既有柔和的口感，又像秋季的苹果一般刺激着味蕾。从艾克城堡葡萄园俯视，可以看见河流的景色，还能看见 20 世纪初被当地人称为"蓝色奇迹"的那座桥。这也是许多当地人在讨论苏联红军时提到的那座桥。这座悬索桥一直被视为一项革命性工程，让这里的人拥有了真正的地方自豪感，人们议论纷纷，想知道德军是否会在战争中牺牲它，来拖慢苏军的行进速度。

人们心底对残暴且不可阻挡的暴力的恐惧与其他深切的焦虑交织在一起。对每一个德累斯顿人来说，这座城市都有一种独特甚或神圣的美：几个世纪以来，大小教堂和宫殿始终坐落在易北河蜿蜒的河岸上，它们本应象征着永恒。如今人们却担心野蛮的入侵者会将这片美景夷为平地。那种宗教式的审美观不知何时找到了一种与血红的万字符共存的方式。

然而，真正笼罩在这座城市上空的阴影并不是苏联人投下的。相反，几乎无法预料的威胁来自西方盟军的秘密计划。

第二章　在州领袖的森林里

　　激烈的争论早已超出伦理道德范畴，甚至可能丧失了严谨的理性。一种毫无计划的、不计人类死亡的冲动正在逐渐取代军事行动中的精密筹划。全球战争在此时进入了疲惫阶段，对那些仍在被 20 世纪早期冲突困扰的人来说尤为如此。但是，"平民可以成为合法的军事打击目标"这个想法并不新鲜。三年前，也就是 1942 年，约瑟夫·斯大林就告诉过温斯顿·丘吉尔，英国轰炸机应该瞄准德国的住宅和工厂。当时仍有一些人，尤其在美国高级军官之间，认为军事目标和平民目标之间的细微差别还是有可能分辨的，而且站在道义角度上，分辨这两者也的确有其必要。但丘吉尔并不需要斯大林的任何告诫：在英国高级指挥官和政治家的认识中，总体战已经是公认的事实。在斯大林公开表达他的观点之前，像英国首相的科学顾问彻韦尔勋爵这样的人就坚持认为，对德轰炸应以"清扫"大城市人口为目标，这样做能让整个德国工业和基础设施陷入瘫痪。[1]"清扫"这个词，带有一种处心积虑又不动声色的技术官僚主义色彩。

　　轰炸机司令部的空军上将亚瑟·哈里斯爵士是这一想法最狂热

的倡导者，他的名字将与德累斯顿的命运不可避免地交织在一起。哈里斯性格中唯一的一点儿感性似乎都给了美丽的乡村风景和耕作其间的农民，但是对于摧毁德国城市的必要性，他从未有过分毫怀疑。他对居住在城市里的平民的最终命运完全漠然，毫不关心。然而，他可以从道德的角度上轻松地为这一切正名。在1942年的一次谈话中，他坚称自己无意报复德国轰炸机给英国带来的浩劫。[2] 在他看来，那只不过是为了迅速结束战争。他带着宗教式狂热坚持这一信念。

英国皇家空军轰炸机司令部位于伦敦西北30英里处的绿地奇尔特恩丘陵。哈里斯结过两次婚，一头金发开始泛白。他有一间陈设简单的办公室，里面有一座细长的落地钟、一张大书桌、一台黑色的电话和一盏倾斜的台灯，一面墙上挂着一幅夜景画，另一面墙上挂着一幅巨大的欧洲地图，透过窗户可以看见外面稀疏的几棵杨树。这间办公室和基地控制室那明亮的、带有未来色彩的现代主义风格形成鲜明对比。哈里斯很喜欢交际：在那些他可以离开办公桌的夜晚，他和妻子特蕾莎会在办公室附近的家中举办晚宴，招待各式各样的人物，包括美国空军高级指挥官和外交官，客人之后总会写信感谢他们热情的款待。[3]1942年，也就是哈里斯50岁时，他接管了指挥权，自那以后，他成功地达成了两个紧迫的目标：说服首相相信，对德国城市的持续轰炸与轰炸其他战区一样重要（当时批评人士持不同意见）；随着技术和工程学的迅猛发展，航空飞机和机组人员的数量大幅增加。他那好斗的性格远近闻名，不论是对上还是对下，都一样火暴。他的谩骂——总是那么掷地有声，有时还带些黑色幽默——句句都直击要害。在他眼里，任何对轰炸机司令部的工作提出道德担忧或质疑的人都是间谍。[4]

但是，造成他这种凶狠性格的原因之一，可能是在他和前任指挥官的指挥下，已经牺牲了太多飞行员：迄今为止，已有约5万名机组人员在空袭中丧生，他们的尸体从黑暗的天空坠落，焚为灰烬。"他们在战争中长时间面对危险的那种勇气和决心，没有什么能与之相提并论。那种危险往往超乎想象，每3个人中只勉强有1人能在30次行动中幸存下来。"哈里斯写道。[5] 除此之外，哈里斯后来还指出，在训练中就有大量人死亡。即使是东海岸空军基地一些技术娴熟的机械师，也要夜以继日地忍受英国严酷的冬天，在可怕的压力下工作，最终死于通常只有老年人才容易罹患的疾病。

第一次世界大战期间，哈里斯曾在皇家飞行队服役，下方血流成河的土地在一定程度上决定了他的道德准则。在两次世界大战之间的那段时间，他继续在英国皇家空军服役，证明自己是一名出色而敏锐的组织者，而空军正努力保持自己的独立性，不受陆军和海军的影响。而他对德国人，无论是德国军队还是平民，都充满敌意，丝毫没有退让的余地。但他否认自己想看到"恐怖轰炸"发生，他声称自己"从未支持过这种事"。[6] 他的理由也许比单纯的轻蔑还要冷血一些：他对"毁灭德国城市、屠杀德国工人、破坏文明社区生活"很感兴趣，但这些行动都是缩短战争进程和防止更大规模屠戮发生的手段。他就是觉得死于轰炸也没那么糟糕。当他的上级，如空军参谋长查尔斯·波特尔爵士，坚持要精准轰炸工业目标时，哈里斯本就少得可怜的耐心将会彻底消失。他后来说，那些大谈轰炸"独立小目标"的人显然从未考虑过"欧洲的环境"，能说出"那种话"的人显然"从来没有到外面去过"或者"往窗外看过"。[7] 这种观点可能会让美国驻欧洲空军指挥官卡尔·"图伊"·斯帕茨觉得有趣，也可能只会让他感到震惊。斯帕茨少将主张"石油计划"——从英国机场派遣数百架美国飞机在白天飞越欧洲大陆，轰炸目标是德国的特殊工厂和炼油厂，使其失去燃料供应。这个计划，尤其在1944年秋天，被公认取得了巨大成功。

1945 年 2 月初，哈里斯的轰炸机与美国第八航空队协同作战，一直在攻击哈里斯轻蔑地称之为"万灵丹"[8] 的目标：主要是合成石油工厂（这些工厂被摧毁之后，效果可远超哈里斯口中的"万灵丹"，德军的后方补给受到严重阻碍）。2 月 3 日，多特蒙德遭到袭击，袭击目标是那里的苯工厂。奥斯特菲尔德和盖尔森基兴的类似工厂也是目标，但没能得手，不过在那段时间，盟军还完成了其他有效的战略任务。例如，2 月 7 日，轰炸机袭击了驻扎在戈赫镇和克莱沃镇的德军，炸碎道路，切断铁路，为盟军部队打开了攻占和穿越的路径，而与此同时，盟军正要穿过荷德边境上茂密的雷赫瓦尔德森林。哈里斯确信，这场战争正逐渐逼近决定性空袭的节点，他们已经进行过周密的演习，让 1000 架轰炸机以不可阻挡的速度在各个城市上空排成纵队轰炸。这样的攻势一定会让德国的最高指挥官屈服投降。这个确立已久的区域轰炸原则已经在几百次空袭中实施过，从埃森到汉诺威，从科隆到汉堡，从曼海姆到马格德堡，目的都是用无助的难民堵塞这些城市。普通的日常文明会在这个过程中崩塌。

对英国皇家空军轰炸机司令部的一些高级军官来说，像德累斯顿这样的城市现在只是详细地图上的彩色区域，被狂热的独裁主义者控制着的平民地区。到了战争的这个阶段，几乎没有人愿意准确区分平民和士兵、德国文化和纳粹主义了。很少有人有时间去设想普通人的生活会受到什么影响。

德累斯顿人普遍喜爱树木，整个城市种植着品种丰富的树木。男孩鲁迪·沃纳奇和母亲住在一栋居民楼里，他生动地回忆道："楼前的庭院有一大半空间是一个人工种植园，那里有一棵漂亮的栗树和一棵椴树。"[9] 玛丽埃莲·埃勒尔住在东部比较繁华的郊区，她很喜欢她家附近公园里"那些高大的橡树和椴树"。[10] 格奥尔格·弗兰克的父母在花园里种了一棵桃树。维克多·克伦佩雷尔教授和妻子伊娃非常喜欢后院里的樱桃，因为这棵树承载着他们的情感和愁绪，而且樱桃还能入菜。[11]这棵树的果实象征着他们生命里被夺走的甜蜜。

看得再广一些，绿树成荫的街道、广场和庭院反映出城市基础设施得到了精心维护。在这座城市，即使是为工人阶级提供的廉价住房，在当时也属高质量。部分原因是德累斯顿有着数十年的卫生传统，富裕的实业家害怕疾病会威胁到劳动力。因此，在老城区周边那些人口更密集的郊区，人们都住在整洁有序的公寓里：四层或五层的公寓楼，楼梯间擦得干干净净。在城中偏南一点儿的地方，中产阶级喜欢更豪华的公寓，其中一些还带有附属的暖房，号称是"冬季花园"。[12]

树木也充斥着马丁·穆切曼的腹地，穆切曼统治着德累斯顿的所有居民。在萨克森乡村森林深处打猎时，他感到最为自在。他对传统古老木制工艺品、民间传说和神话故事很着迷。如果说德累斯顿本身是对艺术与和谐价值有意识的表达，那么，从20世纪30年代初到战争结束一直统治着它的人，在某种程度上就代表着一种更黑暗、更原始的无意识暗涌，一种难以控制的力量，似乎更像是城周那些森林的一部分。穆切曼是德国任职时间最长的州领袖❶，他和那些明目张胆的施虐狂和凶残恐怖的副手们，恰恰代表了最无情、狂热、冷酷的那一类敌人，空军上将哈里斯坚信，只有彻底毁灭整个城市才可能击败这种敌人。

州领袖穆切曼的脸有点儿像演员彼得·罗：他的眼睛不对称，很凸出，目光闪烁，难以捉摸。他头发稀疏，大腹便便。1945年2月，他66岁。自1925年以来，他一直是萨克森州的州领袖，1933年希

---

❶ 州领袖，纳粹党的一个衔级，是纳粹党在全德国各行政地区党的最高领袖和代表，衔级仅次于纳粹党全国领袖。

特勒上台后，他也成了萨克森州的州长。穆切曼是 1922 年最早加入纳粹党的人之一。他激进的政治观点在那之前很久就形成了。穆切曼与元首很亲近，和希特勒一样极度狂热。因为他的存在，德累斯顿从一开始就披上了法西斯主义的所有外衣——不仅仅是覆盖在所有公共建筑上的巨大万字符，还有满大街的党卫军、希特勒青年团，无处不在的纳粹党报《自由斗争》，普通人在公共场所还必须行纳粹礼并高呼"希特勒万岁"。在 1945 年年初那几周动荡的日子里，远处的山上还能看到雪的痕迹，穆切曼不仅完全控制了街道，还控制了每家每户：老人，母亲和她们的孩子，年轻的女性工人，在受保护或特定岗位上的男人。

这些德累斯顿人在餐厅喝的每一杯咖啡，他们去看的每一部电影，他们在杂货店购买的任何配给品，打的每一通电话，同穿过城市前往远方前线的士兵的任何交流，他们的一举一动、一言一行都可能被监视。但德累斯顿人不知怎么找到了适应穆切曼残暴政权的方法；适应严峻压迫的种种迹象，比如约翰施塔特住宅区和其他郊区灯柱上贴着的"犹太人区"标志；适应盖世太保和警察对留在城内的犹太人的恐吓——他们在其他地方不断铲除任何形式的政治异见者。无论是在工作场所还是在家里，谈话都得小心谨慎。对于普通男女来说，在深夜被逮捕并接受审讯到凌晨是稀松平常的事。你和牢狱之间就只有一句禁语的距离。或者说，实际情况比这还糟。

1945 年 2 月 8 日，纳粹人民法院的一次审判后，位于中央火车站南边的德累斯顿法院灰蒙蒙的院子里，执行了一次死刑。受害者：玛格丽特·布兰克医生，43 岁，曾在农村行医，现在面临的不是绞索而是断头台。[13] 她的罪行：在治疗一名军官的孩子时，对德国能否取得最终胜利表示怀疑。布兰克医生随后被举报给盖世太保，遭到逮捕，她被（错误地）指控为某个抵抗组织的成员，最后被判处斩首。

使用断头台并不是什么秘密：在纳粹统治下，大量布尔什维克和抵抗组织成员都死在它沉重的刀刃下。这座城市里的每个人都知道，如果你发表草率的言论，就可能被同事和邻居匿名举报，从而受到惩罚。

对马丁·穆切曼来说，德累斯顿人民显然有责任挺身而出，与威胁这座城市的任何势力做斗争。任何形式的异议或不情愿都是背叛。当地人称作"穆国王"的这个人物，身材魁梧，在离德累斯顿不远处一个叫普劳恩的小城长大。在19世纪的最后10年里，他在14岁时从路德教会学校毕业，去当学徒，精通两门也许有些出人意料的手艺：蕾丝制作和刺绣。

普劳恩就是因为这个行业而享有国际声誉。无论是服装用的蕾丝还是家用的蕾丝，其设计都很复杂，但也很有表现力。大大的藤叶旋涡图案、迷人的几何形状、繁复壮观的织网，都在巨大的桌布上铺展开来。即使在一个日益机械化的时代，这也是一项需要持续细心和专注的工作，穆切曼后来成了一名熟练的刺绣工。然而，在车间外，当他在城里创立了自己的蕾丝公司后，他的侵略性很快显现出来。同事们还记得他经常说自己有多恨犹太人，尤其是那些来自东欧的犹太人。然后，就在一战前夕，整个欧洲大陆的蕾丝贸易严重受挫，这不仅是冰冷的经济学问题，也体现了人们品味改变的趋势。繁复多褶的蕾丝花边被更清新干净的早期现代主义设计取代。

然而，穆切曼坚信他知道是什么在危害他的世界：犹太人的邪恶活动。他急于让他在普劳恩的犹太竞争对手成为破坏市场的替罪羊。他确实成功激起了当地人对犹太企业的反感，而这个看上去秩序井然的安稳小城，差点儿爆发了一场大屠杀。

一战的污秽和让人耗尽心力的恐怖留下了深远影响：1916年，穆切曼因病退出战争——他后来声称是由于肾脏感染——又回去经营他的公司了。[14]公司鼎盛时期曾雇用约500名员工，但它也没能在可怕的产业大萧条中幸存下来。一战末期，共产主义者和右翼分子之间的暴力冲突使德国陷入混乱的无政府状态，这进一步加强了穆切曼的偏见。

在穆切曼看来，这是个被国际性犹太阴谋拖垮的世界，而德国所受的羞辱和卑躬屈膝的姿态——满大街都是四处煽动群众的社会主义者——就是他们这场阴谋成功的明证。因此穆切曼在1922年加入德国国家社会主义工人党（纳粹党），并很快与希特勒建立了异常牢固的关系。1928年圣诞节，穆切曼送给希特勒一本赫尔曼·沃格尔绘制的童话故事书，扉页上还有穆切曼来自福格特兰森林的问候。[15]

穆切曼在1909年结婚，他的妻子明娜（娘家姓波普）也在全新的政治生活中扮演着自己的角色。她加入了纳粹党的妇女组织，丈夫在政界步步高升的同时，她也参与组织活动，有时是纳粹党妇女成员参加的筹款活动。穆切曼的母亲也牵涉其中。

到1925年，穆切曼已经是萨克森州的纳粹党州领袖（党的首席行政官）。在一些人看来，他太执着于萨克森人的身份，不接受任何更宏大的政治野心。1933年，希特勒成功夺取德国政权，各地区州领袖因此获得大量新权力。政治暴力迅速蔓延到德累斯顿，约2000名"共产主义者"在社区会堂举行的会议因一场斗殴冲突中止，9人中枪身亡。逮捕左翼人士的行动紧随其后。[16]此外，此时的穆切曼被任命为萨克森州的帝国代理官（州长）。伴随所掌握国家权力的大大提升，这个前刺绣工越来越痴迷于他心目中的传统萨克森文化和民间艺术。

在塔兰特的森林里，他建造了一幢豪华壮观的狩猎屋，那是一栋结构奇怪的建筑，顶部是一个截短的金字塔。他邀请同事和朋友住在这里打猎。穆切曼沉迷于狩猎——不仅沉迷于这项运动本身，而且尤其沉迷于这个地区民间挂毯上呈现出的狩猎图景。他在小屋入口处立了一尊牡鹿雕塑。房子附近还有一座野猪雕塑。他被这种原始、返祖的意象所吸引。有人认为，对这类事物的兴趣是 20 世纪初萨克森人民为了让自己作为德国人的身份更加中心化和统一化而普遍采取的行动的一部分。但纳粹对民间传说和传奇的兴趣，反映出一种更深层次的、半宗教性的东西。

在手工艺方面，萨克森也有悠久的木偶制作历史：那些瞪得大大的、眨也不眨的眼睛，镶嵌在各种人偶脸上，有儿童玩具，也有成人藏品。穆切曼在一次展览会上被拍到，他着迷地凝视着这些展品。制作提线木偶部件——手臂、腿和头部的金属线，其工艺十分精细。但人们总会觉得，这些假人一动不动的表情让人无法预测，令人心神不宁，让你不愿意和它们单独待在一个安静的房间里。19 世纪的作家 E. T. A. 霍夫曼曾在德累斯顿住过一段时间，他在一篇名为"自动玩具"的短篇小说中刻画了这种感觉。小说的主角是游乐场里的一个木偶，它在回答问题时总是机械而呆板，但吊诡的是它又似乎能洞察提问者的内心。[17]

从 20 世纪 30 年代到 40 年代，有一些不受控制的现代主义艺术家，如德累斯顿人奥托·格里贝尔，他们用木偶戏讽刺当局。作为应对，纳粹成立了帝国木偶剧研究所。希特勒青年团表演中使用的木偶都要经过批准和预先审查，其中就有滑稽夸张的犹太人物，长着鹰钩鼻和恐怖的大眼睛。那些观众在观看"雅利安"提线木偶表演时，肯定会反思操纵者和被操纵者的象征意义。

穆切曼对当地萨克森雕塑和绘画的兴趣影响了他对一般艺术的态度。20 世纪 30 年代中期，他下令在德累斯顿禁止爵士乐（后来在 1943 年，他将禁令范围扩大到整个萨克森州），他声称爵士乐是"颓废音乐"。[18] 禁止爵士乐除了出于根深蒂固的种族主义，还因为一种感觉——这种音乐形式过于随性，难以控制，会唤起无政府主义和突破束缚的情感。这种态度也延伸到穆切曼对公众幽默表达的反应。也许是由于穆切曼天生就有一种阶级敏感性，在整个 20 世纪 30 年代和战争岁月里，他消除了萨克森公共话语中所有的笑话和幽默。这个地区的方言经常遭到嘲笑（德国西部现在仍有人嘲笑它），当地人也觉得他们的方言反映了农村的落后。你应该可以想象，在那些更世故的德累斯顿人眼中，萨克森州的农村居民既有趣，又奇怪，因为即使到了 20 世纪 40 年代，他们仍然生活在一个以马车为主要交通工具、以体力劳动为主要生计的世界里。

并不是所有纳粹分子都像穆切曼一样不愿意接受玩笑话。的确，有些人在希特勒统治初期就认为，这种古怪的讽刺会是人们发泄情绪的有效途径，否则他们可能会进行更有力的反抗。从纳粹时代开启之时起，就出现了一种新的"耳语笑话"亚文化，党卫军报纸《纳粹党卫军》甚至宣称，公开表达关于权威的善意幽默是有益的，应该受到鼓励。报纸引用了一则笑话，说的是四处巡视的宣传部长戈培尔，戈培尔本人也听过这个笑话，他还打趣地喊道："哦，又开这个老玩笑！"[19]

后来，党卫军的这种宽容彻底消失，但穆切曼一直是教条主义者，从 1933 年开始，他就以中世纪的残暴统治着德累斯顿。即使是在精致的普拉格大街上，任何不向官员行纳粹礼的人都可能立即遭到逮捕和监禁。在学校方面，穆切曼坚持向所有孩子灌输新体制的价值观，任何对这种灌输教育稍有抵触的老师都将被踢出教育系统。

到 1935 年，在州领袖的引导下，德累斯顿在纳粹对特殊和残疾人群实施绝育的政策实践中起着主动带头作用。仅在那一年，这个城市就进行了 8219 次绝育手术，甚至超过柏林的 6550 次。[20] 这不是什么秘密，英国媒体对此大肆报道。那些表达伦理关怀的人被噤声，其中包括"许多福音派牧师"，他们被"保护性逮捕"——为维持公共秩序，这一措施"不可避免"。这些牧师也曾直言，人们对宗教仪式的需求越来越迫切。州领袖并不同意这个观点，比方说5月1日的纳粹自然节"在法律上优先于所有教会节日"。[21]宗教如此，文化也是如此。

穆切曼尽其所能，将这座城市赏心悦目的过去和极权主义的愿景融合在一起。1934年，为庆祝"帝国戏剧周"第一次举办，希特勒和戈培尔对这座城市进行了一次影响范围广泛的视察，他们受到大批热情旁观者的欢迎，穆切曼陪同他们漫步于茨温格宫那巴洛克风格的壮丽建筑间。戏剧周里第一场由纳粹赞助的演出在森帕歌剧院举行，演出剧目是理查德·瓦格纳的歌剧《特里斯坦与伊索尔德》，整个演出极尽奢华。

州领袖在某些时刻也取得了社交上的成就。1937年，逊位后被封为温莎公爵的爱德华八世与新婚的美国妻子一起来到德累斯顿，之后才会见了希特勒。对于纳粹党来说，这是一个伟大的时刻，不仅可以作为政治宣传，还能给高级官员一种在文化上被接受和认同的感觉。州领袖穆切曼在这城里举办了一场盛大的宴会，欢迎公爵到访。宴会结束后，爱德华对穆切曼和在场的其他纳粹成员发表了热情洋溢的演讲："我在学生时代第一次访问德国，了解了你们的语言、你们的艺术和你们的文学。20年后，我又以学生的身份回到这里，但这一次，我要去了解工人阶级人口福利的根本问题，这个问题关系到全世界。"[22]州领袖穆切曼向公爵展示了茨温格宫精致的微观模型，希望给公爵留下印象。此地既有进取心又有艺术感，与王室到访者的天真形成鲜明对比。

大约八年后，经过六年的战争，德累斯顿变成了一个更加拥挤、破旧的城市，大歌剧院、画廊和博物馆无可奈何地关闭了。这座城市在某种程度上仍然没有被穆切曼的残暴统治完全摧毁。然而，恐惧的地标还在那里，人人都看得见。玛蒂尔登大街上的旧法院大楼是一幢富丽堂皇的哥特式建筑，离老城区只有几条街的距离，那里有一座所有市民都知道的尤为残酷的监狱。玛蒂尔德监狱以这条街命名，曾用于关押和折磨犹太人、政治异见人士、俘虏和捷克抵抗运动人士。监狱环境仿佛回到中世纪：石头地板上铺着稻草，墙壁上挂着镣铐和鞭子。几条街之外，在中央火车站对面，曾经很典雅的大陆酒店成了当地盖世太保的总部。纳粹对商业和城市空间的入侵经过深思熟虑：生活的任何一个角落都不能脱离政权的掌握。到这时，小孩子的足球上仍然有万字符，甚至在一些牌子的牙膏上也有这个标志。

这座城市战时的基础设施中有一个明显的缺失，那就是没有专门建造防空洞（除了一个唯一的例外）。穆切曼认为这是一笔不必要的开支。取而代之的是整个老城区里无数发霉的地窖，他们给这些地窖装上裸露的灯泡和零星的支撑木条。当然，那个唯一的例外就是为穆切曼先生建造的混凝土地堡，它位于穆切曼没收的犹太人住宅的地下。

在轰炸前的日子里，还有一个活跃的人物，他是丑恶和阴毒的化身，对德累斯顿犹太人来说尤其如此。那人就是德累斯顿盖世太保三级突击中队长亨利·施密特，他管理着一个特别部门，致力于迫害犹太人。和穆切曼一样，施密特对纳粹政权和纳粹战胜西方盟国及苏联的力量深信不疑。和穆切曼一样，施密特在较早的时候就怀着热情加入了纳粹。他在当秘密警察时找到了他所擅长之事，他的热情带他走遍全国。[23] 到 1942 年，他特别要求调职到德累斯顿，这座城市离他长大的地方不远。他为自己获得的新职务欣喜若狂。1945 年，施密特还很年轻，他 32 岁，拥有判处任何人死刑的权力。

仅在那三年里，他在德累斯顿所犯下的战争罪就足以使他在此后几十年里流离失所，四处逃亡。

施密特和妻子住的公寓是从一对犹太夫妇那里抢来的，这对夫妇被送进了特莱西恩施塔特集中营，并在那里死去。市民中可能爆发出的所有异见或反对声音都会被举报给施密特和同事汉斯·克莱门斯及阿诺·威瑟。克莱门斯是一个金发碧眼、体格健壮的人，他因近乎变态的冷酷和残暴而受到上级的注意和提拔。他在贴满白瓷砖的牢房里进行审讯，与其说他是为了逼问出答案，不如说纯粹是用异常残酷恐怖的手段来折磨犯人。

即使是在和德累斯顿市民的日常来往中，无论是"检查"嫌疑人的公寓，还是在街上抽查证件，克莱门斯也无法控制使用暴力和恐吓的冲动。[24] 当他在这座古老的城市中行走时，谁也不知道，他灵魂中有没有任何部分能与德累斯顿那温柔的美产生哪怕最轻微的共鸣。

德累斯顿有一位杰出市民领袖当然非常欣赏这种美，尽管这丝毫没有减少他那尖酸的偏见。鲁道夫·克卢格博士曾当过一段时间德累斯顿市长。他于 1889 年出生在德累斯顿，尽管他曾在其他地方学习，并在柏林获得法律学位，但他总会回到故乡。20 世纪 20 年代魏玛政府统治下的经济衰退可能沉重打击了他以及他刚组建不久的家庭，若非如此，就不能解释为什么克卢格博士会在 1928 年加入纳粹。但是，他轻而易举地拥抱了最黑暗的道德主张：这位重要的律师不仅为纳粹党，而且为紧紧控制全体国民的新政体开脱辩护，编造合法解释。[25]

在 1945 年 2 月的第一周以前，这座城市另一个真正的权威人物是汉斯·尼兰，他于 1926 年加入纳粹党，也是早期入党的忠诚分子和党卫军成员。他曾攻读过法学博士学位，博士论文题目是"作为政府法律概念的权力"。[26] 随着第三帝国的发展，尼兰被任命到各种负责市政建设的枯燥技术官僚职位上。这丝毫没有减弱他对这种邪恶意识形态的狂热。1940 年，尼兰 39 岁，正值壮年，他被任命为市长，接替克卢格的位置，克卢格则继续担任他的副手，后来又官复原职。因此，为德累斯顿制订防御计划的人应该是尼兰，他也最清楚 1945 年 2 月的德累斯顿是多么毫无防备。

20 世纪 30 年代，鲁道夫·克卢格曾想当然地认为，希特勒的征战将推动德累斯顿旅游业的发展，吸引更多感兴趣的游客来到德国的新中心。[27]1945 年，他仍能满怀爱意地凝视窗外连绵不断的穹顶和塔尖，但面对他所促成的巨大苦难，这位唯美主义者却无动于衷。

第三章　理性的废黜

　　1945 年 2 月初，德累斯顿还剩 198 名犹太人，而在纳粹掌权之前，这里的犹太人口超过 6000。在战争爆发前，德累斯顿犹太人就目睹了一座珍贵的建筑被蓄意破坏、摧毁，后来整个欧洲大陆都开始效仿这种亵渎的行为。德累斯顿大犹太会堂坐落在易北河畔布吕尔露台的东端，由非犹太人戈特弗里德·森帕设计于 19 世纪早期，这里不仅是犹太人的礼拜场所，也点缀了德累斯顿这座城市本身——它是一个完美的社群建筑符号，是城市生活的重要组成，有属于自己明确无误的特质。19 世纪，犹太会堂甚至吸引了坚定的反犹主义者理查德·瓦格纳，他曾带着强烈的好奇心在会堂周围走动。[1] 然后，1938 年 11 月 9 日，在州领袖及其副手精心策划的恐怖活动"水晶之夜"中，会堂被付之一炬，焚为平地。到 1945 年 2 月为止，这个地方空了很久，仿佛有一颗牙齿被拔走，只有一些残垣断壁还留在原处。

　　犹太会堂的诞生与 19 世纪时这座城市的世界主义有关。19 世纪 30 年代末，森帕接到建造德累斯顿大歌剧院的委托，委托还要求他再用额外一小笔预算，在老城区边缘建造一座犹太会堂，并使之与附近的圣母教堂和其他宏伟建筑的巴洛克风格相融合。但融合并不意味着复刻，森帕最终的设计成果为德累斯顿已然不拘一格的天际线再添一道明亮的风景。会堂外观展现出拜占庭式艺术风格：点缀着窗户的八角塔从建筑的长方形主体上拔起，在它西端矗立着两座更细长的圆顶塔楼。在这些圆顶的映衬下，不远处的圣母教堂显得更为壮观，但它们也充分体现出一种东方风格，犹太会堂内部独特而优雅的弧度和拱门愈发加重了这种风格，让人想起西班牙或北非的摩尔人建筑。[2] 此外，森帕的设计还让所有方向的光都能射入会堂，照亮内部每个角落。

犹太会堂由非犹太人设计，根据历史学家海伦·罗泽瑙的观点，是因为在 19 世纪中期，犹太人仍然很难进入某些行会。而且，这种性质的委托一般都会交给高阶层人士。[3] 除此之外，森帕设计的犹太会堂是一座重要纪念碑，标志着文化融合——其实也是文化多元性得到尊重——的所有可能性。这并不是中世纪那种被小心隐藏在犹太居民区的建筑：它坐落于这座城市最时尚的步行街区，位置引人注目。在 1938 年以前，它一直是蜿蜒精致的河岸上一道不可或缺的风景。

1938 年 11 月 9 日晚，这座犹太会堂——以及普拉格大街沿街的大量商店和公司——成了袭击目标。当天早些时候，巴黎一名遭犹太人枪击的低级别纳粹外交官员去世，这名犹太人因为在德国的家人受到的待遇而惊恐不已。希特勒对此事的回应非常激烈，并且经过处心积虑的阴险谋划：他的命令通过党卫军传遍德国每一座城市。他们要在当天晚上反击。在德累斯顿，年轻人站在市政厅前的广场上，就在离犹太会堂不远的拐角处，他们劝诱路人，煽动情绪，广场上的人越来越多。事情已经没有转圜的余地了：就在稍早时，党卫军冲进犹太会堂，往里面喷洒汽油，为点火做准备，做完这些，他们撤出会堂，等待着无声的信号。

在那个广场上，在那个秋夜的黑暗中，这些年轻人站在石路上的金属火盆前，小小的火苗无声地跳跃，不受控制地将影子投映在地上。仿佛受到某种心灵感应的拉扯，暴力开始了。这些年轻人和他们的支持者带着棍棒，向火车站进发，在商店橱窗的彩灯下前行。他们事先就摸清了哪些商店是犹太人开的。玻璃破碎时发出的不同音调与喊叫中夹杂喉音的丑陋语言形成对比。店主和店员被殴打、逮捕，拖进冰冷的监狱，他们所经历的恐怖常人无法想象。在这一切进行的同时，另一队年轻人回到犹太会堂，点起熊熊烈火。

其他市民并没有无动于衷。犹太会堂的火势愈演愈烈，滚滚灰烟不断升向阴暗的秋日天空，德累斯顿消防队接到电话后很快赶到。然而，党卫军队伍不允许消防员通过，后者只能眼睁睁地看着这场火灾。随着教堂里传出的一声轰鸣巨响，气流炸碎窗户，玻璃四散在大街上。最终，消防队获准介入，但只能挽救紧邻的建筑。建筑里的人被疏散，不过一些犹太居民在外面寒冷空气中所面临的残酷现实也同样恐怖。那些年轻人围着他们，对他们极尽嘲笑和奚落，强迫他们看着犹太会堂的墙壁一点点倒塌。[4] 其他市民惊恐地看着这一切，他们不敢动，也不敢谴责党卫军的行为。即使在 1938 年以前，表现出反抗的人也可能遭到监禁和殴打。

德累斯顿市长鲁道夫·克卢格博士也在火灾现场，他利用这个机会发表了一个声明。"世代敌族的象征，"他宣布，"终于消失了。"[5] 他口中的"象征"是一幢建筑，长久以来它一直是他生活景观里的一部分，他是不是一直带着这样的仇恨凝视着这座教堂和里面的礼拜者？那天晚上，城市里有百余名犹太人被杀害，他们的商店和公司被砸烂、洗劫、毁坏，还有数百人被捕入狱，遭受无情的暴力。

几小时后，这座犹太会堂几近倒塌，它的建筑结构开始崩裂，嘎吱作响，这时消防员才获准扑灭大火，以防火势蔓延。消防队中有一个年轻人叫阿尔弗雷德·诺伊格鲍尔，他最初是平版印刷学徒，对历史和考古学有着浓厚兴趣。森帕设计的犹太会堂的两个圆顶上镶嵌着两颗闪闪发亮的金属大卫之星，每颗直径约两英尺。消防队找回了其中一颗，将其带回消防站，经历了这一场突如其来的紧急事件后，诺伊格鲍尔知道必须好好保护、保存它。他把它藏在一块毯子下面，等下班后骑着自行车把它带回了家。这么做很危险，因为如果这颗大卫之星在任何一次搜查中被发现，诺伊格鲍尔就会被定性为异见者。但他把它藏得很好，战争打响之后，他游走于各个市政防御区，但这颗六芒星始终留在原地，它历经战乱，完好无损地保存了下来。[6]

　　至于犹太会堂的其他部分，克卢格博士的办公室以公共安全为借口，宣布要对火灾后的残余部分进行爆破和拆除，将整个地方夷为平地。他们要求犹太社区支付这项工作的费用，在恶意火烧教堂后又提出这种要求，对犹太人承受的苦难无疑雪上加霜。在某个节点上，职务所需的冷酷——执行上级的命令——转变成阴毒的恶意。以克卢格博士为例，那就是他下这道命令的时刻：在炸毁犹太会堂时派一个拍摄小组到现场，去捕捉炸药炸毁犹太会堂最后一块地基的瞬间。[7]如果他对这场迫害怀有哪怕只是一点点的道德愧疚感，都会留心不要让它以这样一种方式被记录下来，因为如此一来，有朝一日全世界都可能看到。由此可见，克卢格博士的反犹太主义不仅发自真心，而且完全反社会。

　　然而在更广泛的意义上，这座犹太会堂所经历的故事或许也有助于解释长久以来始终纠缠着德累斯顿的一个可怕疑问——对犹太人的这种激烈的憎恨究竟怎么会在一座推崇艺术、智慧和文化融合的城市里日益深化？

1840 年森帕犹太会堂的开放证实了犹太人是德累斯顿社会的核心部分。到 20 世纪 20 年代，德累斯顿成了一座拥有新型电车、大型银行、豪华别墅、新潮商店和餐馆的城市，不断扩增的犹太人口生活得非常安逸，他们遍布于各行各业以及艺术领域中。更重要的是，这座城市成了安全的避难所，为来自德国其他更激进地区的犹太人提供庇护。20 世纪 20 年代初，经验丰富的牙医埃里希·伊萨科维茨和他年轻的家人从东普鲁士一个反犹主义盛行的小镇搬到德累斯顿。[8] 和他的故乡不同，德累斯顿让他交到许多新朋友（伊萨科维茨的牙科手术也迎来一群新客户，口腔外科技术在 20 年代变得更加复杂精细，至少在镇痛和制作牢固的假牙方面是如此）。姑且撇开其他不论，光是这座城市包纳的才智资源就已异常丰富：老师、教授和重点大学的学生，19 世纪末 20 世纪初以来就聚集在这里的艺术家和作家，潜心钻研城市文化瑰宝的银行家、保险经纪人和股票经纪人。

无论是在电影院、剧院，还是德累斯顿数百家咖啡馆中的任何一家，从外表上看，都几乎没有犹太人被孤立或被视作"他者"的迹象。犹太儿童——比如埃里希·伊萨科维茨的女儿——和非犹太人上同一所学校。[9] 伊萨科维茨一家住在大火车站以南一幢舒适的公寓楼里。他们家有中央供暖系统、电话、一个住家女仆，还有一个种满植物的暖房，在冬天的寒风中依然保持温暖。[10] 伊萨科维茨的牙科诊所有很多病人，其中有伊娃，大学讲师维克多·克伦佩雷尔的妻子。克伦佩雷尔和埃里希·伊萨科维茨的故事指向德国哲学和宗教中反复出现的一条断层线：这两个男人都曾在一战中英勇服役，都曾为他们的国家豁出性命。这一切都似乎理所当然。那么，在德累斯顿的社交圈里，为什么还是存在关于同化的问题呢？（事实上，在克伦佩雷尔这样一个年轻时曾一度皈依新教的人身上——他后来在开始学术生涯时再度受洗——这个问题尤其明显。）

　　非犹太人口中的"同化"一词，总是暗示持有犹太信仰的德国人是异族。然而，他们在德国出生、成长、受教育，并在德国军队服役。根据克伦佩雷尔对20世纪30年代纳粹党壮大的解释，希特勒不是某种短暂的、临时的偏差事件，而是一个可怕的现象，而随着这个事实愈发清晰，德累斯顿的非犹太人和犹太人之间，都回荡着关于同化和不被接受，或是（更现实、因恐惧而更迫切的）关于移居巴勒斯坦的话题，令人痛苦焦虑。[11]

　　维克多·克伦佩雷尔试图否认这一切。他知道自己是德国人，用他的话来说，纳粹分子是"非德国人"。事实上，从1881年在波兰出生，到后来在柏林长大，克伦佩雷尔的生活一直浸染在他对自己德国身份的热情和挚爱中。他的书房里有一把他在一战中使用过的军刀，克伦佩雷尔后来因为在这场战争中的作战表现而被授予十字勋章。更确切地说，克伦佩雷尔非常坚定地认为自己是普鲁士人，俾斯麦就是他最欣赏的世界和政治的化身。

　　但他一直对周围的世界保持着警惕。一战结束后，克伦佩雷尔立刻显示出对所有新晋激进政治观点的厌恶，不论是极左还是极右。这些政治观点狂热、易变，不断向暴力趋近。与此同时，在这种疯狂的公共话语中，也首次出现了一种引人注目的反犹太主义新论调。早在纳粹掀起反犹运动之前，街头政治刀光火石般的氛围，加之各种各样的经济冲击和金融危机，就已经激起了人们对犹太富人的憎恨。

　　一战后，克伦佩雷尔选择和他的非犹太妻子伊娃在德累斯顿定居，伊娃是一位造诣颇高的音乐学家。一段时间以来，有一种更"斯文"的反犹太主义形式深深嵌入德国的社会结构。克伦佩雷尔之所以在年轻时皈依基督教，与他的信仰毫无关系（他根本不信任何宗教），而是因为在德皇威廉二世统治期间，德国体制内的某些专业和学术职位在暗中非正式地禁止犹太教信仰。除此之外，克伦佩雷尔对自己德国人身份的强烈认同感也让他觉得，新教是这个身份最自然的文化表达。

克伦佩雷尔在德累斯顿技术大学获得终身教职。他的专业是语文学、罗曼语言学以及德语研究。20世纪20年代是一个混乱的年代，有恶性通货膨胀，有战败赔款和法国占领鲁尔区的国耻，因此还产生了在各种政治战线上躁动不安、非常激进的极端分子。尽管如此，克伦佩雷尔和他的妻子还是找到了属于他们自己的安稳。

希特勒在1933年成为德国总理也许是可预见的，但是，对犹太人的恶意和仇恨在德国日常文化中蔓延的速度，根本不可预测。刚开始是一个以惊人的速度"他者化"的过程，这个过程在全国各个城市上演，但德累斯顿的速度尤为可怕。1933年4月，抵制运动开始了，这是一场由政府发起的运动，旨在说服非犹太人放弃光顾所有的犹太企业。除了遭受可怕的经济损失，德累斯顿的时装零售商和珠宝商们在情感上也经历了难以估量的伤痛，他们眼睁睁地看着从前那些忠实友好的顾客消失不见。

这种恶意还进一步渗透进市民的血液里：学术界人士被迫公开宣誓效忠希特勒。这种宣誓仪式开始于中小学，但很快命令就下达到了大学。仅仅签署文件还不够，必须让公众亲耳听见、亲眼见到这些绝对服从新政府的声明。非犹太学者可能会安慰自己说，没有什么政权会长久存在，希特勒的政党可能更短命。这种虚幻的自我安慰本身也转瞬即逝。很快，《纽伦堡法案》出台，该法案禁止犹太人从事很多行业和学术研究。

尽管维克多·克伦佩雷尔1912年受洗成为基督徒，他的境况也没有因此改变。他并没有立即被大学开除，与他的犹太同事不同，他获准延期离职，因为他是退伍老兵。但当他将被解除职位已成既定事实后，更多的恶意打击迎面而来。学校不允许他授课，大学图书馆也将他拒于门外。而今他连继续自己感兴趣的研究和学习都不可能了。他想读的书都无处可读。[12] 他靠大学的退休金生活，但是随着 20 世纪 30 年代慢慢向前推进，这些钱急剧减少，最终归零。这仅仅是他和伊娃将要遭受的巨大磨难的开端。

到 20 世纪 30 年代中期，德累斯顿的许多犹太市民开始更认真地考虑移民问题。放弃自己的家，寄希望于顶多能成为异国他乡的"一个客人"（按作家斯蒂芬·茨威格的话来说）[13]——要迈出这一步，绝不是一件容易的事。在国外要怎么保证安全呢？

1935 年德国银行的雅利安化——实际上是政府直接实施的盗窃——加剧了人们日益增长的恐惧感。早在那时，就有传闻称德国一些小镇外建立了新的集中营，如果有人被送去这些地方，就永远回不来了。这些集中营的第一批囚犯主要是政治犯、共产主义者和强烈反对纳粹意识形态的激进左翼分子。许多人遭到鞭挞和棍打。心怀担忧的律师们，比如约瑟夫·哈廷格前去探访，发现一些人已经死了，尸身遍体鳞伤。[14] 其中很多都是犹太人。

在不断升温的焦虑气氛中，许多德累斯顿犹太人开始研究移民的去处。一些人把目光投向巴勒斯坦，这似乎并不是一个非常合适的地方，另一些人开始考虑加拿大、南非和阿根廷。伊萨科维茨家则更喜欢英格兰。但在现阶段，犹太人想简简单单就离开德国是不可能的，要想离开，他们必须向纳粹党支付一笔高额赎金。一个家庭准备寄走的行李和贵重物品越多，纳粹没收的财产比例就越高。幸运的是，在做出相当大的牺牲之后，伊萨科维茨一家成功离开，他们来到伦敦，在汉普斯特德花园郊区找到了看上去安全的住处。[15]

对于留在德累斯顿的犹太人来说，羞辱和威胁的感觉不断升级，造成了可怕的影响。克伦佩雷尔教授热爱的工作已经被剥夺，而当残暴的盖世太保军官从他手中夺走打字机时，他受到了更大的伤害。克伦佩雷尔夫妇被禁止继续雇用他们的清洁女工，因为新的法律禁止犹太人雇用雅利安人为他们工作。

除此之外，在最普通的民众中也爆发了令人惊讶和痛心的反犹主义。克伦佩雷尔回忆起 20 世纪 30 年代末的一天，那天他去药店按方抓药，柜台后的年轻女士却假装看不见他。另一位顾客走进商店，收银员姑娘示意他到柜台前来。这位顾客指了指克伦佩雷尔，示意她这位先生排在最前面。但收银员不为所动，执意先服务另一位顾客。[16]

把犹太人从他们的行业中驱逐出去令人痛苦，不仅仅令他们失去了生计，而且这种残忍的方式夺走了所有让他们骄傲自豪的身份。斯蒂芬·茨威格在其他地方观察到，20 世纪上半叶欧洲犹太人最深切的愿望不是获取财富，而是成为知识分子——财富只是他们在非犹太社会中获得稳固立足点的手段。在内心深处，没有人想成为商人，但很多人都梦想着攻读博士学位。[17]古老的反犹主义将犹太人刻画成喜欢囤积黄金的贪婪民族，犹太社群对这种刻板印象深恶痛绝。相反，犹太人在各个知识领域做出的努力意味着他们不仅融入了社会，而且成为城市文化生活（从写作到表演艺术再到科学）中必不可缺的组成部分。

犹太社群对德累斯顿的影响和对维也纳的影响一样深远。这座城市因各种历史悠久的传统而繁荣兴盛，他们很乐于成为这个城市的重要组成。当纳粹禁止犹太人继续从事任何学术研究时，他们非常清楚这么做意味着什么——这是一场精心策划的内部文化流放，对准这个群体最敏感的神经。从那时起，"非人化"的后续程序就开启了。

1938 年，拥有波兰血统的犹太人成为德累斯顿纳粹的重点迫害目标：就像其他城市的情况一样，他们被赶出自己的家园，强行驱逐到波兰——一片他们无以为家的土地。就这样，许多德累斯顿犹太人被纳粹赶出了这座他们热爱的城市，然后又被茫然的波兰政府关进了拘留营：他们被剥夺了国家地位、公民身份和人权，他们的存在进入了一种可怕的朦胧状态。

在德国与英国开战的那一年，德累斯顿剩下的犹太人也都被赶出家门。他们的房子绝大多数被政府没收。克伦佩雷尔夫妇住在杜尔茨兴郊外一栋低调舒适的别墅里，他们感受到新一轮压迫如锋利的匕首般向他们刺来。在此前不久，纳粹就拔掉了他们的电话线，犹太人现在被禁止使用电话交流。除此之外，政府还颁布了一条处心积虑的恶毒新规：犹太家庭不准饲养宠物。克伦佩雷尔夫妇非常喜欢他们的猫，如今他们不得不把它送去人道毁灭。[18]

那些被迫搬出自己家的人住进了被称为"犹太房"的公寓大楼，这些公寓比他们以前的住房差得多：拥挤的空间，昏暗的灯光，时有时无的煤气。纳粹军官随时都可以自由进入，而且他们也确实会这么做。有一次，他们冲进来打了克伦佩雷尔一巴掌，还朝他的妻子吐口水。

克伦佩雷尔夫妇的车被扣押了。随着战事愈演愈烈，出行限制延伸到公共交通方面：犹太人不准乘坐德累斯顿的有轨电车。除此之外，还规定犹太人一律必须在显眼的地方佩戴黄星。在德累斯顿的街道上，这些黄星胸章散发着最恐怖的光芒，它们不仅加深了恐惧和脆弱，还迫使友好的邻居和前同事去注视他们不想看到的羞辱标志。其他屈辱即将来临。

1942 年德累斯顿颁布的法令，似乎带着一种近乎稚气的怨恨——禁止犹太人购买鲜花和冰激凌。禁止购买冰激凌的规定似乎直接针对留下来的少数犹太儿童，这种精准又残忍的做法，指向纳粹主义那比反社会病态更疯癫、更狂热的本质。法令重点禁止犹太人在俯瞰易北河的布吕尔露台上出现，大花园公园里的某些小路如今也成了犹太人禁区。[19]犹太人上一次被禁止进入河畔露台还是在两百年前。

克伦佩雷尔教授努力去了解这个政权及其所有恶意，想要用自己对德国的热爱去抵消它。他对德国的这种热爱出自与俾斯麦和德皇威廉二世的保守倾向的共鸣。相反，他认为纳粹和希特勒是革命者，他觉得他们是浪漫主义运动的化身，代表无法遏制的激情和情感。纳粹主义就是他们培育出的最黑暗的花朵，在"理性的废黜""人类的兽性化"和"对权力观念、掠夺者和金毛野兽的赞颂"中狂欢。[20]

但是，即使战争愈演愈烈，有一个观察还是勾起了克伦佩雷尔的兴趣：在德累斯顿的市民中，遵从纳粹主义从来都不是普遍现象。当然，希特勒青年团几个男孩子总会跟在他身后，讥笑他，唾骂他，但无数来自陌生人微小却极为重要的善举却能抵消那些恶意。比如人们会说，他们看到黄星时感到很痛苦，商店老板会偷偷给他们少量额外的配给（犹太人总是在忍受饥饿）。而非犹太家庭的朋友始终对他们友好如初，则是更大的善举。安妮玛丽·科勒提供了尤其重要的帮助，她把克伦佩雷尔写的日记藏在自己家里：如果被发现，可能会为她招来杀身之祸。

还有律师赫尔穆特·里希特，在当时那种情况下，他竟然设法保留了克伦佩雷尔在杜尔茨兴的心爱房子。里希特利用他的法律才能为克伦佩雷尔的房子申请了新的抵押贷款。这意味着，尽管教授不被允许住在房子里，但至少这些财产还在他名下。房子租给了一个纳粹分子，克伦佩雷尔自然不可能收到租金，但这栋房子仍然是他的，这当真是件不可思议的事。然而，即使最隐秘的行动也会产生影响。里希特律师多年前就加入了纳粹党，但在1939年战争开始时，他出于反感，又退了党。及至1943年，里希特对纳粹的反感已经不仅限于抢救朋友的房子这么简单的事情上了，德累斯顿当局再也不能无视他。他被逮捕，押往布痕瓦尔德集中营，死在了那里。[21]

克伦佩雷尔看得出来，尽管纳粹的迫害带有中世纪大屠杀的痕迹，但他们"并不是以过去时代的样貌出现的，而是披着最极端的现代性外衣"。[22]这种现代性需要劳动力。他也是被迫为蔡司·伊康工厂工作的人之一，后来因为年龄的原因被豁免。纳粹在德累斯顿北边的海勒山上为其他一些工人建立了一个特殊营地。他们还恬不知耻地拍了一部影片，记录人们到达那里时的场景。男男女女被剥光衣服，然后赤身裸体地接受"去污""去渍"。这些细节没有出现在摄像机的画面中，但有一张残存下来的照片拍到了一个正在供热的巨大火炉，由此可以推断，这些营房的供暖将会不错。人们不禁会想这张照片是不是故意拍的：一种不祥预感的暗示。[23]

经过几个月的苦役后，犹太市民发现自己突然要被流放，他们意识到自己将在极度恐怖的条件下踏上一段通往东方的旅程。每个犹太市民都在市政名单上。政府从这个名单中选出要送往里加和特莱西恩施塔特的人。就像整个纳粹欧洲的犹太人都在遭受的迫害一样，难以平息的死亡统治也完全超出了理性的范畴。在仅仅一代人的时间里，这座城市并非不情愿地参与了一项有组织的系统性种族灭绝计划。但在1945年初，维克多·克伦佩雷尔仍记录着非犹太人慷慨施援的一个个瞬间。这是一件不同寻常的事，就像一朵被压在石头下的花，仍然本能地感受着阳光。

道德污点向外扩大。战争时期，艺术通常会被斗争征用，但在德累斯顿，艺术在1945年被扼杀了。德累斯顿过去的灵魂由丰富的文化与艺术创造定义，而今这座城市却用暴力控制和扭曲了这种精神，这和对犹太人实施的精神迫害如出一辙。

第四章　艺术与堕落

《哈姆雷特》在威廉·莎士比亚去世 10 年后首次在德累斯顿上演。1626 年，一群"英格兰喜剧演员"表演了《哈姆雷特》，现在看来他们当时演的是这部悲剧的简化版。[1] 甚至有推测认为这场为萨克森王室编排的戏剧使用了精心制作的提线木偶，上演了一出戏中戏。

这个细节非常吸引 20 世纪德累斯顿的现代主义者奥托·格里贝尔。在 20 世纪 20 年代和 30 年代，格里贝尔兴趣广泛多样，其中之一就是德累斯顿延续已久的木偶戏传统，他被这种戏剧形式表达出的讽喻所吸引。与此同时，他本人也引起当局的注意和敌意。1945 年 2 月，奥托·格里贝尔 49 岁，是 5 个孩子的父亲。在此之前，他被卷入战争风暴，不得不离开德累斯顿，到东欧一个角落入伍服役，当一名制图员。如今他自由了，重回家人身边，重回他在这座黑暗城市的工作中。尽管德累斯顿没有为城市居民建造专门的避难所，但前段时间，德累斯顿为许多艺术珍品提供了适当的保护，其中包括伦勃朗等大师的作品。

风度翩翩的退休老人格奥尔格·埃勒尔，在位于东部施特里泽纳大街的豪宅中拥有自己的私人艺术收藏。他和许多人一样，一直认为德累斯顿可以幸免于难。他写道："摧毁敌人的执念似乎在我们美丽的艺术之城面前停止了。"[2] 然而，他确实害怕另一股势力——红军。在1945年年初的那几周，埃勒尔先生和妻子玛丽埃莲争论如何才能最好地保护他们的艺术珍宝，这些珍宝包括显要家族成员的大幅油画肖像和装饰用的迈森瓷器，还有一个相当漂亮的古董六枝吊灯，"整个灯都是用淡黄色调的乳光波希米亚玻璃制成的"。[3] 市政府小心翼翼地将画廊、城堡里的藏品统统打包，运进山里，藏在严密监控的山洞中。埃勒尔夫妇也与之步调一致，他们在国内奔波往返多次，将自己的艺术品运出德累斯顿，送到小一点儿的城镇吕讷堡，放在亲戚家。

艺术有时可能体现某种征兆，有时也可能是反思或解释。无论是平静的还是狂热的，它都能捕捉到时代的温度。20世纪20年代的德国艺术有那么多原始、赤裸、残酷的表达，但奇怪的是，无论是才华横溢的奥托·格里贝尔，还是德累斯顿那些极富创造力的同时代艺术家，似乎都没有察觉到，在1918年以降的战后创伤期里，德国始终潜伏着某种恶意。格里贝尔的故事——在那些年里，他经历了许多暴力和坎坷——在一定程度上反映了几个世纪以来德累斯顿艺术的遭遇。

即使在因疯狂的审查制度而严重扭曲的时代，戏剧和艺术仍然是这座城市的中心。纳粹并不是城中第一个试图让艺术屈从于自己意志的势力。他们也不会是最后一个。然而，随着时间的推移，创作自由总会顽强地再度现身。这座城市——主要是在18世纪强力王奥古斯特统治时期——积累了最惊人的艺术宝藏：泛着柔光的耶稣诞生像、罕见非凡的瓷器、镶嵌在剑柄上绚丽发光的红宝石和蓝宝石。[4] 画作藏品也非常丰富，有些是在这座城市里创作的，有些是从欧洲各地（从阿姆斯特丹到威尼斯）成批购买的，它们反映了真实而宏大的泛欧洲情感。这里有提香的肖像画和天使报喜图，还有老扬·勃鲁盖尔那些人物众多的风景画。[5]

在一些伟大艺术家眼中，德累斯顿本身就是精致的观赏品，它的美应该被发现。所以，即使在 1945 年那些痛苦的时日里，德累斯顿人仍然得以通过这些艺术品了解到，他们所属的美学世界的边界早就超出了布满磐石的平原和阴森的萨克森森林。由古至今，这些艺术家一直在努力赋予德累斯顿的灵魂以真正的世界性。

威尼斯人贝纳多·贝洛托画笔下的威尼斯和伦敦都沐浴在蓝色或金色的阳光下。18 世纪中叶，他来到德累斯顿居住。他在这里创作的风景画浸染在银光中：更清新，更明晰，更能引导人们去关注精美的建筑细节。从某种意义上说，他是在传播他人的荣光，因为他能用近乎超现实主义的目光捕捉到许多细节，不论是天主大教堂的石雕工艺，还是圣母教堂穹顶那柔和的曲线轮廓。在他那里，绘画不仅仅是唤起美学享受的手段：它是一种刻意的纪念，一种保存那些随时可能被摧毁之物的方法，毕竟战争曾降临过德累斯顿。[6] 在这个灰暗 2 月之前的几个世纪，画家们就清楚这座城市的脆弱性。

贝洛托对德累斯顿最著名的习作就与 1945 年 2 月前后的那段日子有着紧密联系。《从易北河右岸望向德累斯顿》描绘了画家站在易北河西北侧，面向东南方天际线所看见的风景。这幅作品创作于 1748 年，但也可能是在这之后任何时间画的。画作浸染在鲜亮明媚的光线中，以完美比例和细节呈现蜿蜒的河湾以及沿岸所有壮观的教堂、房屋和学院，在战后成为无价的参考标准。

同样，约翰·克里斯蒂安·达尔在 1838 年左右创作的《满月时德累斯顿的景色》也是一幅动人的画作，画中的德累斯顿就是贝洛托和维克多·克伦佩雷尔都很熟悉的城市，只不过达尔用了一种富有感染力的全新方式来描绘它：将它置于在浓郁深蓝的夜色中。[7]画中的光线透出柔和的银色，用深邃的轮廓勾勒出圣母教堂的穹顶和天主大教堂的尖顶。达尔是挪威人，在19世纪初搬到这座城市，并与这座城市如今受到公认的卓越艺术家卡斯帕·大卫·弗里德里希建立了亲密友谊。正是在弗里德里希的作品中，我们兴许能看到一点儿德累斯顿的超自然气质，某种从日常生活中剥离出来的阴暗部分，在远方遥望着陌生又熟悉的世界。弗里德里希出生于波美拉尼亚，但早慧的他在获得艺术成就后，就来到萨克森王国安家落户。弗里德里希是个沉浸在浪漫主义中的德累斯顿艺术家，现在最著名的作品是《云端的旅行者》，描绘了一个孤独漫游者在山顶峭壁上凝视"云端"与面前的孤峰。他也画人迹罕至的风景：宽阔的峡谷，枯萎的树木——透过夕阳下红宝石般的薄雾，远处的塔尖直戳绚丽的红色天空。他能描绘出崇高之物带来的一切惊骇与诱惑。

　　弗里德里希笔下甚至还有更引人不安的画面：被白雪覆盖的修道院废墟，或是墓地前的铁门。德累斯顿的山丘和草地在他笔下呈现出阴森、朦胧的色调。[8]这些画仿佛从梦中召唤而来，在之后几代人看来，它们似乎承载着潜意识心灵和德国灵魂中一切令人不安的象征。纳粹非常欣赏弗里德里希的画作，直到20世纪70年代，这个污点才得以消除。弗里德里希作品的吸引力可能部分在于：在那些遥远的薄雾中，耸立着塔楼和塔尖，它们暗含着一种似乎不完全是基督教的信仰——至少不是天主教。如果你在雾蒙蒙的秋日爬上德累斯顿的山丘，就能明白被远处那些突破云端的塔尖深深吸引是怎样的心情了。

　　德累斯顿作为艺术思想和创新的堡垒、欧洲文明的顶峰，越来越复杂，越来越有深度。与其他华丽的文化中心不同，它持续吸引着年轻的激进艺术家。20世纪初成立的最著名的团体是桥社。桥社不是第一个反对学院派或试图建立理想艺术社区的德国艺术运动，但它真的非常先锋。

这个团体抵制眼中的资产阶级现实主义，推崇能唤起和搅动内心深处情感的作品。在这次艺术运动中出现的作品后来被称为德国表现主义，它在几十年中成了一个极具影响力、内容广泛的流派。有些是油画，用明艳的撞色冲击观者的眼球，画中人物的脑袋和身体以尖锐、怪异的角度呈现。还有令人不寒而栗的木版画，描绘防毒面具和死人头颅，观者仿佛还能感受到这些人被处决时的满腔愤怒。这场艺术运动完美诠释了纳粹所憎恶的现代主义。

桥社孕育着一场更广泛的社会和性革命。这个社团成立于1905年，创立者是德累斯顿技术大学两名年轻的建筑系学生，弗里兹·布莱尔和恩斯特·路德维希·凯尔希纳。早期社团成员热爱民间艺术，在城市周围的森林中留下许多木雕作品。他们在森林中那种浮夸、纵欲的艺术家生活方式，也体现了他们对集体生活以及去城市化的青睐。

埃米尔·诺兰德在早期就加入了他们的行列，他的绘画很有力量，才华横溢。[9]这场运动的精神传遍德国，也传遍了整个欧洲。在德累斯顿，创新精神进一步促进发明创造，表现主义开始与强烈的社会讽刺和描绘无产阶级现实的决心相融合。在一战爆发之前的那些年，这座城市培养着学生康拉德·菲利克斯穆勒、奥托·迪克斯和奥托·格里贝尔的艺术天赋。

其中，迪克斯的作品立即成了典型的内心表达艺术。1914年，年仅22岁的他像许多年轻人一样投身第一次世界大战，被最初宣战时的一腔热血所裹挟，坚信他们必将迅速得胜，荣耀凯旋。当然，迪克斯和战友们很快就见识了战争那沾满污泥、被铁网割伤的肮脏真相。这位年轻的艺术家英勇作战，被授予铁十字勋章，但他的灵魂里有了新的东西。

1919 年，他回到德累斯顿。他在 20 年代的创作能引起生理上的震撼。他的画作里不再有模糊的抽象概念，相反，其内容变得冷酷、明了。《战壕》是一组描绘战壕内生命和死亡的铜版画。这里没有英雄主义，也没有怜悯。相反，画中世界纯粹地展现了一种难以想象的痛苦，充斥着各种各样的泥泞和死亡，倒映在凸出的眼球和污秽中。[10]《在瓦斯中行军的突击队》一直是这个系列中最具象征意义的画面：在这片诡异的地狱景观中防毒面具宛若骷髅一般。迪克斯不断做噩梦，梦见自己爬过被炸毁的房屋和瓦砾，梦中的他在被摧毁的幽灵之城德累斯顿度过每一个夜晚。[11]

1927 年，这位艺术家被任命为德累斯顿艺术学院教授，他的作品描绘出魏玛时期黑暗的社会现实，被视为新即物主义运动的一部分。年轻的康拉德·菲利克斯穆勒是他的同辈，曾教过他木刻版印技术。和迪克斯一样，菲利克斯穆勒从战场上回来后，也成了毫不留情的激进派。

这个年轻人的专长是木版画，他的艺术风格强烈、紧迫，将城市工业现实主义主题与表现主义的犀利几何图形结合在一起。一战期间，菲利克斯穆勒曾在一支医疗队服役，回到德累斯顿后，他投身于革命政治的浪潮中。战争结束后的几个月里，政权在后来被称为"德国革命"的事件中被短暂颠覆：工人和士兵占领了议会和工厂。俄国"十月革命"爆发前的那一年仿佛要在德国重新上演，但就在社会主义者和共产主义者一点一点取得进展的同时，右翼反对势力出现了，后者发现可以利用自由军团的武装力量为他们背书，这些在街上游荡的武装部队部分由一战退伍士兵组成。在战争的余震中，暴行转移阵地，侵入了城市的街道。

战败后德国的氛围同 1920 年那部著名电影《卡里加里博士的小

屋》中的表现主义式恐怖很像。在这部电影中，一个没有自身意志的年轻人——一个梦游症患者——被迫去谋杀别人。他瞪大的眼睛闪烁着挥之不去的悲怆，但当他在尖锐的、匕首形状的恐怖场景中穿行时，他显然又成了个无可救药的杀手。康拉德·菲利克斯穆勒创作的一些木版画也以表现主义手法呈现出类似的阴森氛围：月光下的小房间里，影子被削尖成吓人的尖角。[12]

　　在那个狂躁的时代，名声渐起的还有奥托·格里贝尔，这位艺术家比菲利克斯穆勒更进一步，他加入了德累斯顿工人和士兵委员会。格里贝尔是达达主义运动的热心倡导者，这一运动既戏谑又相当严肃。这是一门延伸到各个领域的艺术——从绘画到诗歌表演，它欣然接受一切荒谬，并以一种讥讽姿态对寻常的工业制品和广告大加崇拜。它意在攻击所有表达稳定的概念：在一个随时都可能被纯粹的恐惧撕裂的世界里，怎么可能存在固定的意义呢？ 1923 年，格里贝尔创作了一幅名为"裸体妓女"的画作，画中一位上身赤裸的金发女郎，一边拉下衬裤，一边露出古怪的微笑。这幅画可能是对德累斯顿那些更为雅致的感受性的最直接挑战。[13]

　　这种感受性还是存在的，也就是德累斯顿和其他城市里那些更偏传统的形象艺术家。他们对表现主义者进入艺术领域愤愤不平。在德累斯顿，艺术领域中最具影响力的人物当属古代大师画廊的主任汉斯·波塞。他也将成为这座城市最矛盾的人物之一。起初，波塞在他备受尊敬的职位上拥护、声援这一代令人震惊的新锐艺术家。1926 年，在其担保下，德累斯顿举办了一场国际艺术博览会，当地画作将与其他地方的对抗性作品一起展出。

　　波塞没有感觉到正在暗中成形的压力。1933 年，在面对一个充满敌意的新政权时，他没有做出稳当的反应，因此纳粹党高层认为波塞不认同他们的观点。艺术可不是某种边缘活动，在改造德国生活方式的过程中，它处于焦点位置。纳粹使用的术语是 Gleichschaltung，大意是"一体化"。这意味着所有艺术创作都必须严格遵循纳粹的理念。这部分源于希特勒的愤怒，他本人曾两次被维也纳美术学院拒于门外。希特勒正是波塞所鄙视的那种画家。他的艺术呆板、具象——描绘宏伟的市政建筑、农舍、庭院等场景的习作，在一个现代主义者眼中，他的艺术显得荒谬、造作又媚俗。

与之对应，希特勒对现代主义的憎恨也在他的演讲中体现得淋漓尽致。德国人不想查阅那些空洞矫情的入门指南来解读这些梦魇般的、扭曲的现代主义绘画，也不想知道那些创作者的"病态大脑"里到底装着什么。[14] 即使在即将开战时，希特勒也认为自己首先是艺术家，其次才是政治家，他就是这么告诉英国大使的。

因此，纳粹选择在德累斯顿实行他们的第一波"艺术羞辱"。1933 年秋，艺术家如迪克斯、菲利克斯穆勒和格里贝尔，他们的作品被当局没收并展出于德累斯顿市政厅，此举意在让市民前来参观并表达对这些不道德的绘画的厌恶之情。[15] 这是"堕落艺术"的第一场展览，不过官方并没这样命名。这回展览算是一次先行体验。规模更大的展览将于 1937 年在慕尼黑举行，展出的作者包括犹太画家、当局眼中的反军国主义画家和任何抽象主义画家。

对奥托·迪克斯来说，这种不利局面在好几个层面上都有着深远的威胁性：他被撤职，并被禁止展出过去的作品。几年后，为了给他的作品找新买家，他不得不彻底改变艺术风格。迪克斯转而"投靠"风景画，他开始画山峦、平原，他还效仿他厌恶的某位德累斯顿画家，开始画偏远乡村和荒凉墓地的雪景，故意模仿卡斯帕·大卫·弗里德里希的画作。[16] 迪克斯沦落为像希特勒一样的媚俗艺术家了。

对迪克斯的担保人、画廊主任汉斯·波塞来说，日子也没有好过到哪儿去，他也被撤了职。但波塞不知道他和希特勒有一个共同的朋友——画商卡尔·哈伯施托克，后者为元首鉴别和夺取艺术品，很可能向元首提过波塞其人。因此，希特勒让波塞负责整个纳粹艺术收购计划。就是这么突然，这位德累斯顿艺术专家猝不及防地被拖进犯罪的肮脏泥沼。当纳粹统治集团不断掠夺、偷窃，将尽可能多的艺术品据为己有时，波塞则负责制造出一种体面、高尚的假象，收购反映第三帝国一切价值观的德国美术作品。

尽管纳粹百般尝试，但他们仍无法完全控制一些神圣的领域。因为，除了绘画，德累斯顿还是一个充满音乐的城市，音乐的宗教性恐怕太强，以至于政权难以染指。从老城区路德宗圣十字教堂内传出的穿透灵魂的和声中，能听见最纯粹的音乐表达。烛光在教堂正厅的黑暗中舞动，这本身就是一种反抗，前几年教堂并没有这种天主教才有的气氛，但重要的是纳粹明白，这里没有他们发挥的空间。其他教堂则装上了铁十字架，将基督教与纳粹军国主义融合在一起。

圣十字教堂享有盛名数十年甚至数百年，其男孩合唱团成立于13世纪。如今，在战争中最黑暗、最绝望的时刻，清澈的歌声仍然为整个大陆乃至整个大西洋所熟知。即使在那个时期，也就是战争开始五年多以后，圣十字学校的唱诗班仍在招收学生。圣十字学校是靠近教堂的一座宏伟哥特式建筑，只有那些拥有最美妙嗓音和音乐天赋的人才能被录取。这是一所寄宿学校，有着长长的宿舍楼，这里是宝贵的避难所，可以躲开纳粹形象和意识形态的渗透，否则它们会填满这座城市的血管和动脉。

但是战争给唱诗班的乐长——指挥和指导员——带来极大压力。和德累斯顿的许多人一样，为了保住职位，他被迫做出最不堪的妥协。鲁道夫·莫尔斯伯格有着一张与众不同的亲切脸庞，谢顶，在大约14年前的1931年被委派到这个极负盛名的机构任职。彼时唱诗班已享有盛誉，但他准备把这个音乐现象带往更广阔的世界。[17]

从某种意义上说，希特勒和纳粹并没有构成任何威胁：还有什么能比这个机构更完美地象征德国文化呢？然而，从1933年起，局势开始紧张起来，可能是因为看到这座城市里太多人被撤职，所以鲁道夫·莫尔斯伯格加入了纳粹党。正是在这段时间里，大学教授被迫在特殊仪式上向元首"表忠心"，中小学教师接到命令中止综合课程，回归最基础、简单的数学和语法教学，基层公务员甚至必须用纳粹军礼和一句"希特勒万岁！"迎接纳粹官员。

显然，莫尔斯伯格很热爱唱诗班乐长这个角色。毫无疑问，他与唱诗班的合作，以及他为了将男孩们领向国际舞台做出的努力，战胜了德累斯顿那位恶心的州领袖及其新政权下的阴暗现实。20世纪30年代中期，在带着合唱团在欧洲巡演之后，莫尔斯伯格又成功安排了一趟美国之行，让圣十字唱诗班在许多欣赏他们的观众面前表演。[18]甚至可以说，这将赋予新崛起的希特勒政权以真正的合法性：唱诗班纯粹的音乐天赋和感情丰富的宗教经典配乐使许多美国人放心地认为纳粹还是推崇文明的。

纳粹和教会——尤其是圣十字教堂——之间的紧张关系在于精神崇拜和世俗崇拜之间的意识形态冲突。纳粹主义宣称对精神和肉体拥有完全所有权，而教会则更早、更合理地主张对灵魂的所有权。

天主教徒可以求助于教皇。不论希特勒和他的副手们自身对宗教信仰如何蔑视，都明白罗马方面的力量，也知道他们不能太过严厉地打击遥远的梵蒂冈对德国信徒的权威。（在被占领的波兰，情况就不同了，那里的天主教神父拒绝向世俗的要求低头，因此遭到监禁和虐待。）

然而，新教的情况有所不同，由于没有统一的中央主教权威，纳粹的影响和胁迫拥有了更多空间。路德宗的圣十字教堂就面临着残酷的事实：年轻的唱诗班成员必须加入希特勒青年团，这是强制规定。希特勒青年团有强制性的统一制服，还有他们自己独特的音乐风格，包括像《前进！前进！》这样的进行曲，以及一首古老赞美诗的改编曲，歌词里有一句"腐烂的骨头在颤抖"。

有些人认为，莫尔斯伯格有能力把这些音乐和其他纳粹最爱的歌曲——包括纳粹党的官方党歌《霍斯特·威塞尔之歌》，挡在圣十字唱诗班之外。希特勒青年团的随身装备，如臂章、腰带和匕首，则比较难避免。有个来源不明的故事说，在 1943 年前后，莫尔斯伯格和他的唱诗班受邀到德国其他地方演出。他们打算乘火车前往目的地。当局要求唱诗班的男孩们穿上希特勒青年团的全套行头。但是莫尔斯伯格提前计划好了。他没有在中央车站上车，而是在下一站，也就是德累斯顿新城区站上车。他带着孩子们的校服——黑色外套和宽领白衬衫——以便他们能立即更换衣服。他不希望孩子们以纳粹分子的身份，而是以圣十字唱诗班的身份踏上旅程。

离圣十字教堂不到四分之一英里的地方，矗立着这座城市另一座伟大的音乐圣殿——圣母教堂。这座教堂不仅是个美学奇迹，也是个工程奇迹，它那独特的巨大穹顶赫然耸现在距离新城区街道约 220 英尺的上方。圣母教堂建于 18 世纪 30 年代，由建筑师乔治·巴尔设计，灵感来自意大利的巴洛克风格。在教堂内安装了管风琴后，约翰·塞巴斯蒂安·巴赫曾于 1736 年前来演奏。和圣十字教堂一样，圣母教堂也有近乎空灵的音响效果：乐曲、和声和复调旋律穿过回廊，不断上升，在穹顶内部独特温暖的粉蓝色调中徜徉。[19] 和圣十字一样，这也是一座新教教堂，圣十字唱诗班的男孩们也会在特殊场合来这里表演，最近的一次是 1944 年冬天的圣诞颂歌音乐会，当时这座城市正处于灯火管制的黑暗之中。

哪怕是在 1945 年 2 月，圣母教堂仍会是巴赫和伟大的管风琴制作者西尔伯曼所认可的建筑：黯淡的金色光芒，客西马尼园里的耶稣受难像，穹顶上天堂彩霞中圣人们散发着光辉的身影。

宗教音乐是一方面，但这座城市也以歌剧闻名于世——对许多不可知论者来说，歌剧本身就是一种宗教形式。在这一领域，从希特勒开始，纳粹就表现出更积极的兴趣。到 1945 年 2 月，森帕歌剧院已不再上演剧目。在这种紧张的局势下，剧院继续铺张浪费地经营是不可能的，也不恰当。1944 年年底前的最后几周，剧院上演了最后一场演出——喜歌剧《魔鬼兄弟》，剧中人物包括土匪、革命者和客栈老板的女儿，由德累斯顿歌剧界的著名男低音库尔特·贝姆担任主演。[20] 但这个机构的历史对德累斯顿市民来说仍然历历在目。事实上，这段历史反映了德累斯顿政治最动荡的整个时期，尤其是 19 世纪 40 年代年轻的理查德·瓦格纳在歌剧院担任指挥的那段日子。

现在要审视希特勒最喜欢的作曲家在德累斯顿的生活，确实很奇怪。因为虽然瓦格纳在这里首演了他在音乐史上具有重要地位的作品——《漂泊的荷兰人》和《唐豪瑟》——但他也在这里短暂地卷入了激进左翼和无政府主义政治的旋涡。伟大艺术和激烈政治这两股潮流并存一直是这座城市的特色。

还是个孩子的时候，瓦格纳曾短暂地加入过圣十字唱诗班，几年后，在 1842 年，他带着自己作为年轻作曲家迅速获得的声望，重返德累斯顿，担任萨克森王国宫廷乐队的指挥。虽然有些人对他的新音乐理念表示怀疑，但也有许多人对他的音乐醉心着迷。他创作的歌剧在德国各地不断上演，也加固了德累斯顿是一颗璀璨文化宝石的观念，对上流社会和更高雅的阶层具有强大的吸引力。具有讽刺意味的是，这些都发生在瓦格纳的政治观发展时期（不过他恶毒的反犹太主义倾向似乎一直存在），当时他主张个人应获得更大的自由，也主张德累斯顿应表现出一点儿代议制民主的姿态。

19世纪40年代，萨克森仍是弗里德里希·奥古斯特二世统治下的一个王国。除了为当地一家激进杂志写文章外，瓦格纳还和俄罗斯无政府主义者米哈伊尔·巴枯宁成了朋友。巴枯宁于40年代末来到这座城市。巴枯宁那里有关于集体主义和阶级斗争的新鲜而激烈的观点，瓦格纳沉醉其中。1849年，在席卷欧洲大陆的革命爆发后的余震中，德累斯顿发生了一场短暂的暴动，年轻人在街上设置路障。瓦格纳投身于这场街巷防御战，其后被驱逐出城。[21]50年后，阿道夫·希特勒在奥地利林茨市一家音乐厅观看了《罗恩格林》的演出。据他自己承认，这场音乐剧征服了他。[22]瓦格纳进入了他的灵魂。

到了20世纪30年代，希特勒还被一位搬到德累斯顿的在世作曲家理查德·施特劳斯的作品迷住了。希特勒特别喜欢施特劳斯在世纪之交创作的歌剧《莎乐美》，不过他也很欣赏他后来的作品《厄勒克特拉》和《玫瑰骑士》。纳粹分子尤其喜欢施特劳斯的浪漫曲。同歌剧的音域和编制规模相比，浪漫曲与听众之间的关系更亲密，它只为一种乐器和一个歌声而创作，常常运用民歌元素，让人想起纺车前的少女或回到农场的退伍士兵。[23]希特勒在贝希特斯加登❶常常演奏它们。

但是，尽管老施特劳斯的音乐具有丰富的调性，他仍是一个现代主义者，而且他坚决反对民族主义。他与犹太诗人胡戈·冯·霍夫曼斯塔尔有过大量合作。20世纪30年代，他与一位同样是犹太人的奥地利作家展开新的合作，后者在欧洲大陆吸引了众多读者。1934年，斯蒂芬·茨威格和施特劳斯合作了一部名为"沉默的妇人"的新歌剧[24]，并在德累斯顿森帕歌剧院首演。

施特劳斯和茨威格都知道，即使在希特勒政权初期，这样的合

---

❶ 贝希特斯加登，德国巴伐利亚州一小镇，希特勒曾在此建造别墅。

作关系也是被禁止的。他们也都知道，犹太人的名字不准出现在剧院的广告牌上。然而理查德·施特劳斯仍然坚持反抗。除了他对茨威格的忠义，还有一个原因是他在某种程度上已经妥协，他希望至少在自己和纳粹统治集团之间保持某种距离。

1933 年，施特劳斯被任命为帝国音乐局总监，该组织将确保全国所有的音乐都能反映新政权及其理念。他在给朋友的信中说，这不是他的选择；约瑟夫·戈培尔把这个职位派给他，即便对方没有明言，他也清楚，拒绝是不可能的。对纳粹而言，这好比中了大奖：一位享誉全球、拥有众多追随者的作曲家，只要与希特勒并肩出现，定能帮纳粹获得文化上的威望甚至正统性。

施特劳斯与纳粹达成这么一个可怕的约定，有其个人原因：他的儿媳是犹太人，他必须尽己所能保护她和她娘家人。这样的挣扎将持续整个 20 世纪 30 年代和 40 年代，那些反感、排斥施特劳斯与纳粹之间密切合作的人可能都没有意识到他的生活正面临危难关头，没有意识到他所爱的人正处于州领袖所谓的"保护"之下，而实际不断受到盖世太保的威吓。

但他的艺术合作者茨威格明白他的苦衷。不过施特劳斯在德累斯顿的挑衅举动所造成的后果已经显现出来。《沉默的妇人》在第二次演出后被纳粹叫停。在施特劳斯写给茨威格的几封信被盖世太保截获后，他被免去帝国音乐局总监的职务。这些信上写满了他对纳粹政权之愚蠢和肮脏的控诉。

虽然这并不意味着施特劳斯被希特勒政权完全剔除——他们仍然在 1936 年柏林奥运会乐谱上使用施特劳斯这个备受尊重、分量十足的名字——但这位作曲家失去了率直表达立场的自由。与此同时，茨威格目睹了这样的黑暗蔓延至整个欧洲大陆的全过程。不久之后，他与妻子移居英国，并在巴斯安家。他们后来乘船去了巴西。[25] 欧洲高雅文化对茨威格来说曾经意味着一切，是他生活的全部。看着它被纳粹如此亵渎，可能让他觉得这个世界永远也不可能复原如初。他与妻子陷入绝望：1942 年，他们死于过量服用巴比妥酸盐。

德累斯顿歌剧院还见证了纳粹实施的其他暴行，比如歌剧院首席指挥弗里茨·布施的迅速解职。他本人不是犹太人，但他被解雇是因为他支持犹太音乐家，也因为他拒绝对纳粹政权表达任何形式的尊重。在他的作品《弄臣》首演时，观众席中一些受到纳粹资助的暴徒开始反复叫喊口号："布施滚出去！"[26] 演出中止了。布施明白，他不可能继续留在这个他出生的地方了。他搬到了英国，担任格林德伯恩歌剧节的音乐总监。

在德累斯顿，有一种长久以来广受欢迎的大众艺术形式——萨拉沙尼马戏团，尽管他们一直受到当局不怀好意的关注，但依然存活了下来。马戏演出场地比简单的大帐篷和随行的大篷车更宏大、更体面，是由著名建筑师马克斯·利特曼设计的特制圆形礼堂，可容纳 4000 人，其风格与坐落在易北河北岸新城区的歌剧院非常相似。自 1912 年以来，马戏团就一直在这里演出。大约从那个时候起，马戏团的第一任经理汉斯·施托施——他给自己改名为萨拉沙尼——开始穿成印度土邦主的样子，以彰显马戏团的国际精神。[27] 他的意大利笔名灵感源于巴尔扎克笔下的人物萨拉金，萨拉金违抗了父亲的意志，而施托施也违抗了他父亲的意志。

曾有一段时间，施托施马戏团的特色不只是精彩的动物表演和活力四射的小丑表演，还有定居于德累斯顿的技艺高超的中国及日本杂技、杂耍演员。但是，同所有其他艺术和娱乐领域一样，马戏团在 20 世纪 30 年代开始屈从于纳粹的淫威。一开始，纳粹谴责他们是"犹太马戏团"，因此国际演员的名册被大幅缩减。[28] 这种恐吓并没有就此结束。为了寻求当局支持，马戏团在 30 年代末上演了以西班牙内战和印度反抗英国起义为题材的特别剧目。换句话说，它被迫屈从于意识形态。到 1945 年 2 月，马戏团由已故的施托施的儿媳特露德经营。和电影院不同，它获准继续开门营业。萨拉沙尼有马、大象、舞女，现在还有严格意义上的雅利安杂技演员，行军中经过德累斯顿的士兵都非常喜爱这个马戏团。

与此同时，在英国，从东面刮来的寒风越过北海，席卷了林肯郡的小镇，在那些地方，当地电影观众忘记了豪华影院里的寒冷，沉浸在另一个世界里。在 1945 年年初那几周里，英国观众对好莱坞黑色电影《双重赔偿》带来的紧张感激动不已。这种娱乐对 28 岁的空军上尉莱斯利·海伊来说不可多得。[29] 他的绰号"威尔"，取自一位当红喜剧电影演员的名字，这就是他热爱电影的明证。与他在英国皇家空军的许多战友不同，他不爱喝酒，所以他在散发着荧光的黑暗中寻求逃避，不去想他的轰炸任务。海伊自己也经历过被轰炸的恐怖。1940 年德国闪电战期间，他在伦敦，有几个晚上，他走在潮湿的街道上时遭遇轰炸，玻璃和砖块在他周围迸裂，他不得不卧倒在冰冷的人行道上，尽可能地放低身子。海伊后来煞费苦心地说明，他报名参加英国皇家空军并不是想要报复，只是因为他明白空袭是一种多么强大的作战手段。他几年前就结婚了，年轻的妻子在伦敦生活和工作，而她丈夫的空军中队驻扎在富尔贝克，一个坐落于林肯郡黑色沼泽上一片肥沃农田中的小村庄。每次休假结束，当她在国王十字车站同他吻别时，他们都会意味深长地看着对方：死亡的可能性始终存在，不可避免。然而事情并没有那么简单。作为一名飞行员，海伊对飞行有着近乎沉迷的热爱，哪怕是闪电般明亮的高射炮弹在机身边一闪而过时，他仍能陶醉于驾驶他那架兰开斯特式轰炸机的享受，陶醉在黑夜中俯冲的感觉。

　　恐怖的远程空袭轰炸反而会给他们带去一些莫名的慰藉。有一天晚上，海伊和机组成员朝着德国目标前进，途中越过茫茫月光下闪闪发亮的勃朗峰。还有一次，在应对敌人炮火的危险之余，他被飞机螺旋桨周围出现的幽灵般的黄色光环迷住了——那是圣艾尔摩之火，一种自然放电现象。

　　他并非没有受到那些轰炸任务的影响——他将炸弹投向杜塞尔多夫、慕尼黑等城市——这些任务像一股深不可测的压力，让他和战友不堪重负，即使在他们飞过防御炮火时也难以摆脱这种影响，于他，地面仿佛一场巨大的地狱焰火表演。但是，和他那一代的许多人一样，在后来的岁月里，海伊才知道自己的幸存有多么不同寻常，开始试图用人类的乐观来重新编制自己的记忆。

　　1945 年 1 月，在海伊完成针对捷克斯洛伐克合成油工厂的一次危险而漫长的轰炸任务后，他和妻子都认为他的任务差不多应该到头了。他回来后得知，他的任务从 30 趟增加到 36 趟。海伊的妻子吓坏了，而他本人只是感到痛苦。当时的海伊在执行任务时是不会动摇的，毫无疑问，盟军选择轰炸的目标城市一定有其充分的理由，即使是最美丽的城镇也肯定暗藏着大量秘密军需工厂和用于开发秘密武器的实验室。对他来说，这样的袭击是极其必要的。几天之内，海伊和其他数千名航空兵就收到命令，要前往德累斯顿执行任务。他知道那是一座美丽的城市，但那些著名的彩瓷厂已经开始生产可怕的新型导弹和火箭了吗？实际上，这座城市的战争工作更多与精密仪表相关，但海伊把德累斯顿和强大的科技创新联系在一起也完全正确。

第五章 玻璃人和物理学家

德累斯顿还有另一种音乐：发电机和科学设备发出的低鸣。在中央车站以南半英里的地方，有一些实验室，科研工作者在那里用阴极射线和热离子管做各种各样的实验。有些人已经在那里工作了几十年，致力于促进从通信到电力传输等领域的非凡发展。他们可能觉得自己能置身于血腥的革命之外，但其实他们也被迫参与其中。他们一方面要专注于纯粹的想法和研究，另一方面又知道他们要发明创造一些服务于眼下这场可怕战争的东西，这种压力必定巨大。

这所大学丑陋的中心建筑群都有着红色的屋顶和球根状的塔楼，可能缺乏牛津大学或海德堡大学的美感，但这里的实用主义和冒险精神使这所大学成了众多工程师、数学家和物理学家的理想学府。它确实吸引了20世纪初电气技术领域的青年才俊海因里希·巴克豪森。1881年，巴克豪森出生于不来梅（当时他的同乡弗里德里希·西门子正在欧洲做巡回讲座，主题是即将到来的大规模电力照明奇迹），他对自然科学的所有分支都表现出强烈的兴趣。[1] 他辗转于德国各地的学府学习，令人惊讶的是，他在年仅29岁时就获得了德累斯顿技术大学的教授职位。

在第一次世界大战爆发前和结束后，巴克豪森持续的研究工作都取得了一些非常重要的突破，这些突破后来被证明具有巨大的军事应用价值。其中之一便是一种提高信号频率的方法，它改变了超高频无线电的应用。但他也在秘密从事磁力学和共振领域的研究，探索不同自然力场和声音之间的复杂关系，以及操纵两者的方法。巴克豪森教授主宰着电气通信工程领域。[2] 他以自己的名字命名了一项涉及电磁学和声学的发现：巴克豪森效应。

人们一定会认为，这样一个人的精神世界里，基本上容不下任何形式的政治意识形态，他的生活充满标度盘、二极管、调谐器、真空管和装有精密仪表的玻璃量筒。但是，纳粹掌权后，巴克豪森教授和同事们还是被卷入了更深的旋涡中。和所有学者一样，他们被迫宣誓效忠希特勒，在向领导和同事致意或开始上课前，他们都被要求行纳粹礼。维克多·克伦佩雷尔和所有的犹太同事就是从这所学校被开除的。巴克豪森教授和所有同事都能清楚地看到校园里发生的一切。

到 20 世纪 30 年代，巴克豪森在电子技术领域取得的成果引起军方极大的兴趣。他不仅研究超高频信号，还研究微波，这些成果都有可能为世界各地战区的远距离即时通信开启新路径。在这样的氛围中，在这样的时间点，哪怕是最不谙世事的学者，又如何能抵抗得了极权主义施加的压力呢？1938 年，巴克豪森教授被派往日本开展一段时间的联合研究。当时距离第二次世界大战打响只剩下一年的时间，我们有理由推测，他和日本同行开展了可供日德两国军用的技术研究。

巴克豪森在远东观望轴心国向世界发起挑战。战争不断升级，教授自己又被调职，这次是去罗马尼亚工作。但到 1944 年，巴克豪森教授回到德累斯顿老家，回到了他熟悉的实验室。这些年他如履薄冰，终于熬了过来，纳粹并没有敌视他。即便是在几乎空无一人的大学里，也有越来越多迫切需要进行的电子研究，包括对完美语音合成的探究（用于实现信息传输时的电子加密和拦截防护）。巴克豪森还招了一位非常有前途的青年门生来物理系，一个来自拉脱维亚首都里加的漫不经心的小伙子，米什卡·达诺斯。[3]

21 岁的达诺斯在德国控制的拉脱维亚见识过纳粹堕落的真正深渊。有一年冬天，他到里加附近的山上滑雪。他一时兴起，没有走平时人们更常走的小路，而是在一片空旷的雪地和树林里穿行。但当他爬到一座小山上时，他被长长的队列吓了一跳，有男有女，还有孩子，都穿着深色衣服，正往斜坡上爬。山顶上似乎出现了某种奇观。出于好奇，年轻人悄悄地爬上山。一圈人默不作声地站在地上的大坑周围，坑里满是尸体，全是新近被杀的。里加及其周边地区的人纷纷前来观看当地犹太人的乱葬坑。达诺斯迅速转身离开。据他的遗孀希拉·菲茨帕特里克说，那天他内心的某些角落紧紧封闭了起来。作为一名钢琴爱好者，他再也感受不到贝多芬作品蕴含的情感，或者至少可以说，他再也无法让那扇紧闭的心门重新打开。[4] 那么，1944 年，达诺斯为何会决定离开拉脱维亚，前往德国的心脏地带学习呢？

为避免在东线被德军征召入伍可能是个很充分的理由，因为越来越多的拉脱维亚青年被招募进国防军。但即使是在 1944 年，拉脱维亚和德国之间还有一个学生交换项目，这是纳粹当局在波罗的海国家传播德国思想计划的一部分。达诺斯和他的家人拥有匈牙利血统，如果这个年轻人充分了解过自己的身世背景，他也许会改变主意，因为尽管当时他不知情，而且他成长于一个讲德语的天主教家庭，但他确实是犹太人。当他站在那里低头看着那个乱葬坑时，他丝毫没有意识到，他和坑里的那些人有着同样的血统，但即使这个事件没有发生，一位才华横溢的年轻犹太知识分子吵嚷着要去见证酝酿犹太大屠杀的帝国中心，这件事也太过讽刺，难以想象。

这个年轻人有着敏锐的推理能力。菲茨帕特里克解释道，达诺斯一直认为纳粹狂热的兴起只是短暂的反常现象；到 1944 年，他和母亲确信它会倒台，而且倒台的日子很快就会到来。[5] 更重要的是，他对德国文化深厚根源的热爱和尊重是藏不住的。另一个具有讽刺意味的转折是，德累斯顿对达诺斯来说要比里加安全得多，因为这里为他提供了隐藏身份的可能性。里加其他有犹太血统的家庭都遭到揭发，这种事也完全可能发生在米什卡·达诺斯身上，但如果他住到遥远的德国东部，那就未必了。

达诺斯和巴克豪森立刻建立起融洽、默契的关系，这个学生很快就被提升为教授助理。当征兵的探照灯投到这个年轻人身上时，巴克豪森教授写信给当局，解释说他的助手正在大学里从事重要的战争工作。就这样，达诺斯留了下来，早慧的他凭借自己在电子、无线电技术和数学理论方面的专长，成了这些科研实验室里的固定成员。

大学周围有许多大房子，其中一些为学生提供住宿，达诺斯就住在其中一个宽敞通风的房间里。他很快就交到了朋友，但到 1945 年 2 月，他又在考虑另一步动作。他的母亲是一名时装设计师，离开里加去了布拉格，而达诺斯经常乘坐从德累斯顿到布拉格的特快列车去看望她。但二人都注意到了从东方逼近的苏联力量有多么势不可当，而斯大林统治下的生活前景看起来比纳粹统治下的还要黯淡。德累斯顿也好不了多少。他们预见德累斯顿会遭到轰击，士兵们会让街道血流成河。他们秘密计划着打点行装，向北远行到丹麦边境的弗伦斯堡。在 2 月初的那几天里，达诺斯暗暗下定决心要在月底前的哪天离开，他打算 13 号晚上在自己房间里为几个大学朋友举办一场低调的派对。

巴克豪森教授深知，他是德累斯顿宏大传统的一部分：这座城市的探索精神和活跃的（且有利可图的）创造精神。长久以来，科研工作者总是缺乏敏锐的商业头脑，许多发明家都拿不到那些本该属于他们的财富，但德累斯顿发明家从来都是异类：他们像理解自然现象那样深谙市场的力量。讽刺的是，纳粹对这座城市的统治，使得这种从最具独创性的发明中获利的美妙天赋被暂时压制。从历史上看，这座城市发明创造的闪光一直与政治权力和政治影响紧密相连。当然，西方势力也知道这段历史，这也是他们的战略家选择轰炸目标的考虑因素之一：除了艺术之外，德累斯顿长期以来一直是技术创新的代名词。

这种狂热的创造力——通常是意外收获——始于 18 世纪早期，当时人们正争相复制令人惊叹的中国瓷器。几个世纪以来，远东的精致瓷器沿着丝绸之路被运往各地，受到欧洲宫廷贵族的追捧，但在 17 世纪的欧洲，没有人能理解或复制一件追溯到几百年前的东西，也没人能再现它罕见的半透明质感，或是它精巧的纹饰。瓷器价值连城，因此被称为"白色金子"。[6]

18 世纪初期，萨克森选帝侯奥古斯特二世一心想要获得黄金，他对奢侈品和所谓"地位象征"的欲望无止无尽。这反过来导致了一系列偶然事件，让他获得了制造瓷器的方法。奥古斯特得到一个年轻人的帮助，或者换句话说，他将后者绑架并软禁起来。这个年轻人自称炼金术士，专门在德意志宫廷里招摇撞骗。即使在牛顿发表数学原理的新时代，有权势的人仍然坚信金子可以从基本物质中炼成。

这个年轻人叫约翰·弗里德里希·伯特格。[7]奥古斯特在德累斯顿给他配了一间实验室，把他囚禁在那里，但伯特格不断出逃。每次他被抓住，守卫就会加强一点儿。奥古斯特的耐心渐渐消磨减少，而伯特格知道他必须得创造出某种炼金术奇迹才行。当他用不同的土壤、黏土和矿物做实验时，他不得不打造出足够坚硬的锅炉以承受熔融金子的灼热高温。讽刺的是，在打造这些炻器的过程中，他其实是朝一种更真实的财富迈了一步。

奥古斯特找了当地一位科学家埃伦费里德·瓦尔特·冯·奇恩豪斯帮助伯特格。奇恩豪斯更年长，他知道他们的实验能收获的东西与魔法黄金的幻想相去甚远。但他们发现，用从当地山上开采出的高岭土可以制出真正的白瓷。

此后很快就有了上釉、绘画和涂金的技术。这些新的创作形式在向其中国"原版"致敬的同时，形成了一种新的美学：茶和咖啡饮具上描画着东方景色。在过去两百多年里，还有一些场景一直是瓷器的重要创作主题：动物、花卉和田园小品。与餐具、花瓶和碗钵一道制作的还有小塑像。

这个秘密不可能在一个实验室里保守多久，很快瓷器就在欧洲遍地开花。但是德累斯顿的瓷器业，向着易北河下游一点儿的迈森转移，要求特别的质量。每件瓷器上都印有两把交叉的剑作为独特标志。[8]过去贵族和富人独享的东西，现在中产阶级也能拥有了。迈森的美学特色一眼就能辨别出来：纯粹的钴蓝色、稳重的暗红色、粉红色和绿色在小杯子上熠熠生辉；穿着考究、形象活泼的爱侣塑像；拉长着脸的丑角；骑着骏马的贵族。还有印有花卉图案的怀表表壳，亮黄色的花朵在光亮下闪闪发亮。

当时，奥古斯特（仍在等待法术炼造出黄金）对这种新艺术充满热情，他的继任者委托工匠制作极为精致细巧的茶具，小小的茶杯和茶壶上描绘着丰富的色彩和繁复的图案。在迈森产的洛可可式小塑像中，总有一种羞怯的柔情：雕工精美的牧羊人、牧羊女和小白羊，唤起一种田园诗般的纯真。这就是为什么纳粹毫不掩饰他们对瓷器的喜爱：在他们对艺术品的所有掠夺中，最令党内高级官员垂涎的就是迈森的古董。[9]在德累斯顿，冯·克伦佩雷尔家族（与维克多·克伦佩雷尔没有直接关系）拥有大约800件藏品。在纳粹政权早期，在他们有系统地掠夺艺术珍宝之前，纳粹党高级领袖甚至提出过要购买它们。

田园主题迷住了希特勒，迈森勾起他对田园牧歌的喜爱。实际上，纳粹党极大地促进了各类瓷器的生产。小塑像成了最受欢迎的圣诞礼物，这部分是因为希特勒和他的副手们常把瓷器作为礼物赠予他人。曾有人听见希姆莱❶喃喃自语道，装饰精美的瓷器是能令他真正感到快乐的"为数不多的东西之一"。[10]

迈森的瓷器拥有华丽的装饰和糖果般的色彩，在一些人看来可能略显俗气。不过，大体上，这些东西还是远在德国边境之外的家庭都渴望的物件。及至20世纪30年代，大量英国家庭都拥有德累斯顿瓷器。他们的藏品中当然不太可能有任何特制的纳粹塑像，因为这些塑像不在迈森制造，而是由慕尼黑阿拉赫瓷器公司生产。其中一件塑像展现的是身穿希特勒青年团制服的男孩，他敲着鼓，抬头望着天空，仿佛被什么景象迷住了：该作品是批量生产的，卖出成千上万件。另一件党卫军突击队队员的塑像也非常受欢迎，通常由纳粹党官员大量分发。

希特勒对瓷器的渴望在战争年代并没有减弱，即使到了1944年，

---

❶ 海因里希·希姆莱（1900—1945），纳粹党高级军官，历任纳粹党卫队队长、党卫队全国领袖、纳粹德国盖世太保首脑、警察总监、内政部长等要职。德国《明镜》周刊称希姆莱为"有史以来最大的刽子手"。

仍有专门为他制作的作品。迈森的制造工厂早已移交给军方生产电传打字机，因此纳粹在更南边的达豪集中营里建立了瓷器作坊。[11] 掌握相关技艺的囚犯被安排到最艰辛的苦役中，每天都面临着死亡的威胁。他们在围着尖利铁丝网的大型屠宰场里，创作出展现生命与美的精致作品。

及至 1945 年 2 月，纳粹已经从德累斯顿运走了许多最珍贵的迈森古董瓷器。这些精美的餐具和栩栩如生的小塑像裹着梅红色的外装，有着桃肉般的内里，它们都被小心翼翼地装进垫好填充物的盒子，藏在附近的山洞里。（战后，苏联人对成品瓷器和瓷器制造工艺都表现出同样的热情，甚至可以说极度贪婪。）

几个世纪以来，德累斯顿的发明家都很精明，牢牢地掌握着自己灵感的专利权，无论是神圣的灵感还是其他灵感。从 19 世纪晚期到纳粹党成立的这段时间里，出现了相当惊人的发明创造大爆发。

1895 年，这个城市生产的第一瓶漱口水是一个名叫卡尔·奥古斯特·林纳的前百货商店助理与老朋友化学家理查德·塞弗特合作的成果。[12] 林纳对健康颇有执念，漱口水的想法不仅是为了治疗难闻的口气。当时人们用各种东西漱口，从醋到白兰地，但科学家一直在研究蛀牙的过程，而林纳和塞弗特提出生产这种用于消灭潜伏细菌的杀菌液的新想法引起轰动。这个产品叫"奥多"，它不仅在德国普及开来，还进入了整个欧洲大陆和英国的家庭。它让林纳一夜暴富。林纳很快就在德累斯顿买下一处大得离谱的房产——施托克豪森别墅，一座 19 世纪的城堡，有露台、柱廊、两座塔楼，山坡上还有葡萄园，一直延伸到易北河畔。今天它仍然矗立在城市东部，在一座小山上俯瞰着德累斯顿的老城区。

林纳有金钱之外的执着。他是一位公共卫生改革者，倡导健康的生活方式逐渐成了他工作生活的一部分。[13]林纳将他的卫生原则应用于他四层楼高的工厂，工人阶级员工可以在厂里淋浴和泡澡，他们自己简陋的家中没有这些洗浴设施。休息时间，工厂还供应免费的牛奶咖啡，以消除工人们工作期间饮酒的不良嗜好。和德累斯顿其他雇主一样，林纳提供圣诞节奖金，让员工使用公司的储蓄银行。而与其他人不同的是，他还鼓励员工在午休时间和下班后使用健身房。

工厂开始生产新的产品系列：普泽风洗发水、卡风香皂、伊莱克斯牙粉。但奥多漱口水成了德国中产阶级必不可少的洗浴用品，这种加入薄荷和精油的液体成了这个国家最熟悉的味道。由此积累的财富使林纳得以审视德累斯顿这座城市，并开始担忧市民的卫生问题。他提议建立一个消毒设施诊所，那些被认为携带病菌的人将被用卡车运送到诊所，而他们的随身物品将在另一辆车上进行熏蒸。尽管这一想法没有得到普遍支持，但林纳还是设法建立了一个牙科卫生中心，并在约翰施塔特较贫穷的街区监督了一家儿童诊所的开设。

和当时许多人一样，在许多欧洲国家，林纳的社会卫生观念融入了与优生学和社会达尔文主义相近的更广泛的思潮中。他相信，不寻求统治他人的种族注定要被统治。[14]随之而来的是对城市生活可能导致身体和精神堕落的焦虑。

林纳成了德累斯顿最重要的显贵之一，他的慈善事业包括利用数百盏电灯和技术团队为奥古斯特三世国王举行壮观的夜间游行。他还组织举办1911年的卫生展览会，这是这座城市首次举办国际会展，自然也源于他对公共卫生的痴迷。展览会大受欢迎，约有550万人买票来听讲座，讲座内容包括不同肉类和蔬菜的优点、酗酒的可怕后果以及烟草的害处。这次展览的宣传海报上有一只凝视的眼睛——"卫生之眼"，图案风格独特。[15]这个图像背后的理念是公众的警觉，城市的眼睛睁得大大的，盯着各种各样的污物。展品中最吸引人的要数显微镜上的细菌——对许多游客来说，这是他们首次看到微生物。还有玻璃仪器和装满红宝石色液体的纵横交错的管子，用来演示血液如何在体内循环。

然后是"玻璃人"。他的美学和教育意义轰动一时。那是一个男性形象，他的皮肤是玻璃做的，在玻璃下面可以看到苍白的头骨、蓝色的血管、肋骨和他所有的内脏。玻璃人站在那儿，双臂高高举起，仿佛在祈祷或礼拜。他五脏六腑的鲜艳色彩迷住了人群。展出他的目的是说明消化道机制及不同食物被吸收的方式。他站在观众上方的一个讲台上，位于一具尸体和一台机器人之间。玻璃人也是对未来的一种展望，即男人和女人在医学科学中都是透明的：跳动的心脏、流动的血液、有节奏蠕动的肠道。所有这些都是为了让德国人新生的后代更健康。

林纳的观点和担忧得到数百万人的认同，这在一定程度上是对其他城市穷人陷入肮脏生活的抗议：不仅是恶劣的卫生条件，还有对滥交和性病的忧虑。无情一点儿说，优生学在当时的诊疗氛围里抬头，并非巧合：就像科学家们开始了解遗传性一样，他们也梦想着培养出基因更强的孩子。林纳并没有激发纳粹的灵感，但是他的展会——后来成了德累斯顿永久的卫生博物馆——仍然对纳粹有着不可抗拒的吸引力。他本人于 1916 年去世，到 20 世纪 30 年代中期，他的遗产已经彻底被纳粹占有。

卫生博物馆在 20 世纪 30 年代之前每年都能吸引成千上万的游客，后来被德累斯顿的纳粹当局接管，后者给它强加了一个新观点：种族卫生。公众开始接受关于保持血统纯正之重要性的教育，他们被告知哪些种族最容易受到感染。从 20 世纪 20 年代初开始，希特勒就对优生学的科学前景着迷不已，绝育成了纳粹的一个关键词。

然而，另一个科学技术的分支使这座城市成了一个更具吸引力的轰炸目标。从 20 世纪初开始，德累斯顿就把自己打造成蓬勃发展的光学技术中心：从望远镜、显微镜到最智能的照相机，无所不有。这是一个依赖技术和精准度，但也需要审美品位的行业。这里生产的相机外观设计时尚，在整个欧洲广受欢迎。但大规模生产的光学仪器也有一定的美感。1926 年，仍在前几年恶性通货膨胀所带来的经济余震中苦苦挣扎的四家大型相机和光学公司，在绝望中决定合并。这次合并获得了举世无双的成功。蔡司·伊康是一家从通胀的余烬中崛起的公司，他们生产的相机都带有时髦的商标，在当时非常具有创新性：伊康福莱克斯双反相机、康泰时连动测距式相机和伊康塔折叠式相机。[16]

在整个 20 世纪 20 年代，直到纳粹出现以前，伊曼纽尔·戈德堡教授一直是这家公司的首席天才人物。戈德堡 1881 年出生于莫斯科，由于其信仰而被禁止进入俄罗斯的各种学术机构——那是一个充满恐惧的集体迫害时代。戈德堡最终移民到德国，他相信自己对摄影和电影这门新兴科学的学术兴趣将得到发展。在莱比锡取得巨大的学术成就后，戈德堡教授于 1926 年来到德累斯顿，并被任命为蔡司·伊康公司的首任总经理。[17] 在这个阶段，他已经开发出了本质上是第一台家用摄影机的东西——齐纳摩（Kinamo），在当时，它小巧的体积是个奇迹。从市场营销的角度看，它也是个独具慧眼的产品：它是德国中产阶级滑雪和登山爱好者度假时的必备品。在某种程度上，这个产业具有其精巧和精准的特点，与这座城市的建筑、艺术和音乐的细致和精密形成和谐的呼应。

戈德堡教授还对微观摄影（微缩影印的起源）充满热情。他设想了一个使用光电技术的早期数据检索系统。1931 年，由于他的声誉，国际摄影大会在这座城市举行。他获得了法国摄影学会颁发的佩利戈奖章。

1933 年，《授权法案》终结了德国的民主。当德累斯顿突然遭遇纳粹的恶行时，戈德堡教授可能有理由认为，他的创造力和专业才能会让他免遭州领袖马丁·穆切曼的毒手。事实并非如此。有一种说法是，纳粹撵走他的手段极其简单：有一天，他们把戈德堡教授赶出蔡司·伊康的工厂，用一辆车把他运到城外的森林里，然后把他绑在一棵树上。在威胁了他和他的家人之后，他们松绑了他的一只手，让他在辞职信上签字。之后，戈德堡教授一家几乎立刻就迁往巴黎了。

随后，蔡司·伊康工厂解决了德国军队大规模扩张的迫切需求——不仅是空军，还有海军和陆军的精密光学工程。工厂的机密性越来越强，他们的光学产品现在成了帮助纳粹迅速进行残酷征服的秘密武器。这座工厂诉说了那个时代令人窒息的黑暗。1942 年初，市政府宣布犹太人将被进一步驱逐（直接送往东部的死亡营），蔡司·伊康的战时管理层表示抗议，要求当局豁免他们的犹太奴工。这不是出于仁慈的举动，更多是因为他们冷静地计算了损失大批熟练工的后果。[18] 第二天，盖世太保认定他们的猎物不能少，仍然坚持不论如何要立即驱逐 250 名犹太人。

然而在 1945 年初，有曾被选去集中营的犹太妇女回到蔡司·伊康工厂工作，其中 700 人来自福洛森堡集中营，另外 300 人来自奥斯威辛和拉文斯布吕克集中营。和之前的工人一样，她们也遭受了残酷的虐待。她们的同事可以清楚地看到她们饥肠辘辘，她们的口粮少得可怜。许多囚犯住在工厂顶楼的宿舍里，除了木床板、熏人的臭气、破烂毯子和冰冷的空气带来的不适之外，还是有人认为，和其他地方相比，能住在这里已经算是好运当头了。在这个曾以"德国最文明的地方"而闻名的城市，这种黑暗怎么就变成了常态呢？

第六章 "小伦敦"

1945 年，德累斯顿的孩子们从未听过英国人或美国人的声音，如果他们听过，他们的父母肯定在秘密进行犯罪活动。有些无线电广播被完全禁止，比如来自同盟国愉快而友好的宣传。从某种意义上说，美国人从来都不是像苏联人那样的强大威胁，他们态度强硬但不恶狠。电影中那些拥有赤子之心的牛仔形象早已深入德国，纳粹根本来不及压制这种流行文化的势头。

但是，许多德累斯顿的孩子也完全知道，1944 年秋和 1945 年初，这座城市最初遭受的严重轰炸是美国人实施的。他们从父母的只言片语中得知此事。空袭是在白天进行的。奇怪的是，即使人们强烈预感轰炸机可能会造成可怕的破坏，但德累斯顿人仍然洋洋自得，一副漫不经心的样子。美国人的第一次攻击由 30 架 B-24 轰炸机执行，它们瞄准老城区以西的铁路编组站，投下大约 70 吨炸药，整个过程让 1944 年 10 月刚满 11 岁的迪特尔·豪费印象深刻。因为，有许多炸弹不可避免地没能击中他们的目标。

那年 10 月 7 日，星期六，是"一个美丽温暖的初秋之日"[1]，豪费回忆说，"我母亲和我在公寓楼公共花园里照料我们新栽的桃树。"突然，城市的空袭警报响起，吓了他们一跳，这是个"预警"信号。在整个战争期间，德累斯顿人已经习惯于非常频繁的——而且几乎总是错误的——警报。不过，一般来说，这些警报都是天黑以后才响的。在这样一个秋高气爽的下午，突然响起那种怪异的低吟确实有些出人意料。母子俩首先冲到他们位于四楼的公寓去拿"警报包，里面有毯子、枕头、防毒面具"。迪特尔还急于找到他"忠实的伙伴瓦尔迪"，那是他们家养的腊肠犬。

他们跑下楼，来到公寓楼地下室，和城中其他类似住宅楼一样，这里被事先安排为避难所。母亲、儿子和狗与几个邻居坐在裸露的灯泡下。几分钟后，空袭开始了。"噪音越来越响，变成不断升高的嗡鸣声，"豪费回忆道，"发生了几次爆炸。然后电灯闪了一下。"

被抛进完全的黑暗中，听着从头顶上方传来地震般的轰鸣，这样的经历太可怕了。"然后，在离得很近的地方，随着一声巨响，一股强劲猛烈的气流冲了进来。"男孩记得他的身体"自动"完成了这些动作：迅速戴上儿童防毒面具，"紧紧地扎好绑带"。灯灭了，一片漆黑。在这一片黑暗和恐慌中，男孩脑中只剩下一个念头："我再也见不到我的母亲了。""在这种猛烈的攻击下，我的身体在震动，连我的手指都在刺痛。"然后，寂静。"我把瓦尔迪紧紧搂在怀里，"过了一会儿，"一支点燃的蜡烛出现在我面前"。一个邻居拿着蜡烛，"是二楼的施密特夫人"。

轰炸机似乎已经飞走。但在混乱中，时间过得飞快。男孩发现自己置身户外，带着他的狗，但母亲不在身边。奇怪的是，人行道"摸起来像棉花一样"，这是因为现在它被一层厚厚的灰尘覆盖了。对面的公寓楼看起来好像被炸翻了。空气污浊，令人窒息。但就在这时，男孩听到有人叫他的名字。他的母亲就在那儿，安然无恙地站在几步开外的地方。

即使是像铁路编组站这么大的目标，也不可能从数万英尺的高度完全准确地命中，尽管白天的阳光使美国轰炸机比平时更精确。有些炸药不是没有击中，就是偏离了预定的目标。不然还能怎样呢？除了公寓楼和塞德尔与瑙曼工厂的一片区域外，还有一所占地面积很大的学校被击中。如果这次空袭不是发生在周末，会有数百名儿童丧生。事实上，德累斯顿当天的死亡人数约为 270 人。根据豪费的说法，州领袖穆切曼下令封锁消息，不许泄露巨大的死亡人数。尸体不是一次全部埋葬的，而是每隔一段时间埋葬一些。穆切曼可能一直在试图避免任何有损士气的情况。然而事实是，市民们清楚地目睹了这场破坏，他们似乎对这次空袭不为所动。

1945 年 1 月 16 日，美国又发动了一次空袭，目的是切断德军与东线的一切联系。破坏伴随着轰鸣声而来，美国轰炸机避开从城市北部的机场紧急起飞迎战的德国空军，在明亮的白日里肆意横行，这一切似乎都没有在城市范围内引起什么注意。在那个阶段，每一天都充满恐惧，也许人们已经没有余力去惊讶或震惊。15 岁的温弗里德·比尔斯喜欢集邮，也很迷恋火车和公共交通，他注意到"终点是圣保罗公墓的五号线电车"遭到破坏，这条线"中断了好几天"。[2]

1945 年 2 月，无论是比尔斯还是任何成年德累斯顿人都无法想象，美国空军指挥官卡尔·斯帕茨认为当务之急应该轰炸的是铁路而不是工厂。也没有人会想到，之后当英国人继续轰炸该地区时，英美达成一致，让美国轰炸机重点瞄准频繁使用的铁道线路：从柏林直达德累斯顿的铁路，以及从德累斯顿这个繁忙的交汇点为起始，越过易北河谷和中欧高地向外延伸的铁路。[3] 此外，美国负责空军事务的助理国务卿罗伯特·洛维特对美国在战争中伤亡人数的不断增加、德国的抵抗以及纳粹可能正在研发新秘密武器感到担忧，他建议扩大在全德空袭的范围。为了支援红军，有一段时间里把德累斯顿作为攻击目标显得合理。

然而，德累斯顿的一些老年人可能还记得，在不久以前——也许现在听来有些迷惑——美国人实际上不是敌人，而是德累斯顿生活不可分割的一部分。英国人也是如此。当然，在 20 世纪初，英语非常普及，在德累斯顿的街道上，英国和美国的侨民都说英语，在他们从报摊上买的英语报纸上也能看到英语新闻。甚至到 20 世纪 30 年代，这座城市还吸引了各种各样的外国游客，有杰出人物，也有不出名的，还有一些寄宿学校，那里许多女孩的母语都是英语。

正是出于这个原因，维克多·克伦佩雷尔提到，1945 年初，甚至在 1 月被盟军轰炸以后，当地一直有小道消息猜测盟军从未真的将德累斯顿当作目标，因为英国人和美国人太喜欢在这座城市居住了。的确，德累斯顿有它自己的城市传说：温斯顿·丘吉尔想让这座城市幸免于难，因为他的美国外祖母非常喜欢它（也有版本说是他的阿姨）。奇怪的是，尽管没有可靠记录，但很有可能丘吉尔的外祖母和母亲都曾卷入过德累斯顿的社会旋涡。

丘吉尔的外祖母克拉拉·杰罗姆（婚前叫克拉丽莎·霍尔）是一位美国千金。19 世纪中叶，她的外交官丈夫被派往意大利的里雅斯特，那是她第一次领略欧洲风情，她发现自己可能被欧洲迷住了。对她来说，巴黎似乎比曼哈顿更有活力。当然，这和她的新社会关系拥有的权势地位有很大关系，但这里也的确是一个充满艺术、对话与思想的世界。所以完全可以想象，这个热情的亲欧派在某个时期来过德累斯顿，毕竟在整个 19 世纪，德累斯顿一直有一个非常活跃的美国人社区，也有许多作家和学者生活于此，这座城市对他们有不可抗拒的魔力，原本只想短暂停留，却最终长期旅居于此。

这座城市的"英语风味"在更早以前就已出现。18 世纪中叶，后来的英国首相诺斯勋爵与朋友达特茅斯伯爵一同访问德累斯顿，他写道："我们在这个小伦敦度过了两周时间，走马观花地体验各种娱乐活动……我们跳了很多舞，一晚上参加三场舞会。我没想到英国乡村舞蹈在英国之外能跳得这么好……天气不错，我们在这里非常欢快。"[4]

没过多久，美国名人们就发现了这个欧陆精品。其中之一是短篇小说家、散文家华盛顿·欧文，《瑞普·凡·温克尔》和《睡谷传奇》的作者。他游遍欧洲各地，但从未找到定居之所。在 19 世纪 20 年代初，他离开维也纳，偶然发现了德累斯顿，立刻欣喜不已。他说，这里是"拥有品味、智慧和文学感的地方"。[5]欧文希望从源远流长的德国民间故事中获取灵感，为小说收集素材，但德累斯顿高度发达的社会让他无法抽身去往村庄和森林。社会各个领域——从艺术到外交——都盛情邀请欧文在夜晚加入他们。他在德累斯顿住的那几个月证明了这座城市对美国人和其他说英语的人的热情开放，在整个 19 世纪和 20 世纪初期都是如此。德累斯顿有英国的教堂、美国的餐馆、当地的英文报纸。作为一座小城，德累斯顿非常热情好客：据估计，它每年接待超过 10 万名游客，他们在阿尔贝提努艺术博物馆和圣母教堂附近的街道上往来穿梭。

19 世纪末至 20 世纪初，凯瑟琳·考特妮（后来的凯瑟琳女爵）从英国寄宿学校毕业后被送到德累斯顿。她被一所精修学校录取，在那里学习德语。[6]这座城市立刻把她迷住，她描述道，一天早上，她只是随意透过学校窗户向外看，就见证了楼下广场上发生的一场滑稽的文化乱斗：美国教堂里美国管风琴奏出的音符被德累斯顿当地街头乐队的音乐无情地淹没了。

那些精修学校在晚上让年轻的姑娘们去听歌剧，剧院门厅里回荡着嘈杂的英语。1909 年，一位美国社交名媛迫不及待地告诉英语版《每日纪事报》："德累斯顿让她印象深刻，是她所知道的对外国居民最友好的欧洲城市，就气候、环境宜人度、艺术与音乐教育机会以及宾至如归的感觉而言，都优于巴黎和柏林。"[7]

当然，一战终结了这一切，但只是暂时。20 世纪 20 年代和 30 年代，英国游客再次大量拥入。确实，有人认为，英国社会某些阶层对德国人的同情甚于对战场上共同厮杀的法国人的同情，因为法国人在赔款问题上表现得太过无情。

与此同时，年轻的英国淑女到德国来学习礼仪、汲取文化经验的热潮在整个 20 世纪 30 年代都没有平息。对于这些年轻女性的上层阶级家庭来说，纳粹的出现仅仅代表了一种新的秩序，一座对抗肮脏布尔什维克主义威胁的堡垒。因此，在一段时间内，德累斯顿继续迎来大量初入社交界的少女，她们将受邀与风度翩翩的年轻德国军官共舞，在后者笔挺的制服和郑重的鞠躬中迷失自我。

与此同时，纳粹也一直不遗余力地向社会地位较低的游客"推销"这个国家。20 世纪 30 年代，随着英国白领中产阶级和中下阶层群体的稳步扩大，人们对出国旅游的兴趣越来越大，纳粹宣传部很擅长吸引好奇的人。早在纳粹政权成立初期的 1934 年，德国城市的街道因惊人的政治暴力而动荡不安时，英国报纸上就出现了这样的广告："德国就是新闻！"后面紧跟着一条标语"你该亲自去看看今天的德国"。[8] 托马斯·库克旅游公司组织的"库克之旅"在《每日邮报》和《每日电讯报》上做广告，他们承诺有"说英语的导游"。这些导游都是纳粹。就和在其他地方一样，他们不觉得在德累斯顿有什么需要隐瞒的。他们希望英国游客能看到秩序井然的街道和广场，并在导游的带领下参观他们眼中近乎神秘的城郊乡村。除此之外，连通俗报纸的读者都对德累斯顿的音乐和艺术生活如数家珍：德累斯顿歌剧公司 1936 年的伦敦之行让八卦专栏里写满了伦敦上流社会的花边新闻。

到 1945 年 2 月，德累斯顿的英国人和美国人就只剩下饥肠辘辘的战俘了。其中有一个年轻的 23 岁美国人，名叫库尔特·冯内古特，他从 1945 年 1 月 10 日起就待在德累斯顿。他于圣诞节前一周被俘，当时德国国防军正在卢森堡和比利时边境对盟军发起猛烈的反击。[9] 在这中间几周里，他看到了一番地狱景象，人们似乎随时都可能堕入其中：人类的感情和同情心逐渐瓦解，对悲惨的死亡麻木不仁。但他此前的人生并非完全没经历过伤痛。他在家乡美国印第安纳波利斯附近进行军事训练期间休假回家看望母亲时，发现她服用安眠药和酒精自杀了。

他也遇到过经济上的困难。冯内古特的家族来自德国，对酿酒和建筑有浓厚兴趣，家族事业在 20 世纪早期蓬勃发展，直到 20 世纪 20 年代，禁酒令击垮了啤酒行业，1929 年，从华尔街蔓延开来的金融危机让无数建筑项目被迫中止。

年轻的冯内古特曾就读于康奈尔大学，是个和平主义者。他原来的专业是生物化学。但他和青梅竹马未婚妻简·考克斯都对新闻和写作十分着迷。冯内古特一直告诉他的未婚妻，他们会在 1945 年结婚。1944 年，他从美国坐船横渡大西洋。他和他的连队将在几周之内步入欧洲的黑暗之中。他是一名二等兵，隶属于军事情报部门。1944 年底"阿登战役"爆发时，他就在萨克森州冰冷潮湿的森林里。二等兵冯内古特的连队被截断，12 月 19 日，他和另外 150 人被德国士兵围捕。此后开始的不仅是一场磨难，更是一次可怕的人性试炼。

冯内古特和战友们被迫行进了大约 60 英里，寒冷刺骨，靴子嘎嘎作响，磨痛他们的脚底。他们到达了一个叫林堡的小镇，就是在这里，这些人被押进车厢里。[10] 车厢是没有窗户的密封木箱，里面没有活动的余地，地板上有一层冻硬了的粪便，而列车静止不动，更增添了一种存在主义的荒诞感。可能是因为前方的铁轨被盟军炸毁，这些空气稀薄的冰冷货车上满载神志不清的人类货物，在路边停了好几天。

结果，他们自己现在也很容易受到盟军炸弹的攻击。在一个凛冽的夜晚，美军发动了一次突袭，火车被击中，数百人伤亡。冯内古特和其他幸存者被押进另一个腐臭的车厢，运往米尔贝格一座战俘营，离柏林很近。根据冯内古特的说法，军官不必参与强制劳动，但任何军衔较低的人都可能被选去满足纳粹对劳动力日益贪婪的需求。

由于盟军袭击造成列车时刻表变动，且火车又增加了运送犹太人的工作，因此当时乘坐火车前往德累斯顿需要三到四个小时。一到目的地，从那列野蛮的交通工具上下来，冯内古特一定看见了易北河上的桥，河岸上一排排美丽的屋顶，还有散布其间的尖塔和塔楼。因为，他后来告诉简，他觉得这是他所见过的第一座"真正的"城市。[11]

《罪与罚》的作者费奥多尔·陀思妥耶夫斯基是冯古内特和简共同的文学偶像之一。冯内古特似乎并不知道，从 19 世纪 60 年代末到 70 年代初，这位偶像曾在德累斯顿生活过好几年。这个俄罗斯人会如何理解这座城市在 1945 年的样子——当他看见道德妥协带来的种种痛苦，洞察到罪恶和怯懦的时候会作何感想？当然，库尔特·冯内古特对于他在那里观察到的道德渐变非常着迷。他很快就满意地发现，组成德国军党的虐待狂，与这座典雅之城过去和现在的居民，简直天差地别。

冯内古特被派往一条瓶装麦芽糖浆生产线上工作。到 1945 年 2

月，这种甜蜜的奢侈品已经超出德意志帝国大多数公民的承受能力，但其供给对于孕期母亲来说很重要。分配给冯古内特和同伴们的住处是设在屠宰场内的营房。他还记得，在 1945 年 1 月下旬和 2 月上旬的那些夜里，城市的警报声似乎极为敏感，一触即发，通常，另一座城市受到空袭时，它似乎都会响起。冯内古特无法想象德累斯顿会成为目标。显然他从来没有想到，自己那一方的军队会想放火摧毁这座美丽的古城。

就这样，每天换班后，他们一路忍受着步枪托的前后击打，回到屠宰场，晚餐的配给是几根马肉软骨串配汤和难以下咽的面包。他并不担心上空会出现任何威胁。事实上，他和战友们甚至肯定在想，还要多久美国人或苏联人才会出现在德累斯顿的桥上。

同样乐观的还有 26 岁的英国空降步兵维克多·格雷格。他在 1944 年下半年阿纳姆战役 ❶ 之后被俘。和这个美国人一样，出生在伦敦的格雷格也被派去工作，但在他的描述中，劳动一开始比较适合他。[12] 他被分派到城里一个道路清扫队，这使他有机会欣赏城市中那些非凡的建筑。工头是德累斯顿本地人，显然脾气不错。他招待格雷格和其他几名战俘吃炖肉、黑面包，甚至喝啤酒。

格雷格得到这么好的口粮，得以维持充沛的体力，这也就意味着他可以考虑逃跑了。据他自己说，他曾两次试图从军营和工队溜走，但都没有成功，结果被派到更不容易逃走的工作岗位上。1945 年 2 月初，格雷格和战友们被派往离市中心不远的一家肥皂厂工作。由于原料严重短缺，格雷格和他的工队不得不使用浮石而不是普通的油脂来制作肥皂。

---

❶ 阿纳姆战役发生于 1944 年 9 月 17 日至 26 日，盟军与德军在荷兰阿纳姆市及其周围交战，德军大胜。该战役是"市场花园"行动的一部分，由于盟军未能按预定计划夺取阿纳姆大桥，致使空降部队被迫强行突围，整场战役盟军损失惨重。1977 年的电影《遥远的桥》改编自该事件。

在这段时间里，格雷格肯定感觉到，德国离战争结束不远了。和其他人一样，他也记得德累斯顿人告诉过他，这座城市永远不会被盟军视为轰炸目标，因为它拥有太过珍贵的历史，而且对战争的进程没那么重要。有一天，格雷格和他的同事哈里把一些水泥和浮石"搞混"了，结果机器很快就出现摩擦声和轰鸣声，火花和明火随之而来，一场可能烧毁工厂的大火呼之欲出。

盖世太保坚持认为这两人是故意的（他们当然是故意的，不过格雷格极力否认）。在纳粹德国，蓄意破坏罪只会面临一种刑罚。临时法庭以梦魇般的速度判处二人死刑。格雷格和他的朋友被告知，他们将在 1945 年 2 月 14 日上午被枪决。哈里装出一副勇敢的样子，他告诉格雷格肯定会有什么事情发生，带来转机。

如果在更早、更高雅的时代，一位后来成了有名小说家的英国皇家空军飞行员可能会沉醉于德累斯顿的国际化氛围。但几天后，他在一间情报室里被告知为何这座城市是他的轰炸目标。空军中士迈尔斯·特里普，21 岁，驻扎在萨福克小镇伯里圣埃德蒙兹。对他和其他六名轰炸机机组成员来说，这个小镇代表了一种坚实的现实，而他们现在正越来越脱离这种现实。这里有砖砌的市场广场、半露木架的购物街，有修道院、电影院和酒吧，这就是他们每次飞越黑暗——有时还要克服内心的恐惧——轰炸德国城市后都会返回的宁静世界。

特里普是一名投弹手。他要俯卧在兰开斯特式轰炸机的底板上，观察下方数千英尺处的绿色、白色和红色火焰，它们是倾泻炸药和燃烧弹的提示。在一次任务开始时，特里普确信飞行员起飞时操作失误，飞机即将坠毁，他突然蜷成一团，膝盖抵住下巴，完全不记得自己是怎么拧成这个姿势的。[13]

　　他和机组战友再过几天就要被告知他们将飞往德国执行他们迄今为止最漫长、最深入的任务，他们非常清楚面对死亡时程度不等的恐惧，也明白幸存会带来何等的庆幸。1945 年 2 月初，他们敏锐地悄悄弄清了轰炸机机组的死亡率，明白他们的生命可能很快就会在炫目的火球中消逝。

　　和许多隶属于轰炸机司令部的飞行员一样，特里普在不自觉中变得古怪起来：他的头发在那段时间里留得特别长，在蓝色制服外面，他会戴一条鲜红色的围巾。

　　1945 年 2 月第一周，特里普和机组战友被派去轰炸科隆的格林贝格铁路编组站。要在一座已经被摧毁的城市上空执行任务，这让他感到害怕。尽管 1943 年的猛烈轰炸让这座历史名城看起来像一处残破的墓地，但防御工事仍然带来威胁。特里普的轰炸机周围的天空闪烁着曳光弹的火光，敌军从地面发射这种炮弹，寻找飞机机身的具体位置。还有扰乱视听的"稻草人"，传闻中会装成飞机被击中时的爆炸场面的火箭弹，但实际上则是其他飞机爆炸时造成的错觉。他目睹了另一架飞机被击中，然后"像石头一样坠落"。这次飞行任务判定成功，但在经历 25 次以上这样的飞行后，反复出现的强烈恐惧正在侵蚀他的精神。而接下来的任务会成为他更加无法摆脱的阴影。

　　完成科隆轰炸任务后，特里普没有直接回到基地，而是前往位于伯里圣埃德蒙兹镇中心的天使酒店。他的女朋友奥黛丽在那里等他，她在女子辅助空军军团工作。他们经常在天使酒店共度良宵。特里普说，在那个只有已婚夫妇才能合住一个房间的时代，酒店工作人员总会用一种带有特殊感情和理解的目光看着他们。有时特里普会储备一些"提神"片❶——官方提供的防止士兵在执行任务时疲

---

❶ "提神"片，即安非他命。

劳的药物——他觉得如果"和一个漂亮女人上床"时睡着，那就太浪费了。

在黑暗静谧的酒店卧房里度过的那几个小时让他觉得自己还活着，让他保持清醒。在他们的这段"战时蜜月"中，他和奥黛丽分享欢笑，亲密无间。他们的关系带有一种反抗的意味，一种超越战争的精神，能让人重拾信仰，即便是那些早已失去信仰的人。特里普和许多飞行员在绝望中紧紧抓住了这样的慰藉。

第七章　末日的科学

亚瑟·哈里斯爵士在1947年出版的回忆录中提到诸如"火旋风"和"火台风"等可怕现象，暴露了他孩童时代对大火力量的迷恋。他引用1943年7月英国皇家空军轰炸汉堡后德国一份秘密文件中的话，称这是一场"超出人类全部想象"的袭击。[1]哈里斯补充道："其灾难性更甚于日本城市上空两颗原子弹爆炸的后果。"他还引用德国关于席卷全城的风暴性大火的报道："面对这场大火，人类的抵抗毫无用处。"

对他而言，不必进行道德质疑或为之焦虑，而是要冷静分析这场令人着迷的人为灾难。他还煞费苦心地指出，德国轰炸机在英国上空的目标一直是制造火台风，他们在考文垂成功了，在伦敦却失败了，但他们一直以来的目标没变过：毕竟，闪电战的代号"罗格行动"是以《莱茵的黄金》❶中火神罗格命名的。

哈里斯还解释道，在战争刚开始时，各方对最有效的空袭方式

---

❶ 《莱茵的黄金》，瓦格纳的四联神话歌剧《尼伯龙根的指环》的第一部。

都存在错误认识，而英国人受到了错误思想的牵制。"高能炸药总是太小，而且类型不对，"哈里斯写道，"标准的 250 磅通用炸弹，就像它的名字一样，很是荒谬。"而那些"不荒谬"的炸弹"几乎不被考虑"。这里面就包括爆破炸弹，他声称，只要地面的人安全地躲在掩体里，爆破炸弹就有双重优势，既能摧毁建筑物，又不会造成什么伤亡。

德国的战术是整晚持续轰炸一座英国城市。这样做不太可能引起一场大火，因为在轰炸的间隙，拼命工作的消防部门通常能控制住火势，但这样做的目的是加重紧急救援部门的工作负担，打击一般平民百姓的救灾能力。哈里斯沉思，任何一方想要执行这种袭击策略都有困难，其困难在于防御系统会随战争推进而日渐巩固。对战争初期阶段的英国空军而言，德军的防空探照灯和高射炮意味着会有大量轰炸机被击落，而其轰炸目标工厂却可能安然无恙。"集中火力"原则变得更加重要：一场使用燃烧弹的大规模快速空袭可能引发数百起独立火灾，无法全部扑灭；而理想的情况是制造一场吞噬一切的大火。

空军上将哈里斯长期以来一直在思考这种战术的可能性。1919年第一次世界大战结束后，在伊拉克担任空军中队长时，这个英国人认为他们不用调遣地面部队，可以通过空中威慑来控制该地区。[2] 年轻的中队长哈里斯在阿拉伯高空中俯视着下面简陋的民居，思索着炸弹的威力：整个村庄可能在 45 分钟内化为灰烬。如果没有能向空中发射子弹的步枪，地面上的人几乎什么也做不了。

事实是，将火当作战争工具，既是人类神秘而古老的本能，也是人类智慧的体现。把所有东西都烧成灰烬，火净化一切，为胜利者清扫出新空间。公元前 9 世纪，亚述人发明了可燃武器：铜球中的硫火。拜占庭帝国在君士坦丁二世统治时期发明了所谓的"希腊火"，可能是石脑油、硫黄和生石灰混合物，这种武器制造出猛烈的火焰，可以向敌舰发射。该武器的制造方法是科学秘密，只有拜占庭人知道其确切配方，也只有他们知道如何在船上用坩埚混合原料，然后在导管或虹吸管中将其蒸馏出来，再向敌人发射。整个使用过程显然会产生震耳欲聋的巨响和大量烟雾。"希腊火"是磷弹的前身，后者可以点燃木头和血肉。公元717—718年的君士坦丁堡围攻战中曾使用过它。在接下来几个世纪里，还会有新的混合物被投石机抛出。

火药的出现，以及欧洲各地愈加训练有素的职业军队的组建，无助于抑制人类纵火的本能。有时，纵火是一种非常有效的作战手段。1812年，拿破仑率领大军团深入俄罗斯，俄罗斯人在他到达之前撤退，并沿途放火，以确保拿破仑及其军队每多行进一英里，迎接他们的荒凉和饥饿就会增加一点儿。据说，莫斯科大部分地区也燃起熊熊大火，照亮了冬日苍白的天空。面对这番死亡景象，拿破仑被迫撤退。但是沿途的大火切断了法军的粮草和武器供应，突然之间，撤退这一最后希望也笼罩上了一层杀戮的阴影。

仅仅一年后，拿破仑来到德累斯顿，与来自波西米亚平原及森林的俄国人、普鲁士人和其他中欧各国势力组成的联军交战。德累斯顿从前经历过火灾和炮击，这座城市优美动人，但并不意味着它或它的人民就很脆弱。总的来说，德累斯顿人是支持拿破仑的，但是当俄罗斯和波希米亚军队小心翼翼地向城市周边推进时，没人能保证拿破仑可以守住这座城市。1813年，E.T.A. 霍夫曼家的窗户因为远方战场上的爆炸而震动，他写道："哪位艺术家为当时的政治活动烦恼过呢？但一个黑暗而不幸的时代已经将人类攥在它的铁拳之中，那种痛苦他们闻所未闻。"[3]

虽然几个世纪以来，许多欧洲城镇确实陷入过复杂的战争之中，这些战争带来了各种炮火，但火力仍然停留在地面上。20 世纪初空军力量的出现立即改变了一切——意大利和英国飞行员开始在非洲平原上空漫不经心地向反叛的殖民地人民投掷炸弹。

自 20 世纪 20 年代初以来，世界各国开始更有效地组建空军，有关轰炸的道德辩论随之而来，久未停息。在"恐怖轰炸"和"士气轰炸"之间有着细微的区别，前者是指不加区分地向居民区和平民投掷炸弹，后者是指以制造厂和工业厂房作为袭击目标，平民属于附带伤害。[4] 意大利将军朱里奥·杜黑在 1921 年发表《制空权》，他提出，一次足够强力的空中攻击将彻底粉碎平民百姓的战斗士气，让他们的统治者别无选择，只能投降。[5] 该论著是最早提出这种观点的出版物之一。然而，很多人立即对这一代表总体战的新提议表示反感。在英国，白厅的委员会讨论了一些草案，这些草案"都有一个前提，即不加区分的区域轰炸是非法的"。[6] 然而，"一次足够强力的轰炸将瞬间粉碎敌人继续战斗的意志"这一想法仍然太诱人，而且可以从奇特的功利主义角度为之辩护：也许会有平民牺牲，但是总比继续重复多年来在战争中实行的大规模屠杀要好吧？ 1925 年，军事历史学家、退伍士兵巴兹尔·利特尔·哈特称这是"通过精神"来征服敌人。[7]

不过，对于这场未来战争的性质，有一些人的看法更清晰、更冷静。1927 年，蒂弗顿勋爵宣称："在工厂里装炮弹的女孩和在战场上开枪的士兵一样，都是战争机器的一部分。工厂里的女孩要弱小得多，而且肯定会受到攻击，我们不能说这样的攻击没有道理。"因此，他的结论是"应当对平民发动攻击"。[8] 他的观点与斯坦利·鲍德温那句名言"轰炸机总能突破"相辅相成，也表达了同样的担忧。在与德国展开的任何新战争中，这肯定是敌人的目的：空中轰炸的目标不仅是工厂，还有住宅，因为如果工人目睹家人和房子被摧毁，那么他们肯定无心继续从事高效、精密的工作，无心回到生产线上继续生产国家所需的战争物资。英国皇家空军和陆军部也在回溯第一次世界大战，以及德国空军的"大德国火力计划"——那个计划的内容是向伦敦投放尽可能多的燃烧弹。

甚至在二战前几年的"前核时代"，大众想象中挥之不去的末世景象都已经成了从天而降的毁灭：从 H. G. 威尔斯到"沙波"（创作了冒失莽撞的"斗犬杜蒙"系列间谍冒险小说）的各路作者都描绘过飞艇向大城市倾洒毒药的场景。威尔斯在 1908 年出版的小说《大空战》中设想了一架名为"蜻蜓"的邪恶德国飞行器，它在独裁统治者指挥下，用化学武器攻击美国东海岸。

大众文化显现出的病态预感与政府高层和体制内人士神经质的猜测相吻合。一战时的英国皇家飞行队投弹手、作家弗兰克·莫里森在 1937 年观察到，猛烈轰炸如用作常规作战手段，会导致"人类文化连续性的断层"，且该断层将"无法修补"。[9] 有些人试图抑制越来越激进的好战言论。1938 年，英国首相内维尔·张伯伦声称："故意轰炸平民违反国际法。"[10] 自 1936 年希特勒伙同墨索里尼开始对西班牙内战进行其臭名昭著的干涉以来，这条法律已经被彻底破坏。想说服这二人不要再轰炸平民看来是徒劳。

然而，就连纳粹似乎也极力主张，1937 年发生在西班牙北部巴斯克小镇格尔尼卡的那次臭名昭著的空袭符合国际法律框架。纳粹声称，德国空军已公开承认其意图是破坏叛军的武器装备和制造工厂，而绝非屠杀几乎没有卷入战争的小镇平民。该镇有数百名平民丧生，四分之三的建筑被毁或无法居住。尽管招致全球性的政治反感，但这次袭击却成了被仔细研究的案例。

叫人吃惊的是，在接下来的战争里，无论技术有多成熟、多发达——从目标搜索镜，到被称为"窗口"的条状金属箔片（扔下飞机干扰敌方雷达），再到更成熟的"电子毯"（功能与"窗口"相同）——
轰炸的古老原则依然保持不变。这不仅仅是来自空中的攻击，而且
是一种更为返祖的冲动。格尔尼卡带来一种哲学，即把攻击者归入
古代诸神之列，就像宙斯从天上劈下雷霆，而那些地面上的人根本
无法自卫。唯一真正理性的回应是宿命论。在探讨此类袭击的国际
合法性时，德国人与其他人一样，对能够破坏士气的袭击最感兴趣。
因为如果平民觉得这些精心策划的袭击具有超自然力量，那么他们
就会认定自己的国家很快就会投降。

　　然而，侵略者和受害者似乎都没有理性。德国空军努力将破坏贯
彻到底，继续研发威力最猛的炸弹：1939 年 9 月，德国入侵波兰后多
次空袭华沙。9 月 25 日上午，数百吨巨大的高爆炸药和燃烧弹经过
精心调度后倾泻而下，在维斯瓦河两岸引起熊熊大火，迷人的城市建
筑和教堂在火焰中散发出滚滚浓烟，余烬飞扬，一时遮云蔽日。街道
燃烧的火光染红了暮色，德军预计所有武装抵抗都会瓦解。事实并非
如此。尽管在地面部队的助力下，德军于两天后占领了这座城市，可
很明显，轰炸虽然震惊了波兰首都的市民，但并没有吓倒他们。

　　有武器，就会有使用武器的冲动。1940 年，纳粹轰炸鹿特丹，
以辅助地面入侵。在纳粹向荷兰境内的进军遭遇一定程度抵抗并引
起一些意外后，其轰炸战略方针仍然是制造无法扑灭的大火。当时
的计划是，地面部队和坦克将在一次精准轰炸袭击后，携带火焰喷
射器进入鹿特丹。[11] 事实上，这次空袭与"精准"二字毫不相干。

　　鹿特丹市中心有大量中世纪的木结构建筑，近现代修建的街道
和小巷散发着欧洲历史的韵味。德国空军从空中俯冲而下，低空飞行，
投下机内的炸药和燃烧弹，显然没有对轰炸目标做任何区分。一幢
又一幢建筑物被大火吞噬。这就是纳粹主义绽放的虚无主义之花，

一种不仅要摧毁成百上千毫无威胁的平民，还要将他们周围所有美丽之物抹杀干净的欲望。这是一种不断扩张的权力，伴随的潜台词是：我们现在可以毁灭文明了。在这种罕见的情况下，这种权力取得了成功：之后，当德国空军威胁要返回乌得勒支，把那里的中世纪奇观焚为平地时，荷兰政府不得不投降。他们不仅要保护荷兰公民，还要保护这个国家的历史与文化，那些承载着记忆和归属感的历史建筑，同样不可替代。

德国空军还收获了计划之外的副产品，即一种出人意料的物理学怪论，它强化了这样一种观点：只要事前做好充分研究，他们就能在所选的任何城市里创造出人为的末世灾变。空袭鹿特丹造成的大火势头太猛，范围太广，地面消防队无法与之搏斗，随着大火蔓延，火势越来越大，空气的性质也发生了变化。一股强烈的柱状辐射热流升向城市上空，同时，地面街道上残留的废墟中产生了过热的真空，使人无法呼吸，也让未被固定在地面的物体被卷入空中。这就是让哈里斯和空军参谋长查尔斯·波特尔着迷的火旋风。

这种现象曾经出现过。1871 年，美国威斯康星州部分地区在连年干旱中不断遭遇草原大火，橙色的太阳悬挂在烟雾弥漫的天空中。一群铁路建筑工人在清理树林深处的灌木丛时，又意外引起一场火灾，由于一些独特的大气条件，包括持续的西风，火势迅速变得异常猛烈。冷空气被不断扩张的柱状热流吸走，火焰席卷了无边无际的干燥林地。

据报道，这一过程的速度快得惊人，快得可怕。据说，在火势蔓延方向上的其他铁路工人当场被呼啸而来的烈焰烧成焦炭，根本来不及逃。据一名目击者称，这种现象"听起来像货运列车"。火势进一步蔓延至佩什蒂戈镇。一面"一英里高，五英里宽的火焰墙"逼近，小镇在 2000 摄氏度的高温下燃烧——那温度足以把沙子变成玻璃。木制房屋和教堂被火舌吞没。许多年后，人们称这场灾难为"大自然的核爆"。[12]

"佩什蒂戈范式"成了美国的科研题目。这种被称为"火旋风"的现象是什么？它的温度极高，任何人站在其中，都只能眼睁睁地看着自己被卷入空中，越升越高，一边在旋风中转动，一边被活活烧死。据估计有1200人死于这场无法控制的大火。由于遗骸往往无法辨认，因此数字可能不准确。这场大火在吞噬120万英亩的土地后，最终耗尽能量，给数不清的幸存者留下可怕的烧伤和现在称为"创伤后应激障碍"的疾病。

1881年，在密歇根一个林地乡村，又发生了一场可怕的火旋风。一名目击者后来说："奔涌的火焰像弹球一样高高跃入空中，然后落到地面，烧掉面前的一切，然后再一次跳跃。"[13] 这是一场"带着一大片火焰的飓风"，它又一次找到一个树木繁茂的地方。过热的空气和火焰像蘑菇一样直冲云霄。旁观者称这是"世界末日"。[14] 这场灾难对动物和人类的影响，又有了一种可怕的科学魔力。牲畜被烧熟，牛羊被烧焦，人类也被活活烤死，许多人被发现时赤身露体，身体皱缩成一团。火灾给许多幸存者留下可怕的后遗症，一些人手脚都被烧掉了，还有一些人失明或毁容。

1923年，由关东大地震引发的火台风侵袭了日本的两座城市。横滨码头上的人们突然被一阵诡异的雷声吓了一跳。[15] 接着，桥墩下的地面开始移动，桥墩上的人惊慌四散。海啸随之而来，一堵巨大的黑色水墙翻滚波动，裹挟仓库和房屋，人在这场风暴中变成了一个个溺水的小点。随后，横滨和横滨以北17英里的东京都发生了火灾，后者也受到地震的影响。地震引发了大火，在完全由木制房屋构成的居民区，大火跨越街道，迅速吞噬一切。这场噩梦般的大火引起了宗教反思。一位旁观者说："这若不是地狱，哪里是地狱？"[16]

在另一个地方，一位耶稣会神父在这可怕的景象面前精神恍惚。他说："每一阵风都给狂暴的大火带去新的冲动。"[17]

但这里还有一个更可怕的新要素：人口密度。虽然美国的火灾风暴造成许多人死亡，但灾害是在一大片人烟稀少的地区蔓延的。在拥挤的东京，脉动的高温和比任何摩天大楼都高的火焰步步逼近，在城市中引发大规模恐慌。有些人试图逃跑，却被困在令人窒息的拥挤人潮中，人群从各个方向相互推搡。逃命的本能让人类陷入僵局。

恐慌的人群越靠近隅田川 ❶，周围的空气就越热，他们向河水拥去。然而，对许多人来说，涡流中并没有避难所，大量逃难者在河中耗尽力气，沉尸水底。人流仍从四面八方的街道蜂拥而来，河上的桥很快就过载，一些桥梁被压垮，带走了更多的生命。

这是一座现代都市，但在一场如此猛烈的大火面前，它和它的居民都束手无策。道路熔化，像是黏稠的糖浆，铁路扭曲变形。所有煤气和电力供应完全中断。电话线、电线杆和电线在火焰中瓦解、消失。任何消防队都无能为力。130 场大大小小的火灾以近乎狂暴的速度连成一片火海。

在城市其他地方，空气中飘浮着灼热的余烬，熊熊燃烧的火焰发出低沉的轰鸣，许多市民试图逃到城市的开阔地带，广场和公园人满为患。其中一个公园里的景象简直骇人听闻。成片的大火汇聚在一起，产生了当地人称为"龙卷"的现象，也就是火旋风或火风暴。地心引力又一次发生可怕的逆转，树木和尸体脱离地面，被拽向吞噬一切、熔化一切的火焰深渊。

这场火灾引发了飓风级别的大风，犹如冶铁的鼓风炉。人们的衣服被空气撕成碎片，内脏都被烤熟。根据火灾发生时受害者所处

---

❶ 隅田川，荒川的一条支流，是贯穿东京市中心的河流中最宽的一支。

的位置，尸体的状态各不相同。有些尸体看起来可能和晒伤差不多。而在最坏的情况下，尸身的一些部分都已液化。

一位名叫奥蒂斯·普尔的西方商人说："万物都蒙上一层厚厚的白色灰尘，透过依然悬浮在空中的黄色尘雾，一轮铜色的太阳在病态的现实中照耀着这场无声的浩劫。"[18]死亡人数庞大，约有15.6万人丧生，不过这个数字也未必准确，因为死者留下的往往只有破碎的首饰和赤裸的无头躯壳。

自飞行器出现以来，军事战略家一直对武器抱有一种古老幻想，对能够瞬间制止战争、确保胜利的力量念念不忘。一战后，温斯顿·丘吉尔一直在考虑一种武器，这种武器要能在实验室里制造，而且蕴含超乎想象的破坏力。他设想了一种"橙子大小"[19]的东西，它将比同时代的任何技术都强大，能产生更大的爆炸。

在"战壕杀戮"——这是第一场被镜头和胶片细节捕捉的战争，因而将肮脏和死亡的黑白世界展现在更多平民眼前——之后的几年里，对同类战争再次出现的担忧可以理解。他们的梦想是拥有决定性的空军力量，在威胁无数人生命的同时，反而可以拯救许许多多其他人。从某种意义上说，这种力量可能更干净。

然而，英国与德国的空战并不是这样开始的。历史学家休·斯特罗恩说道："英国皇家空军参战时，并没有制订以尽可能多地杀死德国平民为目的的周密战略性空袭计划。"[20]即使他们想制订战略计划，条件也不允许，因为飞行距离有限，导航技术还很简陋，他们的飞机无法深入德国境内。此外，还有一个真正的忧虑：攻击目标应该是"精确轰炸"对象，即为纳粹战争机器提供动力的大型工厂。一方面,这与过去10年一直备受争议的国际规定和指导方针有关（以及战争前夕，中立的美国及其总统富兰克林·罗斯福发出的重要抗议，他们认为任何时候都不该轰炸战区外的平民区），另一方面还牵涉到通过破坏敌国重要基础设施来钳制对方这一战略想法，因为战后的世界也该被纳入考量。

空战中共同准则的瓦解是渐进的。纳粹对鹿特丹的攻击明确表明了他们的意图。1940年6月，法国被德军占领后，英军被迫撤退，与敌人作战的唯一途径就是空袭。1940年8月，英国对柏林发动了一次空袭，当时的轰炸范围基本上是英国皇家空军的航程极限，目标包括靠近市中心的柏林机场。95架轰炸机参与了这次袭击，虽然造成一些人员伤亡和混乱，但相对而言都不严重。尽管如此，这种大胆行为还是激怒了希特勒。由于德国人认为英国皇家空军在那年夏天"不列颠之战"中的损失将很快使其难以继续运作，希特勒授权德国空军进攻伦敦。不过他们起初并未打算进行恐怖轰炸。他们的轰炸目标——码头、工厂、发电站——都是刻意挑选的工业用地，而非住宅区域。

尽管如此，从1940年9月7日晚到次年5月，对伦敦东区和南部码头附近的居民来说，生活完全变了样：炸弹的声音像巨型食人魔的脚步声，仓库被引燃，几百英尺高的火海散发出带着焦糖和肉桂味的团团毒烟，令人窒息。家家户户都躲进数量完全不足的避难所，一夜无眠后，他们头晕目眩地回到地面，发现曾经的家已被夷为平地。对另一些人来说，屋顶掀开，壁炉和浴室暴露在外的景象几乎是难以想象的幻觉。在一次空袭中，作家弗吉尼亚·伍尔夫走出布鲁姆斯伯里的房子，她的手臂高举向天空，仿佛在吸引轰炸机飞向她。

尽管德国人在1940年秋天已经清楚他们尚未击败英国皇家空军，也清楚希特勒还没有准备好承担入侵英国的风险，但德国空军仍继续对英国城市发动攻击。伦敦上空的轰炸机——即使它们瞄准的是工厂——向城郊的居民区深入。他们夜夜不间断地轰炸地面上的人，其效果却非常奇怪，英国人仿佛既接受了这一事实，又予以辛辣嘲讽。纳粹期待掀起革命，但他们得到最接近革命的结果，不过是一群有组织的伦敦东区居民往伦敦西区游行，他们要求进入豪华的萨沃伊饭店的地窖。

火风暴"技术"也不奏效：德国空军指定的精确目标中包括伦敦金融城——伦敦的金融和经济中心——的巷弄。尽管金融城修建得较晚，但早在几个世纪前的 1666 年，这个地区就经历过一场大灾难，现在几乎没有木结构建筑了。而且，由于在艾德门和摩尔门之间，紧挨着圣保罗大教堂的狭窄居民区街道被炸得只剩下残垣断壁，因而镁燃烧弹引发的火势无法持久，很快就熄灭了。

尽管如此，1941 年，空军参谋长查尔斯·波特尔爵士承认，英国皇家空军轰炸德国目标的方针将会改变。精准轰炸的想法变成了区域轰炸。[21] 真正的精准依旧不可能，去假装精准也很荒谬。德国有效地实行灯火管制，轰炸机面临的危险不仅有高射炮和敌机，还有云层的空白视野，因此，要从数千英尺的高空，瞄准一片漆黑中的滚珠轴承工厂中心，根本不可能。现在，目标是大城市的中心。一般来说，工厂位于这些城区的边缘地带，但现在英国意在制造更大范围的社会浩劫。美国总统收到了强化战略的报告。美国没有反对，斯大林的苏联也没有反对。

因此，在 1942 年 3 月，234 架威灵顿式和斯特灵式轰炸机从诺福克的基地起飞，包括皇家空军的马勒姆基地，它们将给波罗的海中世纪城市吕贝克带去战火。吕贝克曾是汉萨同盟 ❶ 的基石，连接欧洲北部一系列港口，有一片风景如画的住宅区，其中有历史悠久的

---

❶ 汉萨同盟，北欧沿海各商业城市和同业公会为维持自身贸易垄断而结成的经济同盟。同盟从中世纪晚期一直持续到现代早期（约 13—17 世纪），范围西起北海，东至波罗的海，并延伸至内陆地区。

小巷和市场,市中心外围有一些潜艇制造厂。但新任空军上将亚瑟·哈里斯后来承认,这座城市并不是最关键或最紧迫的目标。[22]然而,吕贝克是一个实验室,他们将在其中测试一个新理论。

在皎洁的霜月下,三组轰炸机掠过银色的川流和运河。第一组载着"街区炸弹",其作用是粉碎屋顶,让房屋敞开,准备接收后续的燃烧弹。无数的火焰被点着,木材噼里啪啦地响着,深褐色的砖墙在火焰的烘烤下发光。在那个干燥的夜晚,老城的火海连成一片,直至吞噬大教堂,教堂的钟也熔化了。死亡人数并不多(以后来的标准衡量的话),约300人丧生。但在短短几个小时内,约有1.5万人无家可归。从轰炸机司令部的角度来看,这是一次巨大的成功。现在他们可以把燃烧的地狱带往一个又一个城市了。

吕贝克最著名的文化人物是作家托马斯·曼,他那部轰动一时、享誉世界的自传体小说《布登勃洛克一家》的大部分故事就发生在这座城市。曼和他的家人在许多年前就离开了希特勒掌权的德国。吕贝克空袭发生时,曼正在美国,为英国广播公司的宣传部门录制面向德国同胞的广播节目。(纳粹禁止任何公民收听未经授权的广播节目,违者将被处以死刑,但许多人仍会收听。)

"难道德国认为它永远不必为自己的野蛮和恶行付出代价吗?"曼说,"它还没有开始付出代价——越过英吉利海峡,攻入俄罗斯……希特勒吹嘘他的帝国做好打10年甚至20年战争的准备,"他继续说,"我猜你们德国人对此有自己的看法——比如,再过一段时间,德国就不会有完好的房屋了。"[23]

火如何肆虐,战争的愤怒也如何肆虐。纳粹发动了对英国的直接报复——"贝德克尔空袭",之所以如此命名,是因为这场空袭的目标都是在德国著名的《贝德克尔旅游指南》中获得三星评价的美丽城市。和吕贝克类似,这些目标都鲜有工业或战略意义:轰炸的目的是通过毁坏古老的珍宝使敌人痛苦。埃克塞特、巴斯、约克和坎特伯雷等历史名城都是他们的目标。死亡数百人，太多的建筑瑰宝——有着几百年历史的市政厅、留存自 18 世纪的古色古香的购物街、毗邻坎特伯雷大教堂的修道院——都无可挽回地被摧毁了。

这种轰炸是蓄意的亵渎之举。这不仅仅是像坎特伯雷这样的宗教圣地面临肆意破坏的问题。即便是世俗的建筑遗产，也带有民族灵魂的独特性。心理学问题伴随科学问题而来：如此精致的街道被彻底毁坏，永远无法复原，这将带来巨大的痛苦和民族耻辱感。

然而，在这里，德国人再次意识到，这样的袭击几乎不构成任何致命打击。他们不可能强迫丘吉尔和英国空军改变他们的战术。也许埃森、科隆、马格德堡和不来梅那些遭到过轰炸的居民在得知巴斯的古罗马建筑受到德国空军的破坏和损毁后，会产生一些满足。但是，当他们再一次审视英国皇家空军制造的废墟时，这种满足感很快就会消散。

但这是一个跨越理性界线的例子。发动贝德克尔空袭只是一种原始的冲动，没有别的目的。这反过来又进一步为总体战哲学赋予了另一个道德维度：对平民实施血腥报复的观点。在这个阶段，使这种不假思索的狂怒消失的技术每天都在进步。从英国人的角度来看，奇艺（Gee）无线电导航系统——使用频繁的定时无线电脉冲和机载示波器——会将更多的潜在目标（即便肉眼看不见，也可以用技术探测到）纳入视野，并且让更远距离的任务变得更加可行。

然而，有些人对放纵这种力量所引起的道德问题越来越焦虑。参与这场战争的物理学家和士兵一样，越来越多。实验室里的科学家和军队里的所有人一样不知疲倦地工作，为胜利规划路径。在轰炸机司令部工作的一些人因他们自己取得的突破所带来的困境备受折磨。

第八章　适宜的大气条件

20 世纪 30 年代，有一名十几岁的男孩在历史悠久的英国公立学校温彻斯特公学寄宿，他看上去有点儿古怪，主要是因为他在被迫打板球时，喜欢把内容复杂的数学课本藏在板球套衫里。被逗乐的老师们会让这个男孩站到草地上，待在球不太可能滚到的地方，他可以舒舒服服地站在那里，在周围人都在玩板球时，研究最深奥的数学定理。

这是个神童，他喜欢待在"绝对的别处"[1]——这是当时流行的一句俚语，指抽象的灵魂，从那些开始探索新量子领域的物理学家的研究术语衍生而来。几年后，这个少年被征召进战争中最敏感的神经中枢之一：他拥有狂野的数学能力与成熟的道德感，对战争的诉求和弱点有着深刻理解。德累斯顿注定要成为这个男孩道德和哲学成长的重要部分。

1942 年轰炸机司令部制作了一幅地图，展示德累斯顿市及其公共地标。[2]地图顶部有一条警告语：不许袭击医院。地图绘制者竟然认为有必要说这样的话，不免让人奇怪，谁会把医院当作轰炸目标？

疲惫的轰炸机机组人员比大多数人见过更多的死亡，但还是会存在意识不到的残忍，即使他们能努力遵守禁令，但事实上精准轰炸任务得不到可用技术的支持。

这位年轻数学家见证了这一切以及更多的事：战争爆发后，弗里曼·戴森被剑桥大学录取。他知道他在那里待不了多久，他肯定会被拉进某个军事行动部门。而事实上，他完成为期两年的强化学习，学习了更深奥的内容，比如阿尔法／贝塔定理。[3] 戴森是个瘦骨嶙峋的年轻人，长着一双炯炯有神的大眼睛，在这个阶段，他正在阅读阿道司·赫胥黎于 1937 年出版的《目的与手段》❶，这是一本关于民族主义、宗教、战争和侵略周期的哲学论文集。"我们坚持认为，我们所认为的好目的可以赋予我们公认的坏手段以正当性，"赫胥黎写道，"我们还无视所有证据，认为用这些坏手段可以达到我们想要的好结果。"他还指出："在这件事上，即使是聪明绝顶的人也会欺骗自己。"[4]

1943 年，弗里曼·戴森被征召入伍。当局发现了他的聪明才智，把他派往轰炸机司令部。这是一幢红砖结构的建筑，坐落在奇尔特恩丘陵，就在白金汉郡海威科姆镇外。[5] 戴森的宿舍离小镇很近，每天早上他都会骑车上山，经过五英里到达轰炸机司令部。有时，他在去那里的路上，一辆豪华政府轿车会从他身边经过，后座上是亚瑟·哈里斯爵士。

戴森入选轰炸机司令部的作战研究部门。他入职时恰逢 1943 年 7 月一次长达八夜的突袭行动，英国空军在汉堡上空成功引发一场罕见的城市大火，火势几乎达到一英里高。戴森所在的部门负责处理所有轰炸任务的数据分析，不是指被炸毁建筑的数量或引起大火的

---

❶   中译本为《美丽新世界的美德与见识》。

面积，而是指机组成员的死亡率，以及如何降低这可怕的减员率——其带来的恐惧笼罩着每一个飞入黑暗夜空的飞行员和机组成员。

有没有什么因素把被击落或在半空中爆炸的轰炸机联系在一起？戴森回忆说，当时，飞行员和机组成员得到保证，飞行实操经验越丰富，他们就越安全，一架轰炸机完成的架次越多，机组成员就越能熟练地避开德国精锐防御部队可能带来的所有危险。戴森分析了未返航飞机的统计数据，呈现在他和同事面前的是痛苦的事实：经验对生存概率没有任何影响。[6] 一名在敌后腹地飞行过 29 架次的飞行员，和刚开始飞一样，都可能变成闪亮的橙色火球。当他们飞行达到 30 架次时，这些机组成员只有 25% 的存活率。在任何一次空袭中，平均都有 5% 的飞机失踪，因此，在数百次空袭之后，死亡人数不可避免地上升。

在戴森的世界里，几何定理过去只出现在黑板上，如今却成了关乎生死的问题。轰炸机司令部花了很长时间才完全理解机组人员在空中面临的所有危险。在 1943 年和 1944 年的一段时间里，他们认为那些没有被敌人火力击中却爆炸了的飞机，是在半空中与其他飞机相撞。由于轰炸机编队紧密，且需要全体出动，这就意味着这种接触有时难以避免。

但还有一个致命的危险因素，轰炸机司令部还没有意识到。有时，飞行员执行任务回来后，会提到让他们脊背发凉的印象，他们感觉德国战斗机不知怎么就隐形了。戴森推测，德国人可能实现了一个曾经只存在于理论的技术：不是隐形，而是为他们的夜间战斗机配备可以调整角度向上方发射的机载武器——最佳角度在 60 度到 75 度之间，所以在下方飞行的敌机就仿佛隐形了。他是正确的。德国人完善了技术，他们称这种新式夜间战斗机为"斜乐曲"。[7]

戴森并不局限于刻板的办公室工作，他多次亲自驾驶飞机，在夏日的高空飞行，进行航空实验。他对自己的个人处境毫无不满，对那些年轻机组成员的支持也丝毫没有动摇。但在1943年和1944年，当亚瑟·哈里斯选择更多的德国城市作为高爆炸药和燃烧弹投放目标时，戴森开始质疑轰炸作战的道德准则。

他后来承认，当他卷入这场战争时，他的思想立场是非常广泛的和平主义。不过，他也非常清楚，绝不能让纳粹政权继续存在下去。于是问题又回到阿道司·赫胥黎的目的和手段上来。几十年后，戴森总结了他的道德困境：

> 从战争一开始，我就从一个道德立场一步一步地退到另一个道德立场，到战争结束之时，我已完全失去道德立场。战争刚开始时，我……在道义上反对一切暴力。经过一年的战争，我退让了，我说："不幸的是，用非暴力的形式抵抗希特勒是行不通的，但我在道义上仍然反对轰炸。"几年后，我说："不幸的是，为了赢得战争，轰炸似乎是必要的，所以我愿意去轰炸机司令部工作，但我在道义上仍然反对无差别轰炸城市。"在我到达轰炸机司令部后，我说："不幸的是，事实证明我们就是在无差别轰炸城市，但这在道义上是合理的，因为它有助于赢得战争。"一年后我说："不幸的是，我们的轰炸似乎并没有真正帮助我们赢得战争，但至少我的工作是拯救轰炸机机组成员的生命，这在道义上是正当合理的。"

但是，他总结道："在战争的最后一个春天，我再也找不到任何借口了。"[8]

轰炸机司令部从一开始就遵循一条特定的作战逻辑：相信空战是赢下这场战争的决定性力量。这很有说服力：在高空中能瞄准敌人的坦克和船只，让它们投降；庞大的工厂在搜寻目标的飞行员面前没有任何遮掩，面对后者敏捷的袭击毫无招架之力；月光下阴森森的巨大水坝耸立在德国的山谷中，成为巴恩斯·沃利斯的天才发明"跳弹"的破坏目标。敌人的防御工事越来越精明，快速的夜间战斗机在云层中追击大型轰炸机，地面上密集地设置了防空灯光和高射炮。但最终他们总会做出技术上的回击。

文学评论家、小说家戴维·洛奇的父亲战争期间曾在英国皇家空军服役，洛奇自己小时候也痴迷于飞机，后来他发现了另一个视角，在某种程度上淡化了轰炸机机组人员任务的黑暗本质：他们的形象如同（电影中）寻找圣杯的骑士[9]——他们远行到一个充满危险与未知的新世界，追求崇高的目标，他们中的许多人会在途中死亡，那些最终返回的人，在见过黑暗后，蒙上了一层忧郁的阴影。

这不是弗里曼·戴森的视角。轰炸机司令部做的是铺设一条通向广岛与核武器部署的清晰道路。戴森刚入职时，汉堡轰炸行动的航拍照片显示了平民可能遭受的伤害和破坏。这次空袭被称为"蛾摩拉行动"，汉堡的惨烈程度可远远超过了旧约里的蛾摩拉城。❶1943年那次突袭的目击者还来不及道出他们的所见所闻，但轰炸机司令部的技术人员已经知道他们做了什么。

在某种程度上，他们之所以知道，是因为炸弹的配比经过全新的调整：除了高爆炸药和燃烧棒外，他们还部署了具有腐蚀性的燃烧武器——含有胶状石油和镁的炸弹。如果在砖块和砂浆上引爆，就会制造出无法扑灭的大火，在人体上爆炸也是如此。任何接触到这些灼热物质的人都无法逃脱，即使跳进河水里也无济于事。

这场始于 7 月 27 日的火山喷发式的火风暴使汉堡的死亡人数增

---

❶《旧约·创世记》19：24-25："当时，耶和华将硫磺与火，从天上耶和华那里，降与所多玛和蛾摩拉，把那些城和全平原，并城里所有的居民，连地上生长的都毁灭了。"

加到一次普通空袭预期死亡人数的 10 倍。后来，据估计约有 3.7 万人丧生，这个数字实在太大，超出了人们的想象。大家都知道，德国人对于保护平民的组织非常周密，或让他们躲进专门建造的掩体里，或像德累斯顿那样让他们躲进经过改造的地下室和地窖。但是，尽管这些地方能保护平民不受爆炸的伤害，但猛烈的火风暴还是穿透地表，到达深处。那些躲在地窖里的人要么因缺氧窒息而亡，要么在难以忍受的高温中被活活烤死。

汉堡空袭成功地让大量工业部门以及转为战时生产的工厂陷入火海。空袭还烧毁了交通要道，使许多人无家可归，城市基础设施已在彻底崩溃失效的边缘。从空军上将的角度来看，要确保欧洲范围内的胜利，继续发动类似的行动至关重要：士气遭到重创，深受喜爱的名城被夷为平地，仿佛从来没有存在过，敌人肯定很快就不得不承认他们在这场战争中没有任何胜算。

然而，温斯顿·丘吉尔本人建议轰炸机司令部永远不要去猜测或假设敌人会如何应对可怕的大规模攻击，他们的反应无法预判。[10] 事实证明他是对的。汉堡空袭并没有让敌人投降或绝望。遭袭城市政府的第一反应是尝试组织成千上万无家可归的人，这些人正在恍惚状态中向城市界外的林地游走。警察和医疗机构追踪这些进入森林和田野的僵尸般的幸存者，他们似乎完全丧失了时间感。

这些游荡的市民有的穿着睡衣，有的几乎赤身裸体，城外村社的人看见他们神情恍惚的样子，不知所措。当局开始以较为温和的方式集合幸存者，并安排将他们转移到全国各地的其他城镇。有些人坐火车去了拜罗伊特，那里当时正值一年一度的瓦格纳歌剧节。一些穿着全套歌剧服装的显贵们发现街上有一些精神紧张、衣衫褴褛的人混在庆祝队伍之中。[11] 一些资深的戏迷可能会把眼前的景象想象成"诸神的黄昏"。

尽管经历这样的恐怖，许多幸存者还是很快就恢复理智，并强烈希望返回故里。回到他们被摧毁的居民区后，有些人几乎找不到方向，不仅他们的公寓不见了，整个街道都消失了。还有一些人在废墟的干尸堆里绝望地翻找，努力想找出亲人的尸体。当时一篇报道写道："老鼠和苍蝇是这座城市的主人。"[12] 这场灾难还揭示了市政当局冷酷的实用主义：附近诺因加默集中营的囚犯被迫在灰烬和熔化的肉块中挑选出数千具尸体进行埋葬。但汉堡的工人阶级居民区已变成一片白色灰烬，呈现出近乎超现实的景象，对此，柏林当局没有表现出丝毫犹豫，似乎没有什么能阻止纳粹。相反，这是一个可以传播到世界各地的宣传机会，他们要将盟军的恐怖轰炸曝光。

空军上将哈里斯从未对这一战略有过任何怀疑，尽管在1943年下半年的几个月和整个1944年，空军部的其他人一直在要求英国皇家空军轰炸更具体的目标，如合成石油工厂、炼油厂和滚珠轴承工厂。这个想法很乐观：通过持续打击燃料来源和武器制造厂，有可能迫使德国战争机器停止运作，它的坦克和飞机内将空无一物，无油可加。对此的一种反对声音聚焦于效能问题：到达和精准定位这些目标是一码事，但要将这些目标损毁到永久无法使用的程度，又是另一码事。还有那么多其他因素，如云层覆盖、高射炮、防御战斗机，这意味着，要执行这种高度精确的任务，英国空军将承担低成功率和高死亡率的双重风险。

对哈里斯来说，这些就是他长期以来所说的"万灵丹目标"。但除此之外，美国陆军航空队针对铁路和炼油厂等基础设施的袭击仍然造成了大量平民伤亡：精确瞄准的困难，加上这些工业场所经常选址在城市居民区周围，意味着房屋和公寓将遭到轰炸，而没能及时躲进避难所的平民将面临爆炸波、火焰和炽热的弹片。

随着 1944 年夏天盟军发动诺曼底登陆并进军欧洲，白厅的高层人物再次开始认同哈里斯的战略。1944 年 8 月，查尔斯·波特尔爵士起草了一份机密文件，准备对柏林城展开一次超大规模的末日轰炸。前一年秋，盟军已发动过数次进攻——史称"柏林空战"——但收效甚微：盟军在长距离飞行后，又遇到德国坚固的防御和恶劣的天气，这就意味着，即使他们点燃了建筑物和公园，空袭的实际效果仍微不足道。维系着纳粹帝国的行政机构继续发挥作用，但现在，西线盟军和苏军正从两边穿过城镇、荒地和森林，这是实验新型战术的机会。这一次，轰炸机不会寻找特定的建筑物。目标很简单，就是柏林市及其所有居民。这项计划的代号是"霹雳行动"。[13]

"霹雳"这个词暗示了一个纯粹震惊或恐惧的瞬间，它并不蓄意破坏，只是天空发出轰鸣时的一种条件反射，但它也暗示某种天意：愤怒的天神惩罚人间，降下风暴。查尔斯·波特尔在战时内阁内部流传的一份机密文件的前言中写道："这份文件建议恢复对柏林的区域轰炸，这是对德国平民士气最有效的打击。"他的想法是等待黄金时刻的到来，因为"柏林遭受的灾难性区域轰炸，可能会促使纳粹政权立即有组织地投降，或使其威信在短期内坍塌"。[14]

这份文件认定，尽管美国对特定工厂的攻击取得了成功，但在削弱德国平民对纳粹政权的信心方面，几乎没有产生什么影响。与此相反，"霹雳行动"直接瞄准普通人的身体和灵魂，以达到"最大的精神效果"——极其委婉地表达了恐惧和不安全感。"必须攻击人口稠密的地方，在实施攻击的区域内，尽可能让个人的死亡风险达到 100%，"文件继续写道，这次袭击"应该会产生相当于一场全国性灾害的影响"。还有更多的要求：炸弹必须击中那些对柏林至关重要的地点和地标。这些引人注目的政府和文化目标应当"在传统和个人意义上与整个城市的人口以最大程度紧密相连"。这不仅是要破坏市政象征，也将枪口对准了人类生命。其目标是"对准人口密度最高的区域"反复打击，让市民觉得政府无法保护他们。这超出了打击士气的范畴。这是要让那些平民——不论老幼妇孺——和统治他们的纳粹分子一样，都成为燃烧弹的合法攻击对象。

"对德国最高司令部来说，随着灾难日益加重，战败在所难免。"波特尔写道。[15] 诀窍是找准纳粹当局信心非常动摇的时刻，对其进行震慑性的无情打击。那样的话，纳粹政权可能会更快垮台，战争也会更快结束。"霹雳行动"文件中精心设计的单调语言和意象给人一种流畅、理性的印象，而纯粹的恐怖和破坏的突然爆发会使纳粹放弃反击并投降，这个说法在心理学层面上也大致合理。但是，在技术官僚的术语下——"最大"这个词的反复使用——存在着一些远远超出科学战略的东西。击垮一个政权是一方面，但另一方面，在一个民族最脆弱的时候，它的老人和儿童成了被特别打击的目标，那么这个民族的未来会是什么样呢？"霹雳行动"有一个潜在的假设，即纳粹主义的病毒深深植根于整个德国社会的血肉之中，要征服的已不仅仅是一支军事力量，而是整个民族。

在1944年漫长而艰苦的秋冬时节，德国军队以可怕的强度发起反击，"霹雳行动"被搁置一边。然而，随着年底临近，这项行动的原则开始再次显现出其诱人之处，不过空军上将哈里斯正面临压力，上级要求他在"万灵丹目标"上做出更多努力。他和波特尔之间有很大的摩擦，"霹雳行动"的发起者现在内心充满矛盾，在此之前他已经转而支持轰炸司令部去轰炸纳粹政权的"机械心脏"而不是"有机心脏"。

就在德累斯顿轰炸几周前，这两个人就轰炸目标展开了激烈而直接的书信交流。战时内阁和波特尔的观点是，空袭重点还是应该集中在德国的石油工厂，以及他们在欧洲各地运输产品的铁路上。

但哈里斯对此表示愤怒和怀疑，他完全确信，前进的道路很简单，只要把更多的城市夷为平地就行了。他的上级波特尔注意到了他的不情愿，但不为所动，写信向他详细解释为什么他的主张是错的。

在其中一封信中，波特尔努力让哈里斯理解以石油工厂为轰炸目标的作战效能：他有"一份'超级'情报档案"（来自英国政府设置在布莱切利园的密码解读学校），这些情报是从袭击后的余波中收集的。"我亲爱的哈里斯，"波特尔以他惯用的问候语为开头写道，"如果城市在遭到袭击后被完全摧毁，那再好不过，但你自己也承认，城市在四五个月后就会恢复它们的工业产能，"在攻击德国城市许多个月后，"她（德国）仍没有濒临崩溃的迹象。"[16]

哈里斯很受伤，尤其因为他确信空军部正在做决策，而他并没有参与其中。部里有些人的职位比他低，他尤其对此耿耿于怀，他认为，做这些决策需要丰富的经验。哈里斯的愤怒源于他觉得自己成了局外人，这种感觉让他内心刺痛：尽管他在德文郡长大，但他自认为是个"殖民地居民"，意思是他不在体制内的圈子里。

1945 年 1 月 18 日，他给波特尔回信抗议说："未事先征询总指挥官的意见"就制定政策没有先例。他说，他收到目标列表，"我只能赞同很小一部分"，对此他感到惋惜。[17]哈里斯的观点是，即使是一些规模最大的针对性轰炸突袭也收效甚微，无论目标是石油工厂还是更庞大的建筑物。"破坏默讷河和埃德河上的水坝是为了取得显著效果，"他写道，同时犀利地补充说，"但相比我们付出的精力和遭受的损失，这一行动在作战上可谓毫无成效。充其量只是技巧、勇气、奉献精神和技术独创性的优秀展现。"他继续写道，"与一次小规模的'区域'攻击相比，物质上的破坏都不值一提。"

因此，他认为，只是无休无止地简单打击"可替代的"石油目标同样无效。此外，哈里斯还担心这一命令会让整个战略改变。他写道："我担忧的主要问题是我们取消了区域轰炸的优先性。"还有其他的困难：新的一年已经开始，夜晚开始变短——轰炸机机组在微茫的天空中将面临额外的危险。"敌人，"他继续写，"既不是傻子，也不是无能之辈。"他在此处提出直接请求：现在应该把德累斯顿这样的城市设为轰炸目标。

哈里斯写道："未来三个月将是我们击破德国中部和东部工业地区的最后机会。"他还列举了这些区域：马格德堡、莱比锡、开姆尼茨、德累斯顿、布雷斯劳、波兹南、哈勒、埃尔福特、哥达、魏玛、艾森纳赫和柏林的其他地区。这些地方现在是德国战争生产的主要来源，我们这三年来的空战能否圆满完结就取决于能否实现对这些城市的破坏。这封信的下一段划了线："这是我们最后的机会，它对战争的影响将胜过一切。"[18]

哈里斯在信的末尾甩下一段怒气冲冲的话，进一步表达自己受伤的心情，因为波特尔暗示哈里斯并没有完全忠实地服从上级关于轰炸目标的命令。他写道："对于说我没有努力服从命令的指控，我绝不会心甘情愿地接受。"他在愤怒中以辞职作为威胁："因此，我请求您考虑一下，我继续留任原职对战争进程和我军的胜利是否是最有利的，这一点很重要。"[19]

一天后，波特尔回信给"我亲爱的哈里斯"，信中充满抚慰的话语。然而，字里行间透露出一条明确的信息，那就是他和空军部的决策不容置疑。1 月 20 日，波特尔仍然坚持强调轰炸石油工厂的重要性，他补充说，苏联方面已经表示，他们对这些行动取得的效果印象深刻。波特尔热切表达了他自己的赞美："我想说，我对你最近对石油目标的成功攻击非常满意。"[20]

他还试图说服哈里斯，尽管哈里斯的作战十分成功，但仅靠他一人无法准确地判断哪些是最有效的破坏目标，有些决策必须由空军部做出，因为空军部能获得所有情报。这里指的是包括布莱切利园密码破译员在内的各个部门提供的情报。"一个大型战略性轰炸机部队的指挥官不可能有时间去研究和评估选择最优策略时涉及的大量军事和经济要素，"波特尔写道，"他的指挥工作不只是一份普通的全职工作。"[21]

在这一点上，波特尔的和缓态度是为了防止哈里斯暴怒离职。"我非常钦佩和赞赏你的指挥工作。"他写道。然而，哈里斯不得不服从命令，上级不可能允许他制定自己的战略。"你显然认为应该把所有精力都放在区域轰炸上，"波特继续写道，"我们承认区域轰炸很有价值，但我们相信，要使其获得决定性效果……需要使用超出我们能力范围的战力……我愿意接受你的保证，你将继续尽最大努力确保现有策略的成功执行，"波特尔用强硬的语气补充说，"很遗憾你不认同这个战略，但追求显然得不到的东西是没有用的。"[22]

到了1月24日，哈里斯已不再考虑辞职，但他觉得有必要再给波特尔写一封信。这一次，几乎带着一种恳求的语气，他写道："我必须承认，我仍然认为，在这个严冬，尽管各条战线都受到围困，但只要下定决心，努力奋战，不可能摧毁不了我提到的大多数主要城镇，而且……那将是德国的末日。"哈里斯承认还有一个问题："当然，让美国佬参与到区域轰炸行动中来很困难。但我确信我们自己就能做到。正因如此，我个人对突然改换目标（指石油目标）感到非常不安。轰炸机是我们首要的进攻武器。"[23]

然而，就像哈里斯提到的，战争机器内部的不同齿轮开始转动了。联合情报委员会、经济战务部和空军部一直在饶有兴趣地研究从东部大批涌出的德国难民，他们为了躲避即将到来的红军而逃离。这是一个制造大破坏和大混乱的机会。它将把人类当作抵押品，利用他们最绝望和最脆弱的情绪——这一事实似乎并没有引起什么同情和共鸣。亚瑟·哈里斯绝不是唯一无视德国平民生命内在价值的盟军高层人物。设定目标的决策权也不完全掌握在他手中。

温斯顿·丘吉尔迫不及待地想听听更多的可能性。有可能对柏林发动大规模空袭吗？德国东部的其他城市呢？因此德累斯顿——以及开姆尼茨和莱比锡——被列入了可能的轰炸目标清单。在位于巴黎的盟军远征部队最高司令部（美军和英军在欧洲的总部），盟军总司令艾森豪威尔的副手、英国皇家空军中将亚瑟·泰德也起草了一份关于英美联合空袭东德城市的文件。尽管这份文件提出的战略表面上主张集中打击交通枢纽、发电厂和电话局，但残酷的现实是，其本质上与亚瑟·哈里斯爵士的策略相同，即摧毁整个目标城市。哈里斯在给波特尔去信后不久就收到了这些命令和潜在的目标清单。等到冬季的大气条件适宜时，轰炸机就会比以往任何时候都更深入敌国。

在全国各地的空军基地，英美飞行员和来自加拿大、澳大利亚、新西兰、波兰的飞行员已经适应了随时徘徊在生死边缘的生活，如今又要再往前试探。他们必须找到脱身的方法，否则他们要如何一次又一次地飞进德国的黑暗深处呢？

第九章　冲洗

　　他们都是聪明的年轻人。一些留存下来的信件显示，他们通常也非常敏感。他们与亲朋好友的往来信件流露出恐惧之情，一开始那些信件热情洋溢，然后随着日子一周周过去，他们的行文变得紧张起来，情绪表达越来越少，原本从不间断的来信频次也变得断断续续。在那个时代，这样的情绪是没法大声说出口的。轰炸机机组成员都很害怕，但他们受到的教育让他们相信，这种情绪会让他们更容易突破道德底线，变得懦弱，变成公认的耻辱。这种前景自有其可怕之处。因此，这些年轻人假装露出灿烂的笑容，说着荒唐的首字母缩略词玩笑，但在执行任务归来后的几天里，空军基地空出的床铺提醒着他们死亡近在咫尺。

　　回到英格兰东部那些基地，当局向他们保证，接下去几天没有任何作战任务，这些意气风发的小伙子可以尽情地放松娱乐：喝着泡沫满满的啤酒，去酒吧和与当地的女孩（"美人儿"）来一些浪漫邂逅，看喜剧演员表演题材大胆的演出。然而，这些都不可能让兰开斯特式轰炸机的机组成员忘记他们经历过的，或他们尚未面对的一切。

与人们的印象相反，这些年轻人中的许多都严肃而矜持，更喜欢安静地享受自己的快乐。有一名飞行员因为队里大量分发了原本严格配给的橙子而非常高兴，还写信给妻子说他很想吃草莓。[1]这些小伙子都喜欢严肃的作家和严肃的诗人。战争期间，诗歌在英国各地都很流行，但轰炸机司令部里的许多人都回避较为轻松的作品，更喜欢 T.S.艾略特这类阅读门槛很高的艺术家。我们在第六章中提到的年轻飞行员迈尔斯·特里普曾在德累斯顿大轰炸的最前线作战，在战后成了一名小说家。他在服役期间和之后的岁月里深刻反思了自己的经历。他的小说或许起到了避雷针的作用，保护他免受更可怕、更痛苦的记忆的伤害，但他也没有回避这些记忆。他和战友们当时所经历和承受的一切，现在看来完全无法想象。

如果机组因为恶劣天气或其他上百个潜在阻碍之一而中止行动计划，机组成员的紧张和恐惧就会加剧，他们对即将到来的恐怖的预期也会提高。有时特里普和战友们会坐公共汽车到附近的大城市消遣娱乐，或者去剑桥听讲座，这比音乐厅里那些喜剧演员叽叽喳喳的台词听起来更有营养。

并不是所有人都对轰炸机机组的成就表示赞赏。到 1945 年，政治界和宗教界对他们和他们在战争中的作用表现出越来越明显的敌意，不仅体现在奇切斯特、巴斯和韦尔斯主教痛苦的干预中，也体现在轰炸限制委员会的文献里，这个委员会由许多著名人物组成，如工党议员 R. R. 斯托克斯、哲学家 C. E. M. 乔德和女演员西碧尔·索恩迪克。[2]1944 年，委员会的主要成员作家薇拉·布里坦出版《混乱的种子》一书，强烈谴责英国皇家空军的区域轰炸对文明造成的道德腐蚀。[3]也有少数人认为，飞行员自己最终会拒绝执行这样的任务。但不论批评者在道德上的反对意见多么坚定，他们根本不了解机场生活的本质究竟是什么，对飞行员而言，那早就超出简单的职责范围。

英国皇家空军在新兵身上寻找的最重要的特质之一，就是身体和性情上都要有一种与生俱来的秩序感。在兰开斯特式轰炸机上的几小时飞行就要求高度集中精力和注意力，不仅如此，还要有快速而冷静的处置突发情况的能力。现在看来，我们可能难以想象，这几千名年轻人是如何在明知可能遭到残杀的情况下，仍能目不斜视地执行任务。

没有人是被英国皇家空军轰炸机司令部或美国陆军航空队强制征召入伍的。以英国皇家空军为例，有成千上万年龄在 19 岁到 26 岁之间的年轻人自愿参军。但对战斗机司令部而言，"自愿入伍"有不同的含义。喷火式战斗机的飞行员独自在云层中翱翔，对于追击和消灭敌人拥有一定的自主权。显然，任何形式的战斗飞行都极其危险——虽然死亡是最明显的危险，但幸存者遭受的肢体烧伤几乎同样严重——但每个战斗机飞行员身上无疑都披着一层浪漫色彩。战争结束后，英国战斗机司令部的前指挥官道丁勋爵参加了在温布尔登举办的降神会，与那些已死的年轻人取得联系，他想象着他们仍在云端飞翔，他们离去时已经在飞往天堂的半途中了。[4]

轰炸机的情况不同，他们面对的战争有着工业化的特征。那些自愿参战的人，从一开始就坚信轰炸是击败敌人的方法，否则他们如何才能忍受恐惧呢？但是，有许多机组成员怀着一种顽固而鲜明的形而上学理解。在帝国战争博物馆展出的日记和信件中，有许多飞行员写的诗歌。有些人会思索飞行的喜悦，"与云朵玩捉迷藏"。[5]训练期间也存在一系列危险：死亡和坠机事故是常有的事。但这些年轻人最初都沉浸在从陌生的高空看到所处的世界的兴奋中。这种感觉偶尔也会出现在梦中：一名机组成员，加拿大领航员弗兰克·布莱克曼，经常做一个可怕的噩梦，他梦见自己在自主飞行，却碰不到地面，而且他被一股力量越拽越高，大地在他脚下消失。[6]

一架兰开斯特式轰炸机有七名机组成员。其中一些人员是在训练期间凝聚在一起的，这群年轻的朋友知道，在七八个小时的飞行中，他们可以毫无保留地相互信任。在无数照片中，这样的机组站在飞机下，在英国午后柔和的蓝光下，他们脸上似乎没有任何紧张的神情。然而，当他们离开苍白的阳光，爬进轰炸机黑暗、局促的机舱时，现实却大不相同。迈尔斯·特里普在回忆录中写道，每架飞机上都有一个无形又无所不在的"第八名乘客"伴随着七名机组成员：恐惧。[7]

轰炸机机组成员往往会形成非常牢固的友谊，这是因为他们必须在极度紧张的时刻理解和凭直觉感知其他成员的想法和要求。飞机的指挥者永远是飞行员，不论他在地面上的军衔如何。在紧急情况下，他的声音就是整个机组的行动方向。在他的前面，飞机的头部，趴着投弹手。他会透过一层透明的有机玻璃罩往下看，随时等待夜空中银灰色云层突然被更深的黑暗取代，然后他会设法通知整个机组。和英国一样，纳粹德国也实行非常严格的灯火管制。在整个战争期间，英国皇家空军一直在研发新的电子导航辅助设备和目标搜索镜：从地面反射回来的电波触发阴极射线管闪光。但投弹手也要依靠自己的判断。他们难免会被下方城市里燃烧的火光迷惑视线，这些火光通常是诱饵，位于城郊边缘，远离建筑林立的市中心。迈尔斯·特里普是一名投弹手，每到空袭的关键时刻，当飞机几乎飞到目标上方时，大家都知道，在这几分钟内，投弹手会取代飞行员，成为机组内的主导声音。在执行了他对航向的修正——"稍微右舷一点儿，再右舷一点儿"[8]——几秒后，他们会发射明亮的彩色信号弹，为后面的飞机提供瞄准点，燃烧弹和炸弹随即落下。

领航员在离飞行员几英尺远的一片帘布后工作。因为领航员的工作需要灯光，而飞机连一丝光亮都不能被人看到，所以需要拉上帘布。同飞行员和投弹手一样，领航员也需要全神贯注：任何对逆风速度或铁路路线的误读或误判都可能导致轰炸机偏离航线数百英里。整个行动中，不能有任何松懈，即使行动持续七八个小时，有时甚至是九个小时。领航员不仅要让飞机抵达目标位置，还要让它安全穿过德国，飞越英吉利海峡，回到自己的机场。

领航员旁边就是无线电报员。在某些方面，这些年轻人就像今天的计算机专家，全身心地投入到这项技术中。虽然兰开斯特式轰炸机上的无线电报员没有接受过飞行训练，但他们都经历了和飞行员一样的严格选拔。这些年轻的志愿者必须在数学方面非常敏锐，而且要非常善于表达。他们还必须精通摩斯电码：在地面上高速翻译和转录就已经够费力，要在高空冰冷的空气中，身着氧气面罩、手套、笨重的飞行服，在兰开斯特式轰炸机四台劳斯莱斯引擎那震耳欲聋的轰鸣声中完成这项工作，可能是人类所能掌握的最罕见的技能。

无线电报员不仅要处理飞行中所有的信息传输，还要现场发布天气报告，并帮助领航员识别其他信号来源。除此之外，当中上炮塔和后炮塔的机枪手们不得不离开他们的岗位时，无线电报员还得负责操作兰开斯特式轰炸机的机枪。机枪手所处的位置更冷，无法移动，他们需要休息，原因很明显（每架飞机都配备了一个化学厕所），另一方面是为了伸展腿部。在只有最原始的暖气系统的飞机上一动不动，可能会造成冻伤，当然也会导致一种冻僵性的麻痹：他们得恢复血液循环。

坐在有机玻璃罩下炮塔里的机枪手要面对的是一个矛盾的局面。从表面上看，他们的位置最危险、最可怕，他们可以清楚看见敌机逼近，探照灯从下方照射过来，周围的夜空有高射炮弹在爆炸；但反过来说，他们又至少可以看到从四面八方飞来的东西，理论上可以做好迎接它们的准备。炮塔上装有座位，枪管穿过金属机身露在外面。

即使经过多次调整，即使在战争后期，这些炮塔仍然会透进冰冷的空气。因此，机枪手必须穿上最特别的防护服。罗素·马杰里森中士回忆说，执行任务前要穿的第一件东西是一双女士丝袜。[9]然后是更传统的长内衣。还有电热拖鞋，穿在毛皮衬里的靴子里，还要穿内衬毛皮的长裤和上衣。一体式飞行服也同样由电加热。在进入炮塔之前，机枪手全脸都要涂上一层防冻油。随着战斗的展开，拥有全景视野的机枪手要判断是否向黑暗中那些可能还没看见他们的敌机开火。机枪手会看着燃烧弹和炸弹落在下方远处的城市里：刺眼的亮光昭示着大规模的破坏。

训练艰苦且危险。飞机的剧烈运动加上炮塔的转动让许多年轻的新兵感到异常恶心。但对于这些既是战士又是见证者的年轻人来说，现实远非普通语言所能描述。除了瞄准和击落从不同角度飞来的敌机外，炮塔上的机枪手还会看到在附近飞行的许多轰炸机的命运。他们会看到其他飞机爆出深樱桃红色的光芒，或是迸发出火焰和刺眼的火花，然后从空中坠落。

第七名机组成员承担着朴素的物质责任，但他也是最接近飞机心脏的人。飞行工程师必须是机械、液压和电气方面的专家。他将协助起飞，在飞行过程中监控燃油用量，并且敏锐地修正故障，弄清所有故障的根本原因。此外，飞行工程师有时会协助投弹手，他也要随时准备接替机枪手的工作，给其他机组成员休息的机会。但飞行工程师在地面上也扮演着重要的角色：与飞机的维护人员保持联络。他对飞机的任何病痛，或是可能出现的更严重问题，都了如指掌。在飞机休息时，飞行工程师要对其进行维护，而在飞机运作时，他要让它展现出最好的状态。

每十名轰炸机飞行员里，就有大约四人被炸死、严重受伤或被俘虏。战争接近尾声时，为空袭而集结的千余架战斗机的机组成员并不知道确切的统计数字，但他们也没有不会受伤的错觉。当时作战人员的日记里尽是一些迷信的内容。有些飞行员患上了现在被称为"强迫症"的疾病：有的人在登机前必须以某种方式擦脸；有的机枪手遵循着非常特殊的穿衣顺序，必须从袜子开始往上穿；有位飞行工程师对一顶花呢帽产生了狂热的感情，不戴帽子他就不考虑执行飞行任务。[10] 因为，一次又一次执行这种致命任务所需要的勇气当然不可能——也永远不会——是与生俱来的。

有一些特殊的轰炸机机组成员，他们的控制力和意志力仿佛超人一般，近乎机器。这些人驾驶的就是领航机，他们是从轰炸机司令部所有人员中特别挑选出来的精英。与其他将要执行 30 次任务的机组不同，这些人——正是因为他们过人的经验和专业知识——需要飞行 45 次。这并不是压迫他们神经的唯一因素。这些机组成员的工作是为大规模空袭的机队领航，在飞到目标上空时，他们要负责投掷在夜色中发出耀眼光芒的信号弹。空军上尉莱斯利·海伊回忆说："'H 时间'就是发起轰炸的时间。"[11] 这些人将最先面对敌人的地面炮火，最先被惨白的探照灯光束照到。主轰炸机是最后离开战场的，在后续轰炸机突入并瞄准信号弹标记过的目标时，它们会在该区域上空不断盘旋。即使任务是区域轰炸，他们仍努力追求轰炸精准度，使用标注有军火工厂或滚珠轴承厂的地图，并试图在下方的黑暗中辨认这些目标。

第一批领航机将首先在目标一英里范围内投下深绿色的信号弹。接下来要投放海伊称之为"光"的东西：一连串明亮的白色燃烧棒。[12] 下面的城市被光照亮，下一批飞机将释放红色信号弹，用来标记目标的精确位置。还有其他颜色——橙色、蓝色、粉色——分别表示不同目标。这些被戏称为"粉色堇"和"红斑"的彩光标记便于后续飞机投掷巨大的"曲奇"炸弹[13]，这种炸弹可以炸毁整幢建筑，将它们的屋顶完全掀开，以接受后续燃烧弹的火力。一旦炸弹被投掷，突然变轻的飞机就会摇晃着飞向更高处，然后倾斜飞行，转向英吉利海峡的方向，向着东部郡的机场返航。与此同时，主轰炸机面临着双倍的危险。他们在嘈杂、燃烧的城市上方飞行，以确保目标被击中。这些飞行员知道他们是敌军报复的首要目标。在敌人的天空中停留时间最长的人，永远要抵抗人类面临的最基本的诱惑——逃离。

很难想象这些机组成员如何在基地找到任何形式的心理安慰。在看见过子弹和高射炮弹撕裂他们飞机的外壳，目睹过飞机发生故障，机翼被击中，引擎失灵，穿过英吉利海峡致命的迷雾返航后，飞行员怎么可能在几天后的晚上再去做同样的事呢？有的人骑着自行车在平坦的地方转悠，还有的人去酒吧。但这些都只是暂时的放松，基地里的机组人员同住一室，经常会被室友噩梦般的尖叫声惊醒。

这种生活中有一部分在如今看来似乎更难以想象，那就是当局在处理心理受创的机组成员时冷酷无情的态度。"缺乏道德品质"这种指控纳粹也许会认同，因为这不仅暗示了可耻的内在懦弱，还可能是一种遗传个性：一个人骨子里的懦弱。[14] 任何沾上这种描述的人都会受到抨击，沦为次等人。自战争开始以来，这个概念就一直存在于英国皇家空军内。例如，战斗机司令部空军上将基斯·帕克在"不列颠之战"时就认为采取这种严厉态度是必要的：如果一名飞行员拒绝执行任务，或流露出明显的恐惧情绪，那么理智的做法是让他尽快与战友分开，因为恐惧是会传染的。

在陆军中，一战的后果加深了人们对所谓"炮弹休克"的理解。但奇怪的是，英国皇家空军在一段时间内都不能接受飞行员和机组人员也可能成为类似精神障碍的受害者这一想法。轰炸机机组人员如果在没有任何明显病因的情况下出现这类症状，将被带离基地，转移至一个特殊中心。在某些情况下，飞行员可能会被撤销军衔，先前所有的服役经历都将化为乌有。他们的想法是，剥夺如此引以为豪的身份，将对其他拒绝执行任务的飞行员起到威慑作用。

许多人认为，在国家危急存亡的时刻，这些措施完全必要，如果整个飞行中队的飞行员都被某个古怪飞行员表现出的懦弱感染，那么英国皇家空军将只剩下没有经验的年轻新手来驾驶和保卫轰炸机了。但是，随着战事发展，英国皇家空军的精神科医生终于开始意识到，这种无情的强硬政策——噩梦缠身的轰炸机飞行员回到地面执勤，还要受到上级羞辱和蔑视——很难改变现实中战士们对飞越火线、看到战友在空中焚为灰烬的反应。飞机回到基地后，用某位地勤人员的话来说，他们有时不得不"冲洗"罗斯炮塔（兰开斯特式轰炸机尾炮塔机枪手专用的敞开式玻璃罩，由罗斯兄弟公司设计）：要冲洗的不是呕吐物，而是机组成员的血肉，他们在敌人的炮火中丧生，飞行员载着他们支离破碎的尸身返航。[15]英国皇家空军的一些医务人员努力让"道德品质"政策变得温和一些，他们在全国各地的疗养院诊断士兵的精神问题，开出适当的治疗处方，之后，受折磨的飞行员将有机会重返空中任务。

似乎大多数轰炸机机组成员都认识或听说过这样的人，他们或是被巧妙地撤了职，或是明显无法继续执行任务。与此同时，另一些人则坚称他们可以继续服役，但显然他们根本不适合。一个名叫比尔·伯克的领航员回忆说，每次返航后，在躲过被防空曳光弹击落的危险、面对过火光闪耀的天空和相撞的轰炸机后，他都会出现典型的飞行员抽搐症状。[16]实际上，站在酒吧吧台前，他看起来都挺好，但当他点烟时，战友们就会注意到，他举起火柴的手会不受控制地颤抖，对此他们都很同情。在这一点上，伯克是幸运的：在其他人身上，这种抽搐往往覆盖头部甚至整个上半身，使他们几乎丧失社交能力。

对其他身体和精神都受到重创的人而言，如果继续飞行，就会将他们战友的生命置于更大的危险之中，但英国皇家空军的官方政策——将他们视同逃兵——使他们实际上不可能退伍。"由于所有机组人员都是自愿入伍的，所以没有人会被强迫飞行，"迈尔斯·特里普回忆说，"但某个人在坦白自己的病情后受到羞辱，名誉尽失，这样的下场使一些人在精神崩溃后仍坚持飞行，他们宁愿如此，也不想遭到'缺乏道德品质'的指控。"[17]

然而，到 1945 年 2 月，精神科医生在诊断方面更加熟练：当局现在不再那么强调道德品质了。在战争的这个阶段，他们没有必要这样做。无论如何，比尔·伯克也观察到，军队中还存在一种截然相反的（可能也同样危险的）心理问题，他称之为"飞行兴奋"。[18]在这些年轻人中，有些人尽管也会抽搐，也会在噩梦中尖叫，但他们病态地沉迷于飞行时被激发的肾上腺素。这些人——即使已经完成了所有任务——仍然渴望继续飞行。

这就是 1945 年 2 月航空兵们怪异的精神面貌。即使在西线盟军稳步向东挺进，苏军也逐渐逼近之际，空战还是不断白热化，达到全新的激烈程度。但不仅是英国的航空兵——以及他们来自世界各地的战友，包括澳大利亚、加拿大、波兰——被要求挖掘出内心更深处的坚韧刚毅，以应对即将到来的空袭任务；美国航空兵也在为自己的任务做准备，其中一些人对区域轰炸的效率和道德产生了哲学上的怀疑，他们自己的高级司令部中也有类似的质疑声。美国陆军航空队仍然倾向于在白天进攻。而他们最终会跟随英军对德累斯顿发动进一步的空袭，这一事实将会在轰炸后几十年的政治宣传里被不断利用和歪曲。

第十章　魔鬼不得休息

　　美国第八航空队的轰炸机机组成员远离家乡，远离他们熟悉的舒适环境。著名的小册子《驻英美军指南》告诉他们，他们的东道国"比北卡罗来纳州还小"。[1]考虑文化差异比较有礼貌，但在涉及对轰炸任务的原始恐惧时，就没有多大帮助了。在极端的情况下，美国航空兵只能互相依靠。尽管死亡率没有英国空军高，但到战争结束时，还是有约2.6万名美国航空兵在欧洲执行任务时丧生，而在幸存者中，有很多人都目睹过亲密的朋友遇难。对一些人来说，那甚至比自己赴死更可怕。当这些人从行动中返回，经历猛烈的防空炮火和零下的低温，有时还遭遇缺氧和冻伤，他们只能在陌生的天空下，布满沟渠和黑色溪流的乡间黑土平原上努力恢复身心。林肯郡、拉特兰郡、诺福克郡和萨福克郡都有不少酒吧，客人们操着浓重的口音在此聚集，但这些地方没有他们家乡的城市霓虹灯和舒适电影院。在欧洲血流成河的时刻，这样的细节听起来是那么微不足道，但实际上却非常重要。在英国各地约200个机场上，人们做出巨大的努力，以确保被派去援助盟军作战的近50万美国航空兵及其地勤人员有宾至如归之感。

在那些将于英军轰炸后几小时内在德累斯顿上空进行日间空袭的人中，就有像莫顿·菲德勒这样的年轻人，当时他才 20 岁。[2] 菲德勒生长于宾夕法尼亚州一座生产钢铁的城市：匹兹堡。他报名成为一名航空军官学校的学员，19 岁时已是一名少尉。在第 34 轰炸机大队的第 18 轰炸机中队服役时，菲德勒离开匹兹堡浑浊的工业空气和喧嚣，来到萨福克郡的一个小村庄：门德尔沙姆。每个飞行员的任务原本是飞行 25 架次，但菲德勒要飞 32 架次。这是他自己的自由选择。[3]

戈登·芬威克 1923 年出生于密歇根州最北端的小城苏圣玛丽，该城与加拿大隔水相望，差不多位于五大湖区的中部。[4] 这是一个以航运业为主的小城，20 世纪 30 年代大萧条给它带来沉重打击。小时候，芬威克就自己去乡间打猎、钓鱼，补贴家用。他很聪明，高中毕业后，进入密歇根大学学习工程学，然后就像菲德勒一样自愿参战。他的视力不足以胜任飞行员的角色，但他精通摩斯电码，所以他来到英格兰，进入第 401 轰炸机大队。该队驻扎于北安普敦郡迪恩斯罗普基地，基地外围有一个茅草屋顶的酒吧、一幢豪华大宅和土壤肥沃的小片田地，还有机场那宽阔平坦的水泥跑道。从芬威克第一次执行任务起，他就立刻明白死亡近在咫尺。他回忆说，在一次飞行中，"一发高射炮弹划破了无线电室，离我的脑袋大约只差一毫米"。[5] 在另一次飞行中，他的飞机"玛丽·爱丽丝号"遭到敌方战斗机的猛烈攻击，机身多处被击中，飞机勉强晃过英吉利海峡，在多佛尔白崖不远处紧急迫降。他还奉命担任机头机枪手。在 B-17 轰炸机中，机头机枪手在飞机最前方的一个透明玻璃罩中，配备有机枪或自动炮。就像位于他上方的飞行员一样，他可以看见飞机飞入的防御风暴。这个位置也许能让他每次执行任务时在心理上稍许轻松一些。在白天的飞行中，从飞机的飞行方向而不是侧面或尾部的位置看出去，会给人一种拥有动力或牵引力的小小错觉。机头机枪手有时也会执行导航任务。

还有许多其他认真的年轻新兵，比如温德尔·塔格，20岁，生长于爱荷华州；威尔默·弗鲁曼，22岁，来自弗吉尼亚。他们来自一片幅员辽阔的大陆，有着完全不同的家庭背景，他们敏锐、聪明，有强烈的使命感。然而，用"投入"一词并不足以形容他们，因为这些人，以及他们的英国战友，在某种意义上也一定觉得自己是献身的勇士，他们把自己的生命都献给了这项事业。否则，莫顿·菲德勒等人怎么可能在心理上说服自己完成任务，然后还自愿要求更多任务，直接挑战死神呢？

1941年12月，美国在日军偷袭珍珠港后参战，美国空军力量在英国本土最初的集结相当缓慢，但及至1944年，在诺曼底登陆和进攻欧洲后的动荡日子里，英国东部的村庄里形成了一种完整的美国平行文化。美国人无处不在，英国人称其为"友好入侵"。[6] 而且，从一开始就有一种很明显的感觉，那就是美国第八航空队在作战方法上可能比亚瑟·哈里斯领导的轰炸机司令部更谨慎。至少对机组人员来说，他们认为任务目标都很具体；他们没有进行区域轰炸，而是集中打击特定的工厂和铁路枢纽。这样的空袭造成了当时被称为"溅射"的破坏，今天我们称之为"附带损害"。这一事实令人遗憾，但也不可避免。[7]

所有空军基地的晨会都是在沉默而紧张的气氛中进行的。航空兵们早早起床，吃一顿丰盛的早餐，然后集合开会。蓝色的幕布后是一张地图，上面标注着当天的目标。幕布拉开时，任何对德军在法国境内或低地国家的活动进行外科手术式打击的任务，都会令人如释重负。而如果幕布拉开后看见的是一项深入德国境内的任务，就会引起一些人呻吟抱怨，而另一些人则因为太过沮丧和害怕，连小小的抗议都不敢发出。

为了缓解这种心理压力，基地内不断努力营造轻松愉快的氛围。

机组人员的伙食总是很好，在些基地有专门的面包房，为他们提供家乡风味的各种面包。[8] 许多航空兵带着活泼的好奇心和良好的幽默感去村里的酒吧，而在较大的城镇里，他们还会去舞厅，试着为当地人（主要是女顾客）带去热情的爵士乐。萨福克郡拉文纳姆村是一个拥有许多中世纪半木质结构英式建筑的美丽村庄，村里有一座14世纪的教堂。自战争开始以来，这里的居民习惯了皇家空军军官在当地"天鹅"酒吧里喝酒。1943年，位于拉文纳姆的基地属于第一批移交给美国人的空军基地，这个有着低矮天花板和开放式壁炉的酒吧成了英姿飒爽的美国空军军官经常出入的地方。[9] 这里弥漫着近乎漫画的英伦风情：温暖的麦芽酒代替冰冷的拉格啤酒，蓄着络腮胡子的当地人，还有飞镖。美国来访者在酒吧的白墙上签名成了一项传统。他们的签名至今仍保留着。

在"大众观察"项目 ❶（平民参与者定期向有关部门提交日记）中，有一些报告称，有人认为这些新来的人傲慢自大，他们似乎既不尊重当地人，也不关心当地的人和事。然而，这可能是代沟造成的印象：东海岸村镇较年长的居民可能对他们眼中的鲁莽和粗俗感到厌恶，但对许多年轻人来说，这是一种令人着迷的魅力。孩子们不仅被B-17和B-24轰炸机起降的景象吸引，他们也被这些飞行员手上的小玩意儿迷住了——可口可乐瓶、布莱克里姆发蜡管，等等。这些孩子都是在周六上午的电影院里长大的，对西部片、科幻系列片、黑帮片如数家珍。那个不可思议又令人兴奋的遥远世界，不知怎么就变成了现实。

同样，当格伦·米勒带领乐队为美国空军表演时，自愿加入英

---

❶ "大众观察"项目由人类学家汤姆·哈里逊、诗人查尔斯·马奇、艺术家兼电影制片人汉弗莱·詹宁斯于1937年联合创立，聚焦20世纪英国的历史与文化，收集了1937—1967年间的各类资料，内容涵盖二战期间及后期的英国社会，包括人民生活热点问题的调查报告，大众观察档案馆出版物，工人阶级状况调查等。文献类型包括个人手稿、报告、问卷、公文、原始材料、照片及地图等，内容丰富。

国皇家女子海军的年轻英国女性也争相参加这些音乐会。[10] 当然，这其中促成了无数的浪漫韵事，而且不单单是因为美国飞行员能获得无价的丝袜和令人垂涎的鸡肉罐头——当时有许多人是这样尖刻地评论的。对年轻人来说，战争总是带有一种强烈的情欲色彩。

在不执行任务的时候，美国空军有时会得到三天假期。伦敦显然是个诱惑之地。戈登·芬威克记得他从北安普敦郡来到伦敦，不只是为了观赏那些被煤烟弄脏的著名建筑，也是为了逛逛首都的酒吧。酒吧里陈旧而拥挤的吧台似乎并没有让他扫兴，他还饶有兴致地回忆起柜台前英国士兵友好的玩笑，后者重复着一句熟悉的话，说美国人"在这里纵欲过度，薪水过高"。芬威克还记得，那些英国士兵第一次听到美国人对此进行回击的时候，都很惊讶。美国人还嘴说英国人"工资低，性欲低，还都在艾森豪威尔手底下！"[11]

在某些情况下，他们轻浮的举止掩盖了更具反思性的价值观。美国飞行员通常比他们的英国战友更虔诚，他们信仰许多不同的基督教教派，还有相当数量的犹太人。在美国空军基地的随军牧师中，有一位深受大家喜爱和怀念的少校，梅赛德·西里尔·比利（名字也很特别），飞行员们称他为"比利弟兄"。领航员尤金·斯皮尔曼回忆道："我们……滑行到跑道的尽头，等待起飞的信号。在我执行任务的大部分时间里，哪怕下雨下雪，比利弟兄都会拿着一本《圣经》站在那里。他的存在对我来说是一种祝福。只要知道有人在为我祷告，我就会感觉好一点儿。"[12]

和英国空军一样，美国空军也承受着难以估量的精神压力，基地的精神科医生仔细检查了战斗压力在士兵身上引起的所有常见症状。这部分是出于同情，部分是出于实际考虑，因为当局担心，要求、说服或强迫士兵参战的难度可能会越来越大。一名飞行员回忆说，他看到一架飞机在半空中解体，他以为机身碎片打在了他面前的挡风玻璃上，但随即他惊恐地意识到，自己眼前的不是金属，而是血肉。一个飞行员的尸块——血液和肌肉——在冰冷的空气中与玻璃融为一体，这意味着，在几百英里的返航途中，那些坐在驾驶舱内的人必须一直注视着这些遗骸。

正是这样的事件引发了噩梦：飞行员梦见自己被困在燃烧的飞机里，于是拼命翻滚，甚至从床上摔下来，因此受伤。医生们在机组成员任务快要结束的时候对他们进行检查，注意到这些年轻人在一年的时间里苍老了许多，看起来比实际年龄要老 15 岁甚至更多。在不执行任务的日子里，有些人沉默寡言，有些人容易突然暴怒，还有一些人则表现出强烈的性欲。和英国飞行员一样，几乎所有人都因为害怕不能继续飞行，害怕辜负他们的国家和战友而团结在一起。

演员詹姆斯·斯图尔特是那些在诺福克乡村深处的小社区蒂本汉姆安身的美国人中最有名的一位。他是 703 中队的指挥官，曾多次驾驶 B-24 轰炸机在法国和德国上空执行任务，每次都有非常具体的轰炸目标。尽管斯图尔特本人非常幸运，他的飞机在高射炮猛烈的火力下前后摇摆，可还是通过了枪林弹雨，但他目睹过许多飞机被炸成碎片，而且经常在返回基地后得知朋友惨死的消息。[13] 他后来透露，有一段时间，他出现了"飞行兴奋"的症状，被送到"飞行农场"休养。他也明显老了。战后，回到好莱坞，他不得不开始扮演年长的男人，在希区柯克的心理惊悚片《迷魂记》（1958）中，他将一个深陷创伤的男人演绎得淋漓尽致。但是，尽管精神非常不稳定，斯图尔特将战争进行到底的决心还是没有改变。

奇怪的是，美国飞行员和机组成员很有可能躲藏在一种更强烈的意识下，即他们的行为归根结底是一种道德上的善行。自 20 世纪 30 年代以来，当美国人开始建立一支更强大的空军时，已经确立了一些正统的观念，其中之一是认为他们可以将"白天精确轰炸"的技术掌握到极致，从而将附带的伤亡降至最低。飞行员在亚拉巴马州蒙哥马利市的陆军航空兵战术学校学习技能时，仍然被教导"对平民进行恐怖轰炸会激起公愤"。[14] 同样，到 1940 年，美国空战计划部内部的所有人都明白，"没有任何历史证据表明，针对城镇和村庄的空袭有过成效"。[15] 他们应该清楚 20 世纪 30 年代英国在约旦和巴勒斯坦使用这样的轰炸技术来镇压当地的叛乱，除此以外还有许多其他例子。

然而，到 1944 年冬，在"阿登战役"中，美国空军某些严谨的层面已经被剥离。尽管，与英国轰炸机司令部不同，人们仍然相信，在光天化日之下对一座城市进行大规模空袭，可以进行非常精准的目标锁定，但如今在一些情况下，城市本身也会成为目标。原因是这样的：德军本应处于崩溃的边缘，但他们似乎已经重整旗鼓，这让高级司令部内的许多人感到费解。很明显，德国人的精力已几乎被消耗殆尽，但纳粹领导层似乎激发了军队残部的某种可怕韧性。一些美国高级指挥官担心战争可能会再持续一年。这意味着，以德国某些城市为袭击目标不只是简单的报复，还有一个实际的目的。1945年 2 月初，美国轰炸机在白天对柏林发动攻击：目标不是工厂或铁路，而是市中心本身。

总的来说，在轰炸平民区的问题上，掌控整个空军部队的卡尔·斯帕茨将军和负责监管所有飞行中队的伊拉·埃克将军都努力抵抗来自轰炸机司令部的怂恿和压力。几年前美国驻东京大使说过："堕入地狱很容易。"[16] 然而，和他们的英国伙伴一样，他们也相信，要想斩杀卷土重来的德军，最有效的方法就是发动更猛烈的空袭。

德累斯顿在早前就被美国陆军航空队确定为诺曼底登陆后不久的一个有效打击点。1944 年 10 月 7 日下午，一支由 B-24 轰炸机组成的密集编队深入德国东部，它们的目标确实非常明确：德累斯顿的主要铁路编组站，它位于中央车站西北面。这次空袭的目的是造成严重破坏，不仅要切断从柏林到布拉格的铁路干线，还要烧毁稀有的工业原料。这次空袭被认为是成功的，但它也说明了战争后期的虚无主义，270 名德累斯顿市民丧生，这个数字似乎并不引人注目。事实上，纳粹控制的地方和国家报纸甚至没有提及死亡人数（或者连这次轰炸都没有提及）。

1945 年 1 月 16 日，美国空军再一次出动。那天的预定目标之一是德累斯顿以北 40 英里的小镇鲁兰的一家合成油厂。他们遇到无数困难，轰炸机最后都击中了附近劳塔镇上的一家工厂。不过，这也算非常有帮助：该工厂生产铝。然而，当天下午，德累斯顿的居民再次意识到，防空警报不再只是假警报。许多轰炸机在错过所有目标后，更明确地瞄准了司令部指定的第二目标：德累斯顿铁路编组站。这次袭击造成的死亡人数是 376 人。在投掷的高爆炸药中有 1.8 万枚燃烧弹，这是即将到来的大火的前兆。

当时，"奇迹武器"是德国平民经常谈论的话题，也是盟军真正害怕的东西。1944 年的夏秋两季，纳粹将他们的 V-1 火箭弹和 V-2 火箭弹瞄准伦敦（V 表示"报复性武器"）：自动化武器带来的死亡阴影将呼啸着越过英吉利海峡。但在空军部还有关于更强大的末世武器的激烈猜测。例如，他们非常焦虑，担心纳粹会进一步完善这项技术，使其不仅能发射爆炸物，还能输送沙林毒气之类的致命气体。美国人也很焦虑：他们怀疑要不了多久，凶悍的德国元首就会发动生物战，在几小时内从高空倾倒致数千人于死地的毒素。此外，德国还研制出其第一架喷气式战斗机——梅塞施密特 Me-262。[17] 这种非同寻常的飞机——它的续航时间长达 90 分钟，能以每小时 550 英里的速度在空中疾驰——被进一步改良需要花多久呢？

　　这就是为什么美国针对德国所有工业——尤其是深藏在东部的工业——的进攻已刻不容缓。让地面的平民士气低落或许能起到锦上添花的效果，但袭击从铝厂到铁路线等目标的真正目的，是要从不断创造出新武器的纳粹战争工业中抽掉一些毒液。

　　这些空袭行动的成员有时要在空中飞行近八九个小时。许多机组被敌方命中，还有一些引擎出现故障，不得不在敌方领土上迫降或跳伞，即便能活着回到地面，也面临着终生伤残的危险或更坏的结局。美国青年小心翼翼地表现出漫不经心和夸夸其谈的形象，在飞机旁出现的性感少妇身边咧嘴笑着，或是耸耸肩。但现实是，返回英格兰东部的机组成员有时会在下飞机时无助地泪流满面。

　　当英国轰炸机机组成员在1945年2月13日下午接受任务指示时，当他们的美国战友在次日早上看到蓝色幕布后的目标时，许多人的第一反应并没有关注到德累斯顿这座城市本身，而是觉得它的位置太远，太靠东了，比大多数人以前飞过的地方都要远。即使是德国西部的目标都会引起恐慌，而这个目标引发了更深的惊恐。所有这些年轻的航空兵——英国皇家空军的莱斯利·海伊和迈尔斯·特里普，美国航空队"神奇第八军"的莫顿·菲德勒、温德尔·塔格及其战友霍华德·霍尔布鲁克——都想到了自己的死亡：这些人知道，他们在烈焰中的毁灭可能是胜利的必要条件。

　　对这些人来说，德累斯顿这个地名可能和普福尔茨海姆或马格德堡一样没什么意义，毕竟，它们都只是纳粹士兵和军工厂藏身的城市。这是一种过于残酷、过于虚无的战争形式，连最感性、最敏锐的飞行员都对他们的目标麻木了。戈登·芬威克回忆说："过得了今天，也许还能过得了明天。就这样了。"[18]

第二部分
恐怖之夜

第十一章　黑暗之日

根据传统，在寒风凛冽的冬日里，这一天是色彩最鲜艳的一天：绿色的羊毛、紫色和粉色的丝带、格子花布和华丽的刺绣、猩红色的魔鬼角和巨大的黄色蝴蝶结。在成年人眼中，狂欢节（四旬节的前一天，也就是忏悔日）的服装既充满美感，又能唤起人们对往年庆祝活动的温暖回忆。相比之下，那些穿着各式各样奇装异服的孩子对待这个节日却反而相当严肃认真。在寒冷潮湿的 1945 年 2 月 13 日，德累斯顿的建筑物、花园和树木都统一披上了灰色和斑驳的褐色，成年人和老人都显得疲惫不堪、忧心忡忡，这座城市的孩子们坚持要从阁楼、工棚和地下室里拖出放置盛装的箱子。他们的母亲很乐意伸手帮忙。

对年幼的格奥尔格·弗兰克来说，这种放纵在他居住的街道上随处可见：孩子们"穿着五颜六色的狂欢节服装四处玩耍"，大人们则在一旁观看，"忘记了他们对日益严峻的战事的担忧"。[1] 这个小男孩对自己的服装非常兴奋："五颜六色的小丑蝴蝶结"和"宽大的白领子"。[2] 在别处，严肃的少年温弗里德·比尔斯注意到"那些身着盛装和彩绘的孩子"，对他们心生赞许；他注意到，尽管"总体战几乎扼杀了所有公共娱乐活动"，但"日历上仍有这种闪光的时刻"。[3]即使是年纪较大的市民也暂时转移了注意力：格奥尔格·埃勒尔和妻子玛丽埃莲还记得以前的狂欢节节日活动总是与"最冷的天气"同时出现，但是相比之下，今天却迎来"静谧的阳光与温和的天气"。[4]他们看见孩子们在新城区的露台街道上玩耍，也许不像往年那样喧闹，但他们仍然穿上了奇装异服，兴高采烈地嬉戏。在河对岸的老城区，7岁的迪特尔·埃尔斯纳的父亲是圣母教堂的教堂司事，他坚持穿上最珍贵的美国牛仔服装，还要配上一把印第安战斧——大概是他想象中的得克萨斯平原印第安战争战利品。尽管德国在1941年对美国宣战，但"狂野西部"的形象却异常顽固地保留在人们心中。德国作家卡尔·梅写的牛仔小说大受欢迎，德累斯顿人仍在阅读这些小说。

　　不论是过去还是现在，德国各地都会庆祝狂欢节，但庆祝的方式略有不同。在西部城市里，狂欢节源于中世纪传统，唤起人们对无序的向往，并在很长一段时间里带有明显的异教色彩：其服装让人联想到"绿人"❶，或者是冬季的拟人化形象——戴着面具的、干枯的、尖声笑着的老妇人。在萨克森州，庆祝活动更像是将世界颠倒过来，比如把小丑般的傻瓜抬举到权力的殿堂上。但是仍有对黑暗力量的召唤：人们扮成小鬼和恶魔，这些都是森林的具象化。人们还会在山上举行仪式，仪式在大火中达到高潮，象征着寒冷的结束和春天的到来。像德累斯顿这样一个成熟且充满智慧的城市，永远不可能自由肆意地举行这样的仪式：在这里，狂欢节只是在复活节前大斋期之前的一个节日。1945年2月13日星期二是个饮酒和社交的日子，而

❶ 绿人，源于古典时代异教植物神形象，象征春天与重生。

身着盛装的孩子们——包括小魔鬼的装束——为这一天增添了浓浓的节日气氛。

不过，庆祝活动要晚一些才开始。毕竟，对于那些学校还没有被军队征用或成为难民收容所的学生来说，这仍然是个上学日。13岁的赫尔穆特·福格特，家住德累斯顿西南部富裕的郊区普劳恩，他的老师一早就给他布置了一项任务。学校当局发现有些门松动了，需要更换新的锁和螺栓。老师给了赫尔穆特一些钱，让他去寻找采购一些。这任务听起来很简单，但在一个物资长期匮乏的年代，这种东西是很难找到的。当地铁匠那里没有。赫尔穆特最终想到一个主意，有必要去老城区看看，这个主意决定了他那一天和他一生的轨迹。[5]

这座城市的学校一直孜孜不倦地教授学生遇袭时的应急措施，年幼的迪特尔·豪费和同学们学会了如何用沙子扑灭燃烧的磷。[6]在其他地方，比如穆勒·盖里奈克学校，老师们很快就向学生们发出轰炸警告。1月16日星期六，美国人空袭铁路编组站，这所学校险些被击中，当时他们称这是"对德累斯顿的一次恐怖袭击"。乌尔苏拉·斯克尔贝克回忆说，在她自己的学校，在这个极其危险的时期，当局几乎每天都提前把孩子们送回家。[7]其他学生都参加过躲入临时地下避难所的逃生演习。

如今，德累斯顿的孩子们把这座城市的临时避难所视为日常生活的一部分。格奥尔格·弗兰克和家人住在一栋公寓楼里，他回忆起通往楼下的陡峭楼梯，楼梯下方还有一条砖砌的地窖主走廊，走廊外是一些较小的隔间，每一间都配有木门。弗兰克家用一张桌子和一两把木椅来布置他们的小隔间，其他座位是用木板做的，非常简陋。格奥尔格还记得，老旧的砖墙有些地方摇摇欲坠，灰浆上都有裂缝。

迪特尔·豪费一家因为炸弹的破坏而被迫离开以前的住所。他们在皮耶申区——易北河北岸的郊区，在一座俯瞰老城区的山丘上——新公寓里的避难所，实际上是由一个车间改建而成的。这个半地下室的墙壁上有一排水平分布的窄窗，透过窗户可以看见天空。

其他避难所的设施则更为坚固。塔森贝格宫的地下室，与茨温格宫和天主大教堂相对，有混凝土地板和钢门。这座宫殿专供国防军官员、市政官员和警官使用，不是为公众准备的。然而，就在几条街之外，有一个地下空间对所有人开放：宏伟的圣母教堂矗立在新市场露天广场上，那里有一个地窖。这是一座由拱门和古老墓碑组成的低矮迷宫。圣母教堂地下室实际上并没有被用作墓穴。古老的墓碑嵌在厚厚的墙壁里，几个世纪以前，附近另一座教堂被毁后，这些墓碑就被安放在了这里。

圣母教堂周围有许多热闹的咖啡馆和小商店混杂在 19 世纪的高大建筑间，地上有无数的公寓，地下则是同样古老的酒窖。州领袖马丁·穆切曼在为城市居民提供实用可行的避难所方面做出的一个让步就是允许在地下施工。砖墙被打通，而不是独立成隔间，这样沿街的所有地窖都被打通，最终形成了一个密集的地下迷宫，一条街下面的地窖与其他街道下方的通道连成一片。除了可以从每个地窖上方的私人场所进出地窖外，地下隧道还有两个露天出口：一个通往易北河的石堤，另一个通往市中心的大花园公园。

一些家庭认真听从官方建议，采取预防措施，在行李箱中准备了防毒面具和毯子等必需品。10 岁的吉塞拉·赖歇尔特住在离熙熙攘攘的火车主站只有两条街的公寓楼里，她经历多次演习，对大楼地下室的黑暗和霉味已然习以为常。[8] 这是一个比较现代的地窖，坐落在铁路和老城区南侧，与其他地窖不相连。那栋公寓楼位于通向南郊的缓坡脚下。在这个地区，有更宽阔的大道和绿树成荫的庭院。吉塞拉回忆说，那天下午，她和朋友们在寒风中玩耍。他们的喊声和笑声在高墙下回响。

在城西一个小石谷里，一家商业公司拥有自己预制的避难所。费尔森凯勒啤酒厂的建造可以追溯到 19 世纪晚期，它的所有者很有创意地利用周围的地貌，在主楼附近的岩石里挖掘了深深的隧道。现在，和德累斯顿大多数工厂一样，费尔森凯勒啤酒厂转而生产复杂的技术性战争物资。照明公司欧司朗现在占了其中很大一部分，负责生产钨制仪器。17 岁的玛戈·希勒去年刚离开学校就在啤酒厂工作。2 月 13 日上午，她正在准备开始新一天的工作，她偶尔会觉得这份工作令她厌倦。[9]

那年 2 月，希勒小姐的工作时长是个反复出现的烦恼。她每天天刚亮就要开工，本来应该在下午 4 点半收工，但她的部门主任"经常在下班前进来，向秘书口授信件"。如此一来，希勒小姐就只能在一旁等待，等秘书把信打好，让主任批准，然后把信装进信封里，希勒小姐要把信送到普劳恩约一英里外的大邮局。据她回忆，她"经常要到下午 6 点以后才到家"。[10]2 月 13 日早晨，玛戈很疲惫，她已经连续失眠好几夜了。

这座城市到处都是工人，他们自己也要面对漫长沉闷的工作时间，但不知怎的却没人注意到他们周围的强制劳工。迪特尔·豪费 53 岁的父亲一直从事当地的建筑工程，包括挖掘油罐坑。现在，豪费观察到，他父亲被迫在老城区西北侧巨大的格勒－韦克工厂工作，该厂位于绿色多山的郊区。[11]这里是德累斯顿的奴隶劳工中心之一：从集中营里挑选出来的犹太妇女在这个专事生产飞机和潜艇仪表的工厂里工作，对她们来说，工厂成了她们的世界：漫长的工作时间，在拥挤的宿舍里没有充足的睡眠，然后又要返回人工灯光下的复杂生产线上。迪特尔·豪费的中年父亲可能也很累，但他的生活基本上还是自己的。

在那个 2 月的早晨，除了城市外围的所有工厂，还有从事各种各样市政工作的数百人，让这座城市的血液继续流动。除了四通八达的有轨电车网络——铁轨和电线在繁忙的路口纵横交错——还有公共汽车，其中有几辆由战俘驾驶。迪特尔·帕茨回忆说，他的校车司机是一个"肤色黝黑、头发乌黑的年轻人"。[12] 乘客们彬彬有礼地称他为"亚历克斯"。他是一名很久以前被俘的法国士兵。

在那个忏悔星期二的清晨，城市的铁路上人山人海。中央车站迎来从东面驶来的列车上的无数男女老少。铁轨和站台都在高架上，下方是车站大厅，地下则是地铁和地窖。奇怪的是，尽管站内混乱不堪，但仍有各种设施可供使用。对于路过这里的士兵来说，他们可以把装备袋放在车站的小洗衣店里，在城里度过几个小时，制服就洗干净了。

车站还安排了一些城市警察执勤，不是因为害怕秩序混乱，而是为了防止混乱，数不清的难民可能会导致整个区域的拥堵。铁路工也需要运用他们的聪明才智来应对站台和时刻表的各种变化，因为他们要告诉那些疲惫的、有时是受了创伤的家庭应该在何时何地乘坐哪一列火车。即使对格奥尔格·蒂埃尔这样经验丰富的铁路工来说，车站里井井有条的表象也会随着每一列火车的抵达而消失。

而在站外，在通往北面的街道上，那种在混乱中努力维持凝聚力的脆弱感觉依然存在。难民们徒步来到这里，继续向北，要去往老城区、河岸、新城区以及城外绿树成荫的郊区和乡村。德累斯顿的电车线路变得越来越拥挤、笨拙，马匹和马车在铁轨上来回穿梭，行人在人行道上互相推搡。在和平时期，普拉格大街周围的街道总是热闹非凡，而现在，时而没有方向的人潮让这条街接近无序的边缘。

就在几百米外，靠近灰色石筑市政厅的地方，圣十字教堂更冷峻的石壁透露出肃穆和平静。大斋期开始前的那一天，在昏暗的大教堂中，唱诗班正在为第二天的礼拜做准备。外面的人在裹着冬季大衣的人潮中推搡、躲避，他们一定听到了教堂中偶尔传出女高音和男高音那能够穿透空气的水晶般的乐音。熟悉的虔诚赞美诗片段这样零星地传来，可能会让时间停止，让人在某一刻产生时空错位的感觉。但那一刻转瞬即逝。

那天，语言学教授维克多·克伦佩雷尔也在拥挤的车流和人潮中挣扎了整日。那天早上，他在8点前就离开了在"犹太房"的住所，他住的地方面对着老犹太会堂的原址空地——他和妻子以及许多人一起被迫住进圣母教堂附近这栋狭窄而寒冷的屋子。当天，他接到市政当局指示，要他迅速将一封通知送到全市剩下的约200名犹太人中的70人手中，他们的地址分散在全市各地。所有收到这封信的人都被要求参加"户外工作任务"。[13] 信中要求他们带好衣服和应急物资，以备三日之需。他们将于次日上午到市政厅附近报到。很明显，他们将被带去某个地方。

克伦佩雷尔教授被告知，他和妻子伊娃不需要去报到。他在日记中写道，他立刻感到自己和收信人之间的距离被拉开了。[14] 不同寻常的是，当局允许他乘坐电车来完成任务——犹太人禁止乘坐这种交通工具。要求犹太人参加"户外工作任务"的命令似乎没有考虑年龄，实际上也没有考虑工作能力。克伦佩雷尔很确定这封信对收信人的意义：一趟火车旅行，铁路支线上的寂静，死亡。晚上，在"犹太房"内安静的讨论中，人们互换传闻和黑暗的猜想。在这里，恐惧是如此理性，以至于更加深入人心。

克伦佩雷尔教授确信，自己的缓刑只是暂时的，他和妻子将在一周内面临同样的命运。他忠实地走访了分散在城市各处的"犹太房"，亲手送去通知，其中有 10 岁的女孩，有 70 多岁的老妇，也有带着幼儿的母亲。母亲们看似很冷静，但等门一关上，克伦佩雷尔就能听到门后传来无法抑制的哭泣。

这么多年来，教授见识了大大小小的残酷，但即使经历过这么多恶意，他的痛苦也从未减轻，从未减弱。他和德累斯顿其他犹太人忍受了盖世太保的虐待，也忍受了同胞们的冷漠。但是现在——当他和许多人夜夜都在猜测苏联红军的推进速度和德国防线的状况时——纳粹似乎想做最后的挣扎，要在世界即将变换之际，把城里的每一个犹太人都赶走。

由于犹太社群被无情孤立，克伦佩雷尔教授和他的犹太同伴们带着一种近乎冷静的好奇心看待同胞的恐惧：他写道，犹太人最害怕盖世太保，而德累斯顿非犹太人则害怕苏联人。[15] 他提到当时有传言称苏联人用伞降的方式潜入这座城市，伪装成德国人。还有传言说州领袖穆切曼准备逃离德累斯顿。教授的一个朋友告诉他，自己看到德国士兵在易北河的主桥卡罗拉上安装炸药，大概是准备拖延苏联红军势不可当的进军步伐。

67 岁的格奥尔格·埃勒尔和他的妻子玛丽埃莲证实了这个说法。那一天，他们也有些焦虑不安，于是开始精心策划，想保护他们多年来收藏的所有精美的传家宝。埃勒尔夫妇住在城东一套漂亮的公寓里，有一个大花园，公寓所在的街区到处是豪华别墅。除了画作和瓷器，他们还拥有大量银器。德累斯顿大轰炸的前一天，也就是 2 月 12 日，他们把尽可能多的银器装进一个临时组装的保险箱内，放在车里，向南行驶了大约 20 英里，前往迪波尔迪斯瓦尔德一个熟人那里。埃勒尔先生觉得，如果苏联红军在这个地区进行掠夺，至少在这个比较偏僻的角落里，他们的珍宝可能不会被发现。

但是在 2 月 13 日，他和妻子都没能摆脱这种令人刺痛的不安。他们的一双儿女住在德国北部城市吕讷堡，所以他们在德累斯顿没有需要保护的亲人，但他们雅致的公寓似乎不只是一个家，他们生命中所珍视的一切似乎都包含在那四壁之内。格奥尔格·埃勒尔感性地回忆起他们那张漂亮的比德迈红木桌，上面铺着绿色丝绸；回忆起扶手椅和沙发；回忆起描绘玛丽埃莲家族一些远亲的油画，其中有一幅引人注目的肖像，画中弗里德里希·卡佩尔和他的妻子露易丝身着盛装，弗里德里希穿着森林狩猎服，而露易丝则穿着更华丽的服饰。除此之外，还有一幅同样引人注目的幻想油画作品，画的是阿芙洛狄忒从海浪中升起，作者是一位叫博延的艺术家，埃勒尔称他已落入"精神上的毁灭"。[16] 他们收藏的一些画，和银器一样已被打包。有几幅放在煤窖里，其余的都送去吕讷堡的女儿那了。还有一架玛丽埃莲平时会弹奏的"洪亮的"钢琴。埃勒尔先生买了"贝多芬奏鸣曲"的乐谱，希望一些高雅的客人愿意一试，但很少有人去弹。

埃勒尔先生特别关心他们收藏的大量精美的迈森瓷器。其中有印着仙客来和蒲公英的哥本哈根花瓶；[17] 金边花瓶；一套同样有金箔镶边的咖啡套装；还有印着矢车菊图案的碗碟和埃勒尔家族特有的纪念咖啡杯，上面印着已故亲人的剪影。

"花瓶里总插着从花园里摘来的鲜花。"埃勒尔先生回忆说，他为公寓的精致和品味而自豪。[18] 还有一些现代化设备，从贴着白砖的壁炉到立式电灯，再到放在专用陈列柜里的留声机。从埃勒尔先生的回忆中，我们可以强烈地感受到一个拥有不俗审美情趣的别具一格的家庭世界。2 月 13 日午后，夫妻俩决定出去走走，因为两人都听到了关于卡罗拉要被炸毁的传言。他们无法按捺自己强烈的好奇心和不安感。

　　玛丽埃莲·埃勒尔原以为这座城市会很安全，因为它的美丽闻名遐迩，但当她和丈夫穿过大桥，朝北走向新城区看到士兵在放哨时，心中的疑虑便悄然而至。"我们想看看是不是真的那样，"埃勒尔太太回忆道，"我们听说有人准备用炸药炸毁这座桥。是的，还真就是那样！士兵们在桥上几个地方站岗。我们问他们炸药的事是不是真的。'是真的！'他们回答。"[19] 他们到达对岸时回头望了望老城区。"我们望着易北河，"埃勒尔太太回忆说，"凝视着德累斯顿美丽的全景。"[20] 格奥尔格·埃勒尔是他们街道的防空"街区管理员"。那天晚上他要值班。

　　还有个人花了很多时间来推测苏联的进军，以及红军将给这座城市带来的可怕火力，那天他也在大学的功能主义建筑附近的街道上走动。米什卡·达诺斯计划当晚在自己的旧宿舍卧室里举办一场派对。他希望为客人提供一种名为"基塞尔"的俄式美食，这是一种混合了浆果的酸果冻，但他还需要采购一些配料。除此之外，这个拉脱维亚人这天一直在巴克豪森教授的电气研究实验室里工作。在战争的大环境下，达诺斯度过了最轻松的几周：他刚刚放完寒假回来，假期里在因斯布鲁克度过了一段时间。[21] 这位年轻的物理学家仿佛正在一个和其他平民所处之处不同的平行时空中移动，在他的时空中，愉快的旅行和轻松的知识交流仍然是完全可能的。考虑到苏联军队正以雷霆万钧之势逼近，在那天晚上给客人上一份俄罗斯菜的想法本身就显示出他的漫不经心。

　　那天下午，近一千英里之外，在晴朗而寒冷的天空下，迈尔斯·特里普骑着摩托车离开了英国皇家空军基地。[22] 他知道，他和战友们要到下午晚些时候才能收到任务指示，所以趁这个机会，他呼啸着穿过一条条乡间小道，这些小道把绿野和林地一分为二。他要去伯里圣埃德蒙兹，他的摩托车有漏油的毛病，很烦人，他想去修理一下。

　　特里普和战友们最近得到消息，说他们的任务期限将被延长。他们现在必须在德国上空飞行 40 次才能从轰炸任务中抽身。在特里普看来，这是跨越边界进入另一个领域的时刻，是深切的恐惧变成金属碰撞的时刻。他和战友们都很清楚死亡率，但他们的灵魂里仍有一丝希望的火光，他们那种无奈的迷信就体现了这点。特里普和同伴们很容易被吓到：机组成员哈里是一名牙买加飞行员，他有一种不可思议的能力，能在接到指令前几小时预测出下一个目标是德国的哪座城市。他是掌握了内部消息，还是什么别的原因，比如有某种超自然的直觉？哈里和另一个在加拿大死于空难的飞行员是朋友，哈里告诉迈尔斯，他的朋友曾在梦中拜访过他，伸出手来问候他。"我不喜欢那种梦。"哈里对迈尔斯说。[23] 迈尔斯完全同意。

　　但在 2 月 13 日那个下午，迈尔斯·特里普正在伯里圣埃德蒙兹寻找沉闷的生活常态，在这个蓝白相间天空下的繁华木屋小镇，他把摩托车交给一个修理工，在某种冲动之下，去了当地图书馆。特里普坐在那里，看着阳光透过巨大的窗户，然后从书架上挑选了几卷诗集，拿着这些诗集回到书桌前。他后来回忆说，"阅读诗歌是一种无意识的努力，为了与早先更安全的生活建立一种联系，因为我读的都是我上学时喜欢的诗"。[24] 然而，这些作品并没有让他放轻松。相反，坐在图书馆书桌前的特里普越来越紧张。该去拿修理好的摩托车了。当特里普回到基地时，太阳已经低垂在西边的地平线上。

　　在德累斯顿，到了傍晚时分，老城区街道上的人流变得更加密集，火车站和公路带来的新旅客不计其数。一则都市传闻迅速散播开来：在这成千上万的流民中，有偷偷摸摸的逃兵，他们尽力避开官方的注意。据了解，当局不会对任何被抓的人手下留情，据估计，那天在德累斯顿，至少有几百人，甚至可能有近一千这样的人，混在那些缓慢前进的流离失所的家庭中，望着普拉格大街上精致的店铺。

他们中间还有两个男学生，来自不同的方向，有着不同的目的。温弗里德·比尔斯放学回家，换上希特勒青年团制服，准备执行晚间任务。这套制服代表着极具侵略性的权威（带有纳粹臂章的棕色衬衫，肩带，外套上雄鹰形状的皇家纹章，以及"鲜血与荣誉"的口号）[25]，但这个男孩的心思已经和战争无关了。相反，他一直在想最近在他叔叔的书房里看到的精美的厄尔士山玩具——色彩丰富的民间艺术玩偶和木偶。他还一直想着他叔叔的邮票收藏。比尔斯对集邮也有浓厚的热情。即使是在战事最激烈的时期，德累斯顿也有专门的集邮商，有一家名为"恩格尔曼"的商店，专门存放收藏品。比尔斯在那里徘徊，盯着橱窗里的陈列品看。他的路线上还有一家叫"波纳特"的商店。这家店的陈列更不寻常：一些被熏黑、边缘被烧焦的稀有邮票。比尔斯想："这说明，在空袭中，纵使是金库也未必能保护它们。"[26]

大约在当天的同一时间，少年赫尔穆特·福格特在老市场的大广场上。几个月前，这个铺着砖石的广场中央的大部分空间被征用、挖掘，修了一个大蓄水池，面积有游泳池那么大，但更深，而且有光滑的混凝土边缘。修建蓄水池不是为了增加城中的饮用水供应，而是给消防部门在空袭中紧急使用的。赫尔穆特和他的表兄罗兰正在为学校寻找螺栓。赫尔穆特从普罗恩郊区搭乘一辆异常拥挤的电车来到市中心，他确信仍在营业的雷纳商场肯定会有满足他需求的东西。

表兄弟俩注意到街道异常拥挤，他们的电车停停走走，走走停停，前方有太多行人阻挡去路。不过，商场本身倒相对清静。年轻的福格特询问了生活用品专柜一位年长的售货员，后者去后面的仓库查看存货，但没找到福格特要的东西。[27]两人一无所获，离开了这家高档商场，再次穿过繁忙的广场和蓄水池。

黄昏渐渐降临。福格特登上一辆返程的公交车，但一路上车内都相当拥挤。普拉格大街上除了有缓缓移动的无尽人群外，也有戏剧性的场景。有一次，一名行人摔倒，公交车售票员不得不帮他离开道路，送他到安全地带。

福格特与年轻的士兵洛塔尔·罗尔夫·卢姆擦身而过。卢姆正因受伤休养，他设法见到战友贡特尔·舍尔尼格。他原本打算在被占领的波兰小镇施耐德穆尔（现在叫皮瓦）待上几天，但那时候那里已经是"要塞"了。[28]卢姆在1944年底的"阿登战役"中受伤，当时他被送进名叫施莱伯豪的西里西亚雪地小镇疗养院，住了几个星期。卢姆当时正在返回部队的路上，偶然经过德累斯顿。现在，他和朋友在等待接驳，他们有一点儿时间来探索这个陌生的城市。

男孩诺贝特·比格尔同样对德累斯顿不太熟悉，但非常高兴能来。他是个难民，随家人离开西里西亚，到德累斯顿西北面老城区旁的山上投奔亲戚。（在这一点上，他与别人不同；大多数流离失所的人都会穿过德累斯顿继续往西走。）及至2月13日，比格尔已经在德累斯顿待了一周，住在他叔叔贡特尔家。[29]比格尔没有忘记忏悔星期二应该举行庆祝活动，他们家准备在有轨电车终点站附近的一家餐厅吃晚饭，餐厅位于城郊的高利斯区，该区是一个时髦的城乡接合部。

回到英格兰，在萨福克郡苍茫的暮色中，迈尔斯·特里普和战友们——包括机长"迪格"、领航员莱斯和直觉敏锐的哈里——正在餐厅里吃飞行前的一餐。[30]他们还不知道那天晚上的目标是什么，他们很快就会知道。但这一次，哈里奇异的洞察力没有发挥作用。他告诉队友，他对这一次的任务"没有预感"。

那天晚上，地图前的幕布再一次被拉开时，他们和中队其他队员一起坐在紧密排列的桌前，所有目光都集中在标示英吉利海峡航线的红丝带上。这条红丝带标记的线路横跨法国，经过斯图加特、法兰克福和曼海姆，向东延伸。特里普回忆说："没人听说过德累斯顿以前被袭击过。"[31] 事实上，他自己立刻想到的似乎并不是距离太远，也不是飞机会受德国炮火攻击的时间太长——他们大约要在空中飞行九小时。他想到的是，这座城市外围应该没有柏林和鲁尔区那些工业城市外围的防御"黑带"。迈尔斯·特里普知道，就像维克多·克伦佩雷尔后来描述的那样，德累斯顿是一个"珠宝盒"。事实上，德累斯顿有一支防御部队，不过城市的高射炮已于 1 月被转移到更远的东边，但仍有一个由梅塞施密特战斗机组成的小规模中队驻扎在克洛茨斯彻机场。机场建于 1935 年，与其精致的目的地相配，位于城外北部平原上，距离市中心约五英里。

美国空军原定于当天对德累斯顿发起空袭，但因天气恶劣而推迟。在协同作战方面，英美打击共同目标现已成为常规操作；目标城市和工厂的清单已在联合战略目标委员会上通过。正是伊拉·埃克将军在 18 个月前向丘吉尔提出"全天轰炸"的建议——美军（理论上）在白天轰炸工业目标，而英军则在夜间突袭。不同的是，这一次，英国皇家空军将率先发动攻击。会议室里，飞行员和机组成员面前的桌子上摆满地图，许多人都在抽烟，房间里弥漫着浓浓的烟草味，他们仔细研究着地图。特里普和在那个房间里的所有空军战友都被告知，苏联红军的挺进在德累斯顿制造了混乱局面，成千上万的人正在逃亡。他们的目的不是要直接轰炸平民，而是要制造恐慌的气氛。这将造成通信、铁路和公路的全面瘫痪，打击德国军队在东部建立有效防御的努力。

特里普后来承认，这一次的任务指示让他感到不安。[32] 该计划的目的显然包括在流离失所的人群中引起恐慌，他想起自 1940 年以来不断看到的那些让人痛苦的新闻片。片中，法国农村难民拼命想要逃离被纳粹入侵的土地，而德国轰炸机朝这些无助的人俯冲下来，用机枪扫射。

于是，这个投弹手离开了烟雾缭绕的会议室，走到外面，站在夜晚凛冽的空气中。他回忆说，天空"繁星密布"。特里普此时开始思考任务的持续时间和距离，他的焦虑变得更加直接。那天晚上，796架兰开斯特式轰炸机和蚊式轰炸机将载着约5500名飞行员分两波轰炸德累斯顿。特里普的飞机将加入第二波袭击，在这座城市还在吸收第一波轰炸的冲击力时继续攻击它。特里普的机组成员也来到室外，他们似乎同样忧心忡忡。澳大利亚飞行员"迪格"领到了机组人员执行任务时配发的常规甜食——口香糖、麦芽糖和巧克力。他们注意到巧克力是牛奶巧克力，这可是难得的美味。其中一名机组成员放弃了他那份，坚持要把它留给战友的弟弟，在那个严重缺衣少食的年代，这个孩子总是期盼着这种难得的快乐。

在德累斯顿平民百姓的日常生活中，每天都能看到一些小小的慷慨之举。虽然一天的送信工作让维克多·克伦佩雷尔感到疲惫不堪，压抑恐惧，但他回忆起一个多星期前，杂货店售货员不愿为他提供他应得的配给口粮时，排在后面的一个女人主动提出把她自己那一份让给他。她看到了他身上的那颗黄星，她很清楚自己在做什么。在过去几年里，虽然恐惧逐渐蔓延，官方的暴力举动时常爆发，但克伦佩雷尔总会注意到那些短暂但意义重大的善举。邻居和路人告诉他，他们认为当局的做法很可怕。[33] 他并不是唯一一个对这些暗中的温暖和同情感到意外的人。

随着冬季积雪消融，易北河河水上涨，在宽阔的岸边，矗立着巨大的城西屠宰场。过去，这里有安置待宰猪猡的猪圈，还有存放猪肉的冷藏室，如今，一群战俘被关在这里，他们的宿舍守卫严密，在地下几英尺处。在这些战俘中，有美国小说家库尔特·冯内古特。

几周前被捕的时候，他看到了德国军队中更为兽性的一面——他的看守们都是狂热分子，有施虐倾向，总是迫不及待地寻找机会，用步枪托狠狠地砸他们的肚子，或是把他们打到头破血流。[34] 然而，在那些日子里，当战俘被沿街押送到麦芽糖浆工厂时，冯内古特却捕捉到了一些光亮。

这种糖浆的原料是大麦，质地稠厚，呈现棕色。冯内古特和伙伴们靠越来越稀薄的肉汤、硬邦邦的黑面包和假咖啡维生，他们几乎被这些大桶散发的诱惑逼疯了：它们必定都满载着甜蜜。在工厂工作的还有一些当地妇女。冯内古特清楚地记得，当时他实在无法抵抗诱惑，等看守移开目光，就把手指伸进黏糊糊的糖浆那禁忌的温热中，然后把糖浆送到唇边。他吞下糖浆时引起一个女工的注意，她看到了。她并没有愤怒斥责他，反而露出了笑容。

冯内古特有一种感觉，即他身处他的小说主人公比利·皮尔格林后来描述的"世界上最美丽的城市"[35]，但他只能看到其中最诱人的小片段。这似乎同样适用于周围的人。除了在糖浆厂工作的几个小时，他和其他战俘一直被关在屠宰场的地窖里。每天很早就开始工作，直到傍晚才收工，然后这些人会被押回屠宰场，再吃一顿不饱肚的肉汤。

在其他地方，当局也没有收起无情的报复心：在离圣母教堂不远的警察总署，另一群战俘被逮捕了。其中一个是维克多·格雷格，这个年轻的英国人几天前刚因破坏肥皂工厂的机器被判处死刑。由于死刑将于次日（2 月 14 日）早上执行，格雷格别无选择，只能在一群被判刑的人中间，在一间临时牢房里等待命运的降临。这间牢房有高高的天花板和玻璃罩，角落里有两个水桶组成的盥洗处。格雷格的同案犯哈里仍然无忧无虑地坚持说事情会有转机。[36]

当他和其他几个人盯着城墙看的时候，就在几百码外，约翰施塔特附近住宅区的孩子们还穿着狂欢节服装跑来跑去，那里有高大的公寓楼、整洁的小广场，离大花园公园很近。于塞尔·舒曼"穿得像个小绅士，身着西装，戴着帽子"。[37]看到孩子们不再焦虑，显然给了他们的母亲和祖父母些许安慰。也许，看到他们也喜欢的这个古老传统在最绝望的日子里仍能留存，更让他们多了一份慰藉。

下午6点左右，英格兰的第一波兰开斯特式轰炸机已经做好起飞准备，在冬日的黑暗中，它们停在林肯郡和萨福克郡的机场上，等待着控制车发出的绿色信号。这些穿着电加热飞行服的航空兵身上有一件精心准备的额外物品：一块印有英国国旗的布，上面缝着用俄语拼出的"我是英国人"字样。[38]在被击落时，他们需要在苏军面前立即亮明身份，因为苏联红军的作战风格是出了名的暴力和冲动。

德累斯顿不是当晚唯一的目标，其他地方也会有佯攻，马格德堡、纽伦堡和波恩都是空袭目标。这样做的目的是要在德国空军控制中心制造混乱，让他们无法集中精力防御。在莱比锡北部，距离德累斯顿不远的一个加氢工厂也是计划中的空袭目标——单这项行动就将动用350多架飞机。当天晚上，英国皇家空军总共派出约1400架飞机飞越德国上空。这将是一场精心编排的空中芭蕾：一丝不苟的时间安排，井井有条的秩序。飞行员莱斯利·海伊等其他机组人员收到了类似的密切指示，向他们说明轰炸目标和轰炸原因。他回忆说，工业目标几乎没有被提及，尽管情报地图上的彩色编码确实标示了新城区周围的各种制造厂。他再次充满遗憾地提到难民，也提到他们必须在道路上引起难民的恐惧和混乱，从而有效地截断德国的物资运输。

第一架兰开斯特式飞机起飞的时候，刚过下午6点，东方的天空已经一片漆黑。在伦敦以西50英里处的雷丁，更多中队与从林肯郡向南飞来的飞机汇合。数百架飞机要保持有序的编队，需要非同寻常的协调。轰炸机机组人员将要执行导航任务；将要准备把"窗口"撒进夜空以迷惑敌人的雷达；将要用机枪抵御德军战斗机的围猎。他们接近在星空下闪烁着微弱光泽的英吉利海峡，在法国海岸上空掠过，然后设定航线，执行他们的多个任务。飞往德累斯顿大约需要四个半小时。

在德累斯顿，太阳早已落山，初冬黄昏的天空时不时被云层遮盖，散发出蓝宝石般的光泽。易北河暗了下来，在河谷上方广阔的天空中，繁星点点。中年男人在他们年幼的儿子以为是"剪刀厂"之类的工厂工作了一天，下班时间到了仍不能回家，接下来是必须参加的人民冲锋队集会。他们中许多人只想吃一顿像样的晚餐，炸土豆就不错，再来点儿啤酒。

天色越来越暗，在严格执行灯火管制的城市里看不到一点儿灯光。因此，刚刚乘火车或马车抵达的难民，现在要在一片漆黑中于陌生的城市中摸索。这时，穿着牛仔和魔鬼服装的孩子们被他们的母亲围住，该吃晚饭了，该准备睡觉了。但是大一点儿的孩子，穿上希特勒青年团的行头，把领巾系成三角形，在街上走来走去：不是为了发号施令，也不是为了恐吓威胁，而是为了引导难民去被征用的公共建筑里临时过夜。即使在那样的黑暗中，这座城市的组织工作也一丝不苟。

第十二章　警报拉响前的五分钟

　　向导们的工作结束了：更多家庭被护送回火车站台，或者小心翼翼地穿过无光的街道，来到长方形轮廓的市政厅外，在大厅里的临时床铺上安睡。新来的难民与其他情况相同的家庭面面相觑，未来的每一刻都笼罩在不确定的阴云下。15 岁的温弗里德·比尔斯身穿制服，遵照一名纳粹官员的命令，一直在帮助一个六口之家——"妇女、儿童和老人"[1]，他们被安置在火车主站，不知所措。他们将住进易北河北岸新城区的一所学校，需要乘电车过去，比尔斯陪他们（帮他们提行李，他们很费力才把那一大堆行李拿上）穿过艾伯特大桥，走上远处 19 世纪的雅致露台。

　　因为这些无私的行为，比尔斯得到一马克。他和朋友霍斯特·沙费尔确保学校大楼会收容那个难民家庭。新城区的街道依然熙熙攘攘，暮色渐浓，比尔斯和沙费尔想要回家，沙费尔的家还在河对岸。但他们还得再帮助一些难民。

　　尽管城市喧闹混乱，但无论是常规的警戒措施，还是晚间的新闻报道，都没有任何引起不安的内容。男孩们工作的地方在萨拉沙尼马戏团附近：在狂欢节这一天，德累斯顿许多家庭（有些带着农村来的难民亲戚）和士兵都在排队等候进入马戏团的圆形剧场。所有电影院都关了，因此看马戏成了城里逃避现实的唯一娱乐方式。马戏表演完全没有给人老套或简陋的感觉，相反，它的场面仍然让人眼前一亮，有训练有素的老虎、华丽的小丑、优雅的马匹和新成立的"鲍勃·格里剧团"——这是一群"雅利安"杂技演员，他们能搭出高高的人体金字塔，还掌握走钢丝和飞天吊索等技巧。[2] 此外，这里的茶点设施也给人不错的印象：在地下有个咖啡馆和酒吧。这些通道，以及相连的地下通道网络，都经过了改造，当防空警报响起时（几乎每晚都会响），表演就会停止，观众会冷静地转移到安全地带，直到危险过去。马戏团受到当局重视，因为它为工厂和军火工人提供了娱乐和色彩，这些工人干着枯燥机械的日常工作，几乎变成机器人。关闭深受工人欢迎的电影院非同小可，但"萨拉沙尼"这个名字与德累斯顿的联系甚至比诱人的电影还要深远。

其他地方也在举行更安静的娱乐活动。那天晚上，城里最有名的医生阿尔贝特·弗罗梅正为邻居施雷尔夫人举办小型酒会，施雷尔夫人前一天刚刚庆祝了自己的生日。朋友们聚在一间公寓里。

在别处，艺术家奥托·格里贝尔也准备去见见友人。过去几年，格里贝尔的命运发生了翻天覆地的变化：20 世纪 30 年代，盖世太保不断威胁和骚扰他，接着当局谴责他的艺术，然后他应征加入国防军，将技术性的绘画技巧带到了东线战场。在格里贝尔眼中，他的世界有时一定是黑暗的达达主义画风。他返回德累斯顿已有数周，在城市东南角的一间公寓里与年轻的家人团聚。[3]2 月 13 日晚，他正在去老城区一家小酒店参加私人聚会的路上，那里离圣十字教堂不远。他从南郊搭乘有轨电车进入市中心，在一片漆黑中穿过砖石铺就的老街迷宫，找到这家小心地灭了灯的酒吧。艺术家从酒吧大门踏入，在人群中看到一个叫沙因普夫卢格的音乐家朋友。看起来啤酒和杜松子酒供应充足，但触动他的不仅是经受住严峻战争考验的老友情谊，还有这个面对当权者的憎恨幸存至今的社会群体，他知道，当权者过去监视过他们，将来也会继续如此。

在南面有更多的狂欢者，不过他们比酒吧里的酒客更安静、更谨慎：他们是米什卡·达诺斯的派对客人，都站在他宿舍的卧室里，有些人正在享用基塞尔甜点。达诺斯定下计划，即将离去，他要去弗伦斯堡与母亲汇合，她会走另一条路线过去（这样，如果他们哪个人在路上遇到什么麻烦，另一个人也不会受牵连）。当时在场的人里有一名年轻女子，据达诺斯回忆，他只知道她是"卡尔·梅女孩"：因为她疯狂痴迷于卡尔·梅几十年前写的"牛仔与印第安人"系列西部小说。[4]

在城东一处更为漂亮的郊区，刚吃完简单晚餐的格奥尔格·埃勒尔和玛丽埃莲·埃勒尔正在客厅里听收音机。[5]埃勒尔先生是这一地区的防空管理员，他时刻戒备，但他和妻子没有料到会有任何来自空中的袭击。他们更关注苏联红军的快速推进。他们有一辆车，即使在这个油料严重短缺的年代，他们的补给也足以让他们离开城市，赶在凶狠的进攻者到来之前。

城里还有许多人不具备埃勒尔夫妇的经济自由，比如一些做工的母亲和节俭的祖父母——即使他们在其他城市有亲戚，也不能保证那些城市更安全，不能保证他们能在那些城市找到维持生计的手段。较贫穷的家庭也会准备行李箱：但只装了防毒面具和毯子，以备空袭时带入地窖。几年前，州领袖穆切曼曾竭尽全力劝说家长将孩子转移到偏远农村的新营房里。他和当局甚至试图让学校停课，但家长不想让孩子离开，孩子们也想留在家中。因此，在环绕老城区外围的公寓楼里，许多孩子已经吃过狂欢节的晚餐，现在正舒舒服服地躺在床上。

大一点儿的孩子也准备睡觉了。13 岁的赫尔穆特·福格特乘坐走走停停的电车从商场回到家，吃过晚饭后，他还认真收拾了书包，为第二天做好准备。[6] 在离市中心更近的地方，10 岁的吉塞拉·赖歇尔特躺在床上，身边放着玩偶莫妮卡和海尔加。和其他孩子一样，她记得母亲在听收音机。[7] 在数不清的公寓里，都是这样的场景：收音机发出杂音，客厅灯光暗淡，壁炉里煤块噼啪作响，母亲们一边听广播，一边做针线活，祖辈和她们坐在一起，目光凝重。即使在和平时期，德累斯顿也不是个夜生活丰富的城市。远离工业区和繁忙的电车路口，孩子们待在静谧的房间里，钻进厚厚的毯子以抵御寒冷。

然而，在老城区的中心地带，一些马车仍在狭窄的街道上穿梭。在那里，闪烁着短暂的青春恋情。汉斯·塞特勒是一名 19 岁的士兵，回到家乡休假。他的家人住在城市西北角的郊区拉德博伊尔，女朋友住在市中心附近。他在战争中东奔西走。他以前是德累斯顿博曼公司的一名模具工学徒，17 岁时应征入伍。在战争浪潮中，他担任高射炮手，从荷兰来到法国的一处城堡，然后又到波兰和东部前线。[8] 他受了伤，并不严重，但足以让他回国休养。今晚，汉斯·塞特勒很高兴能回到女友身边。他们在新城区的小咖啡馆里度过了晚上，现在大约是晚上 9 点，是时候送她回家了，她家就在老市场附近。他记得，他们分手的时候，圣十字教堂的钟声响彻巨大的市场广场。

教堂钟声是德累斯顿恒定不变的一部分：圣十字教堂钟声深沉的回响与圣母教堂每隔一刻钟就敲响的轻快音调形成鲜明对比；就在几条街外，天主大教堂的钟声也发出完全不同的乐音。这些钟楼音调沉闷，但就在天主大教堂不远处巴洛克风格的茨温格宫入口，会传出一支精致而轻快的变奏曲：一组陶瓷钟每隔半小时就会敲出欢快、精致的高音乐曲。茨温格宫的钟声为那些愿意相信光明和幸福是世上最自然之事的人而存在。但是，汉斯·塞特勒和女友，是在教堂钟楼发出的深重、沉郁的乐音中告别的。

第十三章 坠入深渊

那噪音具有一种工业特质，既能给人紧迫感，又有其实用性。英国的防空警报音调很高，隐约给人一种与现世割离的感觉，仿佛黑暗中报丧女妖的哭声。德国的"飞行警报"则不同，调到了一个较低的八度。警报声和所有警笛一样起起伏伏，但更像是工厂里能听到的那种警报，甚至是下班铃声，似乎在以一种熟悉的方式告诉每个人要理智行动，避免激起任何恐慌。整个德累斯顿的屋顶和墙上都装有警报器，在 1945 年 2 月之前，许多人都认为警报器发出的声音沉闷而枯燥：一夜又一夜的假警报让它们失去了原有的效力。2 月 13 日晚上 9 点 40 分，警报再次响起，嗡鸣声在高楼间的窄巷中回荡，在宽阔的大道和富裕的郊区街道上穿行，许多市民准备好再一次躲进避难所，因为收音机里也传来了最新消息：主持人打断节目告诉听众，一排敌机正向本市飞来。

阿尔贝特·弗罗梅医生还在和那一小群朋友为施雷尔太太庆生。紧急警报毫无预兆地响了。[1]他们一边听着窗外传来的低沉啸叫，一边打开收音机，想知道是否有什么事需要担心。"我立刻感觉到有什么大事发生了。"弗罗梅后来写道。[2]电台里的消息说，轰炸机确实在接近德累斯顿。于是他和邻居们赶紧结束聚会，收拾好"防空装备"，带着它们躲进地下室的避难所。

这种刻意的平静对大人来说是可能的，但对小一点儿的孩子而言就不那么容易了。格奥尔格·弗兰克整整一天都戴着他那鲜艳的小丑领结和衣领，现在已经躺在床上了。他父亲参加完人民冲锋队的集会回来了，妻子给他热好了晚饭。父子俩一样，在半睡半醒中迷迷糊糊地听着收音机，这时，广播里传来明确的通知："注意！注意！英美轰炸机正在接近德累斯顿！立刻去找防空洞！"[3]

弗兰克后来也不记得当时年幼的他被母亲从床上拖起来的时候，是否还处于半睡半醒的状态。这段记忆就像是做了个噩梦："难道只是因为被妈妈从床上拽起来才吓哭的？"在一声爆裂声后，警笛响了，小男孩觉得这声音"可怕极了"。母亲把他裹在毯子里，抱着他冲出公寓。[4]

他们躲在地窖里，那是一条长长的砖砌走廊，两侧有许多小隔间。在下楼的路上，他注意到"楼梯间微弱的灯光"和窗外的一片漆黑。他父亲带了几件家当，现在他们都搬进了那个拱形的小隔间，里面有简易的自制桌椅，小男孩看着父亲把他们的小宝贝藏在角落里。他们带来的几样简单食品就放在桌子上。

10岁的吉塞拉·赖歇尔特和姐姐以及怀有八个月身孕的母亲弗里达住在火车主站以南两三个街区的施诺拉大街上一间公寓里。吉塞拉后来回忆说，防空警报已经成为德累斯顿生活中习以为常的一部分，她并没有把它们和恐怖联系起来，因为事实证明，过去的夜间警报都是假的。然而，即使是10岁的孩子，她也知道战争给别人带来了什么。她从广播和报纸上得知，盟军的轰炸机有效地摧毁了汉堡和曼海姆等德国城市。的确，1945年之前，在战争初期，当轰炸机司令部对法兰克福、汉诺威等城市发动无情攻击时，德累斯顿曾经为那么多难民提供庇护，他们不是从东边来的，而是从西边，那里的城镇和街道都变成了硝烟弥漫的废墟。但是，她后来回忆道，德累斯顿市民普遍存在某种心理阻隔。"从来没人想象过我们的城市会在一场残忍且毫无意义的轰炸中受难。"[5]

警笛声响起时，吉塞拉躺在床上，不过还没睡着。"我们抓起手边的小提箱，就下到地窖里。"她回忆说。吉塞拉还带上了她的娃娃莫妮卡和海尔加。当她和母亲走到地窖时，焦虑几乎瞬间涌上心头。吉塞拉的父亲参军了，那一刻，他在哪里？在那个封闭空间里，那些通常会让孩子无法入睡的各种担心被无限放大。眼下人们并不乐观，这可能不是假警报，因为吉塞拉看得出母亲也陷入了焦虑。邻居和晚来的人都进了地窖，外面的警报声响个不停。

美国战俘库尔特·冯内古特和其他俘房被押进一个地窖，那里弥漫非常独特的味道：他称其为"肉类储藏室"，位于五号屠宰场改建的营房下面。[6]这个地窖通过一扇铁门和一个铁楼梯进入。空间很大，非常凉爽，到处都是动物尸体——羊、猪、马，挂在头顶的钩子上。还有许多空钩子晃来晃去。房间被粉刷成白色，还点上了蜡烛。在那个寒冷的 2 月，没有必要用电制冷来储藏肉类，气温够低了。在接下来的 8 小时左右的时间里，冯内古特将经历他所处世界的物理极限，他的想象力被来自上方的回声所激发。许多平时看守他与战友的卫兵都下班回到附近的家中，这个美国战俘所处的环境比他的纳粹狱卒要安全。

河对岸，萨拉沙尼马戏团售票处响起警报声，舞台上的娱乐活动立即终止。当晚的马戏表演领班以及一些表演者告诉观众，他们只需下楼就能进入避难所。观众席上可能有几个士兵会很高兴，因为他们兴许可以到马戏团的地下酒吧一游。从年长的到年轻的，没人大惊小怪，也没有不安，一排排地站着，慢慢朝引座员指示的出口走去。与此同时，马戏团的动物们被带到大楼后一个大院里的特殊围栏内。

在城东一条漂亮的街道上，玛丽埃莲·埃勒尔和丈夫格奥尔格很清楚地理解了电台里那条通告的意思：从"轰炸机接近"到调用一切必要的预防措施，埃勒尔先生在防空管理员培训课程里见过这些措辞，这意味着当前他们面临着严重的紧急情况。但埃勒尔夫妇觉得他们做了万全准备。他们住的房子有一个地窖，邻居也都来这里避难。他们装了六只手提箱的行李，而不是两只，能带多少衣服就带了多少。

玛丽埃莲回忆说，在那个地窖里还有一个"大盒子，里面装着最好的瓷器——最名贵的迈森瓷器"[7]，还有一些水晶制品。要说他们是出于非理性的物质主义才藏着这些珍宝并不公平，相反，这些东西和其他物件显然都承载着记忆。这些珍宝带给埃勒尔夫妇的不是贪婪的渴望，而是细腻又微妙的满足感。此外，还有一种着魔般的乐观主义，他们认为即使在爆炸袭击中，这些东西藏在地窖深处也很安全。但是玛丽埃莲也想着安慰别人。聚在地窖里的邻居里有一个小家庭，由两个年纪很小的孩子组成：小女孩伊丽莎白和她的弟弟。当他们在发霉的砖墙间努力适应昏暗的灯光时，玛丽埃莲试图安抚孩子们。她注意到那个女孩在发抖，她伸出胳膊搂住了她。[8]

有些地窖比其他地窖舒适。赫尔穆特·福格特与母亲还有表哥罗兰不得不离开他们位于火车站西南侧的公寓大楼，沿着街道走到当地一家啤酒厂（费尔森凯勒啤酒厂的对手，两家离得不远）的工业地下室入口。这个现代化的避难所——向下的水泥楼梯、裸露的灯泡和苍白的墙壁——位于地下几层。福格特估计它可以容纳大约100人。[9]但是，随着那晚的警报声响起，这个少年有些不安地注意到，新的事情正在发生：地窖里不仅挤满了熟悉的邻居，还不断有陌生人顺着水泥楼梯走下来。

他后来回忆说："在来的人当中，很多以前从来没有去过那里。"有些是有轨电车六号线的乘客，有些是难民。[10] 换句话说，街上的人突然意识到他们身处险境，于是跟随其他市民寻找避难所。每一个新来的人下楼梯时，都能明显感觉到人群的位置发生变化。地下室通常空间充足，但现在再也没有空座位了，新来者都只能站着。这里还有一间前厅和一条短短的走廊，但也已经相当拥挤。

在此期间，这些在德累斯顿各地避难的市民——成千上万的人尽可能有序行动——并不知道在空袭开始之前他们还有多少时间。警报声和电台广播都说危机迫在眉睫，但这意味着什么呢？几秒钟？一小时？许多人在不断响起的警笛声中努力辨别飞机的嗡鸣。甚至，在老城区的中心地带，仍有许多人在街道上和窄巷里，无视执勤警察的怒吼，抬头仰望天空。

其中就有刚从东线雪地的创伤中恢复过来的士兵洛塔尔·罗尔夫·卢姆。卢姆和战友走散了，他在王宫城堡和天主大教堂周围的巴洛克风格小巷里绕来绕去。他走到大教堂外的广场上，俯瞰着奥古斯特桥。有些落在后面的人向四面八方跑去。卢姆迅速抓住一个，问这里是什么地方，完全没有意识到这是个毫无意义的问题。

砖石路上的脚步声与无尽起伏的啸叫在厚厚的石墙间回荡。卢姆看到人们匆匆走向城堡外的一座宏伟建筑：一座 18 世纪建筑，看起来像一座法式城堡。这个士兵一路小跑，跟着这些人影走了进去，来到一段楼梯上。[11] 除了裸露的混凝土和苍白的墙壁灯光，这个避难所还有一个与众不同的特点：厚重的钢门。还有一个元素立即引起卢姆的注意：他说他看见了那难以忽视的"金鸡"。这是对纳粹党政要的民间称呼，因为他们的制服是棕色和红色的，还有金色流苏，这个词便应运而生。

卢姆正在塔森贝格宫底下，长期以来，它一直是德国国防军的官僚中心。这座宫殿最初由强力王奥古斯特建造，是他的情妇科塞尔女伯爵的住所。卢姆置身于拥挤的异类人群中，其中有许多"丰衣足食的市民"和警察，后者正通过无线电与其他地方的警察联系。[12]他正接近纳粹市政机关的中心地带。据悉,他的朋友贡特尔也到了那里。卢姆回忆说，他们是这些平民中唯一的士兵，似乎没有人探问他们为何在这里。

地下的小世界与上面的石路相去甚远。除了不断传来的警笛外，外面的道路现在悄无声息。这条路通向茨温格宫那装饰华丽的入口，然后再往前几步，就到了森帕歌剧院那赏心悦目的古典建筑。再往前走，经过天主大教堂，沿着台阶走上布吕尔露台那修有栏杆的石板道。最后一批落下的人正在前往不那么安全的地窖。沿着露台往前，是艺术学院和阿尔贝提努艺术博物馆的雅致门面，后者是市政当局和公共服务机构的大本营，有自己宽敞地窖，里面挤满各路从街面涌入的官员和市民，他们来不及去平时常去的避难所了。

就在距离这里几步路的地方，有一座"犹太房"。在维克多·克伦佩雷尔给犹太同胞送去驱逐通知的一天后，他和妻子正喝着咖啡，警笛响了。邻居斯特鲁赫勒夫人痛苦地嚷道，她希望轰炸机来把一切都炸掉。[13]显然，这是她能想到的唯一出路。克伦佩雷尔对这种痛苦的虚无主义似乎一点儿也不感到震惊。

还有个单独的"犹太人地窖"，因为犹太人不被允许在雅利安人中寻求庇护。像老城区的许多地窖一样，这是个摇摇欲坠的砖墙结构空间，并不完全在地下，一扇窗户朝向人行道。和邻近的街道一样，这里也只有简陋的设施：椅子、水桶和毯子。克伦佩雷尔、他的妻子和住在那栋老旧木楼里的所有人都下了楼。在这样的空间里，这样的环境下，除了静静坐着，谁也没有别的办法。

　　再往南几百码的地方，圣十字学校的唱诗班男孩们已经被带进主教学楼地下室。在 2 月的夜空下，新哥特式圣十字教堂——有着明显的垂直和三角线条——看起来有点儿像巨大的教堂管风琴的剪影。在这座建筑下聚集的男孩们，与"犹太房"的居民形成鲜明对比，他们是德累斯顿人最珍视的灵魂：他们高超的音乐天赋超越了战争污秽的日常。在平常的日子里，他们过着纯净高雅的生活，但现在他们也不比犹太邻居更优越了。和他们一起在地窖里的还有唱诗班的乐长鲁道夫·莫尔斯伯格。他当然敏锐地察觉到了这座城市不和谐的警笛声所提示的威胁。身为作曲家，他对日常生活中的音乐非常敏感。就在几周前，他的唱诗班还在表演他创作的歌曲，这些歌曲的灵感来自萨克森民间故事和旋律，是乡村历史与基督教的微妙结合。[14] 这些作品不仅坚决反对战争，也坚决反对纳粹政权的军国主义本质，它们代表了根植于精神世界的德累斯顿传统。在这几分钟的沉寂和等待中，莫尔斯伯格将警报啸叫的音调和节奏默记于心。战争的音乐对他而言是痛苦，他决心要去谴责和承担这种痛苦。

　　即使在防空警报下的混乱中，圣十字教堂的孩子们也有照顾他们的组织。但往南大约半英里，在火车主站，环境更加嘈杂：一大群人匆匆忙忙下楼，进入站台下的地下空间，嘈杂的人声和脚步声在石头上回响。有的人步履蹒跚，窸窸窣窣地走动；有老人，也有小孩，茫然无措，没有方向感，车站官员和铁路警察让他们去哪里，他们就朝哪里移动。这里的不确定性可能更强。空气中充斥着警报声，这些难民根本不知道他们还剩多少时间能在这些走廊和隧道中找到安全之所，甚至不知道出口在哪里。

　　金特·比格尔和他的同事格奥尔格·蒂尔是在场的铁路员工。人群甚至比前几天晚上还要密集，因为在过去的几小时里，停靠在站台上的蒸汽机车比以往任何时候都多。比格尔回忆说："除了每天的固定车流外，还有许多从东边开来的特别列车进站。有些司机和乘客在一天内走了很远的路，火车车厢里都是难民。"[15]

不间断的警报声和电台广播的紧急通知意味着比格尔和同事们必须协力行动起来，如果他们要把这些人都送到避难所，显然没时间想其他办法。"我们担心的事情发生了，"比格尔回忆道，"心情沉重，我们必须迅速行动，小心谨慎。"[16]他的主要任务是守在车站周围，就在这黑暗的几分钟里，他和蒂尔迎来一列刚进站的火车。为了不引起恐慌，他们尽可能快地引导受惊的难民下车，指示他们把行李留在车厢里，尽快下楼。

据比格尔回忆，"当时聚集了相当多的人"[17]，但新到的人遵从指令，都保持了冷静。站台地下有些走廊呈十字形，比格尔和同事们飞快地沿着走廊的方向编排人群。一些参加德国少女联盟的女孩在协助他们，她们奉命照料乘火车到达的伤兵，但许多伤兵伤势严重，无法轻易由车站地下走廊转移。

在这几分钟里，另一列火车上，玛戈·希勒的叔公也在接近这座城市。玛戈叫他"赫尔曼叔叔"，他也是逃离下西里西亚格沃古夫的难民。那个宁静而美丽的地方成了国防军的据点，纳粹决心不让苏联红军越过这条线。苏军发动猛烈反击，将镇中心摧毁得片瓦不留。这天里的大部分时间，赫尔曼叔叔乘坐的火车一直在乡间行驶，眼下还差几分钟就到10点，火车正在接近德累斯顿漆黑的市中心和玻璃屋顶的火车主站。

往北一点儿的地方，铁路蜿蜒横跨易北河，通向较为简陋的新城区车站，那里也有一大群难民在等待指示。温弗里德·比尔斯和朋友霍斯特在几条街外执行希特勒青年团的任务，他们把另一个难民家庭安置在一所被征用的学校里的临时住所。警报响起时，他们来到街上，离家还有一段距离。他们必须迅速决定该怎么做。

在卡塔琳妮大街上优雅的 19 世纪房屋和公寓楼中，他们找到了避难所。那不过是个简陋的地窖，跟预想的一样，拥挤而不适。但奇怪的是，孩子们被告知他们不能留下来，没有地方给他们了，他们必须去别的地方。几秒钟后，温弗里德和霍斯特又回到街上，警报声在他们周围回荡。

该怎么办？要返回新城区车站吗？比尔斯不太愿意，那里也没空地儿了。霍斯特建议冲过这座桥，穿过老城区街道，跑到在圣十字教堂附近的家中，但距离太远了，比尔斯认为时间不够。

正当两个男孩在漆黑的天空下争论时，两名匆忙赶来的警察把他们带到几扇门外的另一个地窖里。其中一名警察告诉他们留在户外太危险。[18] 但比尔斯不同意，他产生了某种奇怪的想法。他感到有一股不可阻挡的力量正把他引回自己的家，令他不顾时间或危险。他家距离此处也有一英里，但是就在河的这一边，只要穿过新城区。

比尔斯说服霍斯特，趁着警察正试图在一大群居民中间维持秩序，他们绕过警察，从地窖里溜了出来。孩子们轻快地走在无人的住宅区后街上，大别墅和连栋公寓楼内空荡荡的，四周一片漆黑，唯一能听到的就是起起伏伏的警报声。当他们再次被警察拦下时，比尔斯冷静地向后者保证，他住的地方离这里只有一街之隔，就快到家了。这当然不是真的，但警察们信了，他们急忙向自家的避难所走去。"我只想穿过安静的街区走回家。"比尔斯后来回忆说。[19] 也许是因为街道上空无一人，比尔斯诡异地觉得当时的气氛很平静——尽管前行有些困难，因为没有任何街灯，他面前的城市只是黑暗中的一些轮廓。

他们经过一个比街道还黑的小公园，除了这两个男孩外再无一人。他们在阿伦大街上，位于易北河北岸缓坡的半山腰，从这个地方，可以看到老城区那些圆顶和塔楼的轮廓，还能看到楼顶上方的云层。这时他们才注意到嗡鸣声。"可以听见飞机引擎的声音了。"比尔斯回忆道。但他和霍斯特都不着急，事实上，那个深沉的音调反而促使他们思考这座城市的防空系统会如何运作。他们俩都猜测会有战斗机从北面约四英里的克洛茨斯彻机场起飞。

两个男孩对城市防御工事的信心不过是幻想。十余架梅塞施密特战斗机迟迟没有出动，当轰炸机沿易北河投弹时，它们才刚刚升空。这种象征性的回应透露了一种筋疲力尽和听天由命的感觉，德国空军要么可悲地低估了即将到来的空袭规模，要么就干脆认定他们面对的是一支无法应对的部队。也有可能这支中队奉命节省燃料，以备将来与入侵的苏联人进行更可怕的战斗。这支中队只是在周围盘旋，其无能在几分钟后就会显露出来。透过上方最先投下的闪亮的银色和绿色标记信号弹的烟雾，从地面上可以看到一架梅塞施密特战斗机的身影。

这就是地面上那两个匆忙穿过街道的男孩即将看到的景象。当温弗里德和霍斯特走到宽阔的雅格大街上时，嗡鸣声愈发接近，低沉的音调更有力地回响，不知不觉中男孩们再次加快脚步。这声音听起来像一种直接的威胁，一种近乎原始的噪音。男孩们转向齐特陶尔大街，那里靠近河边，就在这时，他们开始感觉到有什么东西即将来：许多、许多的轰炸机，在数千英尺高的地方，在黑暗中几乎看不见，但是越来越响的嗡鸣声带着明显的侵略性迫近。男孩们望向地平线，看见两个鲜亮的红球从空中落下，落向下方的城市体育场。在绿色和银色信号弹的照耀下，这两颗红色的"流星"化身（他们所称的）"圣诞树"中最迷人的部分。"圣诞树"即领队的蚊式轰炸机投下的标示信号弹，它们在黑暗的城市上空闪闪发光，为紧随其后的轰炸机提供瞄准点。

"这时我们开始跑了。"比尔斯回忆道。[20] 两个男孩离比尔斯家很近了。天空和城市似乎在慢慢变亮,这让他们既着迷又恐惧。无数"圣诞树"从乌云和黑暗中落下。现在,从老城区到新城区,信号弹广泛地散布在城市各处。比尔斯回忆说,他还看到了其他不同颜色的信号弹,有明亮的蓝色、浓郁的绿色,甚至还有一种非常鲜艳的橙色,云层则被染成惨淡的黄色。站在河对岸的缓坡上,从这个角度看过去的景象,可能让孩子们很想停下脚步,至少驻足几秒。但也许是受轰炸机逼近所带来的刺耳噪音的驱策,男孩们明白,必须向避难所冲刺。

对这场"烟火秀"的惊奇以及随之而来的恐怖,留给了老城区的其他人。在老城区的中心地带,大约有300多人把圣母教堂的地窖当作避难所。他们在昏暗中匆匆穿过砖石广场,来到教堂侧门。当他们走下狭窄的石阶,在地下墓碑间找地方坐下时,他们上方的教堂内空无一人。在黑暗中,在教堂的主体中,仍然可以看见祭坛上金光闪闪的装饰画。教堂穹顶内部被漆成不同寻常的粉红色和淡蓝色,每到夜晚,月光从明净的窗户照入时,总能呈现出一种初见般的美感。但是现在,外面落下的赤色"流星"将血红的流动光亮和更为浓烈的色彩投射进来,落在画中那些圣徒的脸上。

第十四章　影与光

　　袭击德累斯顿的都是年轻人，他们被赋予了最不寻常的力量，不过他们自己并没有这种感觉。他们正在执行的这项任务，由于天气条件优越，加之敌方缺乏任何实质性的防御，使得下方的目标脆弱不堪，任他们烧毁，任他们破坏。然而他们并不认为自己是复仇者。也许，经历过这么多飞行任务，面对过这么多敌人的炮火，在这么多朋友和战友被炽热的爆炸吞噬的地方莫名其妙地活了下来——也许在这一切之后，他们把几千英尺下的人当成活生生的个体的能力已经麻木消解了。这一次，英国皇家空军的轰炸机机组人员或许拥有北欧诸神那几乎无可匹敌的力量，但他们只是不带感情地执行着指令。在作战行动方面，不可思议的是，这些处于风暴前沿的人对他们即将要做的事情几乎没有概念。

　　在这场战争中，空中破坏愈发猛烈。德国人几个月之前就将这项任务分配给了无法精确瞄准的机械装备：V-1 火箭弹（又称"蚁狮"，这个天真的绰号听起来很不协调，其实是因为这种导弹的声音类似昆虫的振翅声）和从低地国家向大伦敦区和东海岸城镇发射的 V-2

火箭弹。V-2 火箭弹有房子那么高，在飞越平流层时会留下完美的几何抛物线，然后冲向街道、住宅，之后，其冲击力带来轰压、杀戮、致聋、致盲，仿佛一把纯粹的无政府主义利刃。如果对岸的另一个国家能发射最先进的武器，使其飞越海洋，如此随意地造成死亡，那谁还需要飞行员和机组人员呢？德军向英国发射了超过 1000 枚这样的火箭弹，杀死 3000 多人。在德累斯顿空袭前几天，伦敦东郊的伊尔福德区被一枚这样的火箭弹击中，炮弹落在一条由半连体房屋构成的街道上。孩子们在花园里玩耍，疲惫的母亲看护着他们。炮弹的冲击力让一栋房子化为齑粉，并摧毁了其他几栋屋子，夺去了许多人的生命。远程控制杀害平民，这是对总体战含义的重新校正。

　　但是盟军对德累斯顿的这次空袭并不是出于报复目的，甚至不是出于孤注一掷的冲动。对航空兵来说，这只是又一个充满恐惧的夜晚，德累斯顿只是又一个轰炸目标。在简陋、不舒适的飞机内部——深绿色的涂色、冰冷的实用型金属座位——有无数杂念让人无法静下心来思考即将开始的行动。一些人的电热飞行服失灵，冷得难受。还有一些人紧张到颤抖，在如此漫长的飞行任务中，他们的内心缺乏动力。当负责第一阶段攻击的 244 架兰开斯特式轰炸机推进到德国上空时，一支由 8 架蚊式轰炸机组成的小编队追上了他们，这种更敏捷的机型会协助标示下方城市中的目标。接着，这些蚊式轰炸机又追上了兰开斯特式领航机组成的先头部队，"圣诞树"就是从这些飞机上投掷的，那些明亮得令人着迷的信号弹，以其骇人的美丽，暴露了目标城市的形状和轮廓。

　　在战争的早期阶段，英国皇家空军空袭的低精确度曾引起担忧，因为如果炸弹落在旷野中，有的合成油炼油厂就能逃过一劫。轰炸机飞行员威廉·托佩尔回忆说，这在一定程度上是由于"缺少"或根本不存在标示信号弹[1]，但引导技术在改进，到了 1945 年 2 月 13

日晚上,标示信号弹已非常有效。1枚信号弹中含有60枚镁质照明弹,信号弹从飞机上弹射出以后,弹壳打开,不久每枚照明弹就会在空中熔化点燃。根据托佩尔的说法,这60枚照明弹落地时,从远处看去,有的像一串葡萄,有的像魔术师的花束,有的像一棵倒置的冷杉,因此被称为"圣诞树"。这些炽热的照明弹落地后,会继续燃烧,在地面四处抛洒光芒。之后会有更多的标示信号弹——带着最浓重、最明亮的红光——由更小的蚊式轰炸机更精准地投下。在德累斯顿空袭行动中,托佩尔是投掷标示信号弹的首席飞行员。他和其他驾驶蚊式轰炸机的飞行员——他们的飞机及其负载都更轻——能够在漆黑的夜空中疾行,在大约三小时内抵达德国东部。他们对这座城市的防务几乎一无所知,情报人员还没能渗透到那么远的地方。他们要进行一次佯攻,先瞄准附近的工业城市开姆尼茨,直到最后一刻才把目标转向德累斯顿。对于托佩尔来说,除了严寒之外,那一夜唯一与往常不同的事情就是他们的飞行距离太长了。

托佩尔29岁,职业是记者,出生于兰开夏郡。1939年英国宣战时,他立即志愿加入了英国皇家空军。在训练中,他证明自己是一个全能型飞行员,因此他又成了一名飞行教官。在战争后期,他曾多次轰炸德国的城市、工厂和炼油厂。他还记得有一次,在1944年秋天,当时云层很低,当飞机终于降至云层下方时,高耸的炼油厂烟囱突然扑面而来。

后来,他和战友们接到轰炸德累斯顿的指示。"我们都知道那是一座可爱的城市。"他回忆说。他分配到的目标是城市体育场——他通过地图回忆起,那是市内的三个体育场之一。托佩尔和战友们也都知道,这座城市"到处都是难民,到处都是艺术珍品"。他补充说:"我们被告知,是俄罗斯人要求这次行动的。"他记得,那次任务指示清楚地说明了为什么苏联想把德累斯顿设为空袭目标——他们得知，德国人正通过德累斯顿向东线输送大量物资。托佩尔还记得，他们被非常明确地警告过，如果他们的飞机遇到困难，就不要再往东飞了。托佩尔说，他们只能自己判断和决定。他知道，这段长距离飞行会让蚊式轰炸机到达航行极限，而且在这之后还要完成精准的编排流程。蚊式轰炸机必须尽快离开，这样几分钟后兰开斯特式轰炸机才能顺利通过。为了保证紧张而精确的计时安排，蚊式轰炸机在返回英国时必须改变路线，为第二波轰炸机的庞大方阵留出空间。

天气情况完全不确定。托佩尔回忆说，气象局看到一股强冷锋正在形成，从东面进入英国，地面和天空的气温都将急剧下降。他们无法确定当晚云层覆盖的厚度。幸运的是，就在托佩尔和战友们准备向夜幕爬升之前不久，有报道称德国东部上空的云层出现了断裂，对飞行有利，这是一扇在晚上9点之后才会打开的机会之窗。在托佩尔看来，如此一来，任务变得"几乎轻而易举"。当他们在三万英尺高空飞行时，几乎没有人对此表示反对。接着，三小时后，在对开姆尼茨进行佯攻之后，他们又大角度转向，朝德累斯顿飞行，几乎突然之间，它就出现在了眼前。他们看见河流在城市中蜿蜒而过，而城市本身看起来只是一幅"寒冷而灰暗"的景象。但第一批圣诞树已经在闪烁了，绿色和银色的光芒就在眼前。

托佩尔和他的蚊式轰炸机战友们快速下降，距离地面仅有几千英尺，他们将继续下降到不超过一座现代写字楼的高度。托佩尔记得河上一座座桥都挤满了难民。然后他看到了体育场，他知道是时候了。除了标示信号弹，每架蚊式轰炸机的底部还配备了最新的高速摄像技术。当标示信号弹被投下时，相机会伴随信号弹那不可思议的闪光快速连拍六张照片。这样的闪光会在某个瞬间让飞行员感到一阵血流加速的恐惧，他们会以为自己的飞机被击中，然后在意识到这是信号弹的光芒时如释重负。

飞机之间的无线电广播里用的短语是"哒哩嘀！"说这句话部分是为了振奋士气，部分是为了讽刺，这是乡下狩猎时的口头禅，穿着红衣的骑手们在绿色的田野间追逐狐狸时会这么喊。这句话据说起源于 18 世纪末，是法语感叹词"哒唷！"的变体。这是猎人猎鹿时嗾使猎狗追捕的喊声，英国乡村上层阶级最常使用，通常伴着狩猎号角声不假思索地高声喊出。到 20 世纪 40 年代，这个词语被工人阶级音乐厅的喜剧演员们嘲讽地借用了。对于轰炸机司令部里那些社会地位并不高的年轻人来说，这句话是英国皇家空军丰富而广泛的带有自我意识的俚语词汇中的一部分，它让死亡变得轻描淡写。

在寒冷的灰色夜空中，猛烈燃烧的标示信号弹消失了。托佩尔回忆道："体育场中央出现了一个红色的大水池。"其他蚊式轰炸机也纷纷投下标示信号弹，这些信号弹从体育场向外稍稍散开，落在老城区狭窄的街道上。如此，任务完成，现在可以走了。作为首席飞行员的托佩尔实际上是这次任务的负责人，他和副驾驶员盘旋了一会儿，在远处监督，然后才掉头离开。他飞进那片浅谷，望着其中的尖塔、穹顶、小桥和窄巷，他看见越来越多耀眼的闪光从天空中倾泻而下。

在城市的街道上，一些人被这些光迷住，尽管他们非常清楚这有多危险。诺贝特·比格尔与他的叔叔就在市中心附近，警报响起时，他们正在返回郊区的电车上。据比格尔回忆，当时电流突然切断，电车停了下来。[2] 在离市中心大约一英里的一条街上，几名乘客看到远处的天空被白色、绿色和红色的信号弹照亮。比格尔和叔叔出于本能跑到一座铁路桥的桥底，以为桥洞可以给他们提供一些掩护，抵挡从天而降的东西。

在城东，格奥尔格·埃勒尔和玛丽埃莲·埃勒尔正坐在大公寓下面的地窖里。他们的一些邻居也在场，但仍有一对夫妻不见踪影。在空气中都能感觉到第一波轰炸机带来的微弱震动。住在三楼的西贝尔夫妇终于出现在地窖门口，找到了自己的位置。他们告诉埃勒尔夫妇和其他人，两人一直在窗口望着降下的闪光。格奥尔格·埃勒尔回忆说："他们观察到的这一景象表明，毫无疑问，德累斯顿的命运已经注定，德国高射炮火不可能防御即将到来的进攻。"[3]

年轻的迪特尔·豪费住在这座城市的西北面，他和家人在半地下室的车间中避难。他透过与人行道平行的窗户向外望去。尽管父母咒骂着让他离玻璃窗远点儿，但他还是忍不住去凝视从天而降的红黄闪光。

在离市中心更近的地方，温弗里德·比尔斯和朋友霍斯特看到可怕的危险就在不远处，他们奋力奔跑，比尔斯位于桑格街的公寓离他们只有几码远了。"当我们回到家时，天亮得宛如白昼，"他回忆起这座被绚烂色彩照亮的城市，"云层是淡黄色的……橘黄色的圣诞树从云间坠落。"[4]当他们到达时，比尔斯发现母亲并不太惊慌，更多的反而是心急和疲惫。她一直在缝纫机前工作，在空袭开始前就下定决心要把缝纫机和尽可能多的成品衣服带到地下室的避难所里。她从收音机里听到警报，自己也为即将到来的那个绚丽的夜晚感到迷惑。但现在，她以极其实际的态度，指挥儿子和他的朋友从公寓里抓上所有能抓到的衣服，躲到地窖里去。比尔斯回忆说，这时，轰炸机的轰鸣声震耳欲聋。

托佩尔在城市体育场的上空投下标示信号弹，第一波强烈的红色光点在体育场内燃烧，其他的光点像车轮的辐条一样向外扩散开来，这样一来，接下来的炸弹可能就不会全部集中在一个小区域内。那么多有几百年历史的街道的角角落落，都被信号弹释放出的那种可怕而刺目的奇异闪光笼罩。越来越深沉的嗡鸣声仿佛在告诉所有避难的市民即将到来的是什么。

1. 《从易北河右岸奥古斯特桥下方望向德累斯顿》，1750年前后由贝纳多·贝洛托绘制。这一风光吸引了艺术家和音乐家前来，也吸引了经验老到的欧洲与美国游客。

2. 德累斯顿城堡的马厩庭院，位于老城区中心，摄于20世纪30年代。城堡的这一部分建于16世纪，可供骑马比武，在战争中被毁，战后得到修复。

3. 森帕歌剧院，德累斯顿的文化地标之一，一直开放到1945年1月。其出品的剧作蜚声国际，但在纳粹时期，剧院由于对犹太艺术家的支持而招致严重打压。

4. 俯瞰老城区，摄于20世纪30年代。前景里是茨温格宫的巴洛克风格几何庭院，近处是天主大教堂，德累斯顿城堡里的珍宝就在照片右侧，而圣母教堂的圆顶就在几条街以外，它们共同构成了这片建筑遗产景观。

5. 老市场是城市的贸易中心，满是精致的商铺和餐厅。据作家埃里希·凯斯特纳回忆，世纪之交这片广场在鲜花摊的掩映下熠熠生辉。

6. 德累斯顿中央车站，1892年由恩斯特·吉泽设计，坐落在柏林至布拉格的干线上，是连通欧洲其他地方的枢纽。其雅致的建筑，是成千上万西里西亚和波美拉尼亚难民对城市的第一印象。

7. 路德宗圣母教堂，巴洛克风格杰作，18世纪由格奥尔格·贝尔建造，其室内声学效果十分精妙。对德累斯顿人来说，它除了是宗教盛景外，也极具审美意趣。

8. 20世纪30年代，越洋旅行成为越来越多人的选择，德累斯顿通过英国报纸的介绍成为旅游目的地。在纳粹治下，游客游玩均由纳粹党官员陪同。

9. 18世纪早期的德累斯顿，年轻的炼金术士碰巧发现了先前由中国人小心保存的制瓷秘法。德累斯顿（以及邻近的迈森）成为充满柔情的代名词。

10. 1911年德累斯顿卫生博览会极为成功，卫生博物馆至今仍在城中。这张海报并非在支持实施极权主义的监控，而是在介绍当时日新月异的科学奇观。

11. 希特勒在茨温格宫前，摄于1934年。"元首"访问德累斯顿是为了出席德国戏剧周的开幕式。在前往观看瓦格纳戏剧《特里斯坦与伊索尔德》时，希特勒受到民众夹道欢迎。

12. 理查德·施特劳斯与德累斯顿戏剧公司的一名工作人员，摄于20世纪30年代。这位作曲家热爱德累斯顿，他的很多戏剧都在此地首演，不过他同纳粹的关系十分复杂。

13. 希特勒对现代艺术有着病态的厌恶，他把这些作品当作"病态大脑"的产物。1933年，德累斯顿是第一座举行堕落艺术展览的德国城市，展览的目的在于羞辱作品的创作者。

14. 逊位后不久，前英国国王、温莎公爵在1937年访问了德累斯顿，在会见希特勒之前，他在演讲中赞扬了当局服务工人阶级的理念。照片上他面前的是茨温格宫的微缩模型。

15. 同为德国男孩准备的希特勒青年团一样，女孩们也需强制加入德国少女联盟。尽管被灌输了恶毒的意识形态，德累斯顿的女孩们仍然很有公民责任感。

16. 作为德累斯顿最有权势的政客，马丁·穆切曼同希特勒十分亲近。这位蕾丝工匠出身的州领袖，痴迷于黑森林以及民间艺术，图中他正在参观某个展览。

17. 阿尔贝特·弗罗梅医生是德累斯顿最有资历的执业医师。他和医院同事在大火中仍坚持工作。

18. 备受推崇的艺术家奥托·迪克斯是德累斯顿最具影响力的人物之一；在经历了第一次世界大战后，他饱受深陷燃烧废墟的噩梦之苦。

19. 维克多·克伦佩雷尔，纳粹统治下德累斯顿为数不多的犹太幸存者，他的日记——犹太人不被允许写日记——成了非凡的记录。

20. 奥托·格里贝尔的德累斯顿艺术和他的提线木偶潜藏着一种无政府主义气质，纳粹党对此十分厌恶。

21. 后方中间为英国轰炸机司令部空军上将亚瑟·哈里斯爵士，他性情尖刻，却又十分合群，颇能服众。

22. 轰炸机投弹手迈尔斯·特里普（左一）与他的机组成员。这位未来的作家后来描写了他与战友们夜复一夜飞越敌军火炮时的友谊与梦境，其间死亡如影随形。

23. 美国作家库尔特·冯内古特在1944年的寒冷冬天被俘。1945年2月13日，他和其他俘房被关在德累斯顿一家屠宰场内。那一晚的经历为20世纪最经久不衰的小说之一《五号屠场》提供了灵感。

24. 1945年2月13日，德累斯顿上空大气条件格外适合轰炸行动，大型"曲奇炸弹"投下，击穿一排排建筑并在瞬间将整条街炸得粉碎。

25. 轰炸机机载相机记录了城市毁灭的景象。一名投弹手描述了猛烈燃烧的大火组成发光的网格。

26. 地面躲藏的人群惊恐万分，他们专注地听着轰炸机的声音，当炸弹投下时，变轻的飞机会突然升高，音调也会陡变。

27. 火风暴产生的高温令衣物燃烧、柏油熔化，砖石和灯杆能灼伤裸露在外的人体。夜间，火风暴变成了近一英里高的巨大火塔。

28. 轰炸结束后，城市几乎无法通行。高温的碎石翻滚，曾经熟悉的街道再难辨认。

29. 应急人员从柏林被征调来处理尸体。地表的尸体大多枯焦，呈现木乃伊状，但在地下的砖石地窖里仍有数以千计的尸体，这些地窖成了烤箱。

30. 2月14日，美军空袭的是一座已经破碎的城市。

31. 关于这场破坏最著名的照片由理查德·彼得拍摄。画面中的并不是天使石像，而是德累斯顿市政厅屋顶象征良善的雕塑，它俯瞰着老城区南部无法想象的毁灭。

33. 数以千计的尸体在中央市场广场临时搭建的柴堆上火化。尸体腐烂可能招致瘟疫，传统的葬礼或火化已经来不及。

32. 数千具尸体要么残缺不全要么面部毁坏严重，当局不得不依靠随身物品来识别身份。

34. 战俘们得从地下室里把尸体挖出来。库尔特·冯内古特后来写道，走在这些破碎的街面上，就像是走在月球上。

35. 在这如同停尸房一般的恐怖中，当局还需要应付成千上万的难民，包括大量孩童；需要为他们提供水和食物，并在城外的乡村为他们找到栖身之所。

36. 试图穿过城市的幸存者不但难以辨认方向，还要忍受燃烧物质散发的有毒气味，以及另外一种气味，一位幸存者回忆，那是死者散发出的"令人作呕的腥甜"。

37. 纳粹政权倒台后，苏联人接管了德累斯顿，清理街道的工作也随即展开。为了运走巨量的碎石，城里铺设了铁轨以供轨道车通行。

38. 除了清扫志愿者外，俄国士兵也有办法让不那么情愿的市民加入到劳动中，比如指责他们的身份证件"有误"。

39. 在城内众多瑰宝中，受损的茨温格宫及其院落给苏维埃当局造成了意识形态上的麻烦；这种资产阶级建筑应该修复吗？

40. 苏联人很快就在德累斯顿贯彻了他们的意志。图中是匆忙设立的俄语路标。

41. 斯大林拒绝了马歇尔计划的援助，重建城市因此成为意识形态自豪感的来源。宣传海报强调了"向苏联人民学习"的重要性。

42. 许多人觉得夜间的废墟格外可怕，另一些人担心暴力犯罪分子会躲藏在乱石间，但还有一些人在夕阳照射的破碎街道上找到了诗意。

43. 尽管邻近的圣十字教堂在20世纪50年代就被修复，圣母教堂却始终是新市场广场上的一处残迹。当局无意修复它。

44.《德累斯顿附近的山与农田》（1824），由卡斯帕·大卫·弗里德里希绘制，穿过树丛能看到远处圣母教堂的穹顶。这座城市与它散发的氛围，为弗里德里希众多令人陶醉且不安的作品奠定了基调。

45. 20世纪60年代，德累斯顿共产主义文化宫史诗壁画的一处细节，壁画题为"红旗之路"。

46. 一栋塔楼的屋顶有着这样一句口号："社会主义必胜。"这座城市依然是艺术与创意的熔炉，但街道上的美术风格变了，更明显地呈现出现代主义特征，也更为冷峻。

47. "王公的行列"壁画装饰着城堡庭院的外墙，整个壁画在20世纪早期使用迈森瓷砖制作，是大轰炸后最引人注目的幸存珍品。

48. 尽管有着死板的统一风格，20世纪60年代的房屋重建规模令人印象深刻。记者尼尔·阿舍森指出了这种"斯大林风格"，不过同一时期西欧也遍布类似的建筑。

49. 过去的高档购物街普拉格大街被改造成有着喷泉和国营商场的现代主义风格购物区。20世纪50年代，时髦女士风衣的短缺差点引起了暴乱。

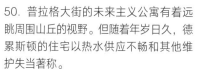

50. 普拉格大街的未来主义公寓有着远眺周围山丘的视野。但随着年岁日久，德累斯顿的住宅以热水供应不畅和其他维护失当著称。

51. 年轻的克格勃特工弗拉基米尔·普京十分享受20世纪80年代的德累斯顿，十几年之后他成了俄罗斯总统。据说他尤其钟爱当地的拉德贝尔格啤酒。

52. 战前，圣十字唱诗班在乐长鲁道夫·莫尔斯伯格的指挥下收获了欧洲和美国各地的听众。战后，莫尔斯伯格创作了《德累斯顿安魂曲》，直到1971年逝世，他一直领导着颇具声誉的唱诗班。

53. 即使在纳粹压迫最严峻的时刻，埃尔莎·弗罗里希也没有放弃她的信仰。当苏联接管德累斯顿后，她立即跻身市政领导层。这座城市见证了诸多令人惊讶的逆转。

55. 杰出的物理学教授海因里希·巴克豪森，早在纳粹崛起之前，他就在城中进行开创性的研究工作。战后，他留在了民主德国，并受到当局褒奖。

54. 作家埃里希·凯斯特纳，畅销小说《埃米尔擒贼记》的作者，他出生于德累斯顿。在20世纪50年代，他返回了这座城市，并为城市的废墟写下震撼人心的悼词。

56. 在苏联人的领导下，老城区的逐步重建更加注重民用功能而非审美情趣，不过莫斯科归还了历代大师的杰作和其他艺术品。

57. 重建的圣母教堂——它本身代表了一种工程天才——在2005年落成，此时距离它被毁坏已经过去了60年。这座教堂是城市的情感核心。

58. 圣母教堂内部敞亮，色彩与光亮让今天的游客应接不暇。它是纪念与和平的象征，也是和解与救赎的象征，更重要的是，它还是友谊的象征。

第十五章　晚上 10∶03

人们听见爆炸声，也能切身感觉到爆炸，轰隆隆的声响震彻胸膛。"整个房子都在颤抖。"阿尔贝特·弗罗梅医生回忆道。他一直和朋友、邻居和孩子们躲在城西的一个地窖里。"孩子们很容易激动。"[1] 邻居施雷尔先生的妻子刚过完生日，他说："我想我们被击中了。"他们并没有，如果他们真的被击中，就什么都不知道了。

对德累斯顿的第一波攻击始于晚上 10 时 03 分，也就是投掷标示信号弹的时间，比控制员预期的时间稍微提前了一些。不一会儿，后续的飞机就从远处的黑色天空呼啸而来。德累斯顿市民可能一直在期待山坡上的探照灯光束，期待青少年机枪手将高射炮瞄准入侵者时防御火力发出的爆裂声。但是所有火力都转移到东边去了，这里没有任何抵抗。格奥尔格·弗兰克和他的父母待在公寓的地窖中，他仍然裹在睡觉时盖的毯子里。"从远处你可以听到飞机引擎的嗡鸣声和炸弹第一次起爆的声响。"[2]

兰开斯特式轰炸机组在 1 万至 1.3 万英尺的高空投下两种主要的致命武器：先是高爆炸药"街区炸弹"或"曲奇炸弹"，每枚重量大多为 4000 磅；然后是燃烧弹，目的是让充满木材的建筑物内部和周围起火。这些炸弹的大小大约相当于三个人站在一起，当投弹手按下释放装置的按钮时，它们就会头朝下从空中坠落。一旦接触到任何坚硬的表面，炸弹就会引爆，然后是简单的歼灭，这就是"街区炸弹"这个词的意思，它有能力摧毁整个街区及其楼宇。这种炸弹直接命中所产生的冲击波会将建筑物的结构直接摧毁，其辐射强度之大，就连几千英尺高的飞机也会受到冲击。燃烧弹被捆成一团，潜在的危害则更大。这些燃烧弹会利用炸弹造成的混乱，通过裂开的屋顶落下，燃烧起来，遭到轰炸的房屋内的火焰渐渐连成一片火海，连最宏伟的建筑也难逃一劫。

难以置信的是，在米什卡·达诺斯举办告别派对的宿舍里，他和客人忽略了警报，也许是由于年轻人的漫不经心，也许只是因为他们太常听到警报声了。聚会一直持续着，直到一个完全超现实的恐惧时刻降临：毫无预兆地，达诺斯紧闭的卧室门脱离了铰链轴，"慢慢地倒向"房内。[3]达诺斯和客人们愣愣地盯着眼前的景象几秒钟。终于，他们明白是时候到地窖去了。远处的低音轰鸣渐渐清晰起来。

对其他地窖里的人来说，幽闭恐惧症的恶心感越来越难以抑制。玛戈·希勒和她的母亲坐在距公寓大楼 150 码远的公共避难所。这里也有一扇窗，窗外的人行道和街道都在信号弹的照耀下"亮如白昼"。[4]然后是越来越近的爆炸声，每一次爆炸都会带来新的冲击。希勒家的邻居，坐在他们旁边的菲舍尔太太瘫倒在地。大家认为她是心脏病发作了。[5]爆炸声越来越响，还能怎么帮她呢？玛戈的母亲尽力安慰菲舍尔太太，希望她能平静下来。

玛戈·希勒还不知道，就在空袭发生后不久，她住在市中心附近的表亲们都死了。他们在城市体育场附近的公寓大楼被彻底摧毁。即使身处避难所，他们还是几乎在瞬间被炸成碎片，但躲在同一个避难所里的母亲不知怎么幸存了下来，被严重灼伤，人们后来误以为灼伤她的是燃烧的磷。如果这个地窖和其他许多地窖一样，有一个和人行道平行的窗户，那么爆炸的威力和高温会在一瞬间就把它震成千百块过热的碎片，就像这城市中的无数窗户一样。

晚上 10 点刚过几分钟，吉塞拉·赖歇尔特坐在火车站南面灯光昏暗的地窖里。她不仅要克服自己的恐惧，她母亲似乎也完全吓瘫了，这个 10 岁的小女孩不知道该怎么办。她还记得一个"希特勒青年团男孩"跑进他们的地窖，宣布整个城市都被"圣诞树"照亮了；防空管理员也"惊恐地告诉我们，这可能是一个可怕的夜晚"。[6] 她说，第一波炸弹震耳欲聋，而且"一发接着一发"。空气似乎都起了涟漪。"地下室里的所有人都开始祈祷，"她回忆说，"连那些不相信上帝的人也在祈祷。"[7] 虽然她随身带着两个布娃娃，但这时她觉得自己忽然长大了，它们已经无法再安慰她了，所以她开始和大人们一起祈祷。"我很害怕，我不知道该怎么办，恐惧控制了我。"她后来回忆道。[8]

就在俯瞰新城区和老城区的易北河北岸，温弗里德·比尔斯、他的母亲以及朋友霍斯特与公寓里的其他居民一起坐在地下室里，抬头望着低矮的天花板。比尔斯回忆说，除了震动之外，破坏的声音几乎带有一种音乐性。它使所有人都处于一种近乎惊骇的状态。第一波爆炸产生的气压太过强大，连地板都在震动。[9] 还出现了一种灵异效应：上面楼层的门被这种恐怖的暴力震得嘎嘎作响，门开开关关，仿佛一个有强迫症的恶魔在作祟。"油漆和石膏从墙上脱落，到处都是灰。"[10] 比尔斯回忆说。灰尘无处不在，因此，除了幽闭恐惧症似的不安之外，他们还突然产生了一种说不出的担忧，那就是他们是否能呼吸到空气。但最重要的是那魔鬼般的乐音：所有经过的飞机都发出低沉的嗡鸣声，与下落的炸弹发出的"不断升高的歌声和呼啸声"形成鲜明的对比。"当时闪光还在燃烧，"他回忆说，"但我们变得非常安静，在附近又一次爆炸的压力下惊慌地抬起头。"楼上的门继续传来断断续续的嘎吱声响，而后是楼房窗户被震碎时发出的银铃般的哗哗声。

尽管这些影响很可怕，但与老城区狭窄街道上那些密密麻麻的住宅相比，这些都微不足道。那些房屋不是被投下的炸弹摧毁了一部分，就是被燃烧棒点燃的火焰吞噬了。在这些房子的地窖里——那些没有倒塌或塌陷的地窖里——老人，带着婴儿的母亲和小孩都缩成一团，他们坐在地上或临时搭的椅子上，一动不动。在一些地方，灯光闪烁。在某些地窖里，空气变得越来越难以呼吸。在老城区的中心地带，如地下迷宫般相连的地窖的砖砌结构发生晃动，墙壁向内凹陷，门被卡住。

许多人在地窖里放了很多桶水和毯子，如果他们不得不面对爆炸带来的高温，潮湿的毯子将是他们唯一的防护。但是这些小砖房看起来越来越像坟墓，而不是避难所了。那些没在祷告的人可能开始注意到他们肺部内有一种奇怪的压力。这可能是一些人的心理作用，但不论真相如何，他们都需要非凡的意志力，才能抑制住自己的本能：那股离开地窖，奔向新鲜空气和寒冷黑夜，跑到爆裂声和非人的呼啸声之外的世界的冲动。但这种本能是错的，那些在老城区外的人根本不可能有这种逃生希望。一名在街上骑车的士兵被炸飞了，就在那一瞬间的爆炸中，他的四肢被齐齐炸断，躯干倒在路上。震耳欲聋的爆炸点起的熊熊烈火将沿途的人化作焦炭，将他们所有的衣物都烧得一干二净，他们的尸体一丝不挂。

对于那些只能在地下无助地听着爆炸声的人而言，这是一种精神上的锤炼——他们的家就在轰炸机飞行范围的下方。格奥尔格·埃勒尔和玛丽埃莲·埃勒尔受到极大考验。"第一枚炸弹显然在离我们家有一段距离的地方爆炸了，"埃勒尔先生回忆道，"紧接着是第二枚、第三枚，而且爆炸声越来越响。那声音变得极其暴烈，似乎要把房子掀个底朝天。"[11]他和妻子，还有邻居和他们的孩子，都僵坐着，无可奈何，沉默不语。"每时每刻，我们都在为下一次可能会击中这个地窖的爆炸做准备，我们可能会在一瞬间完蛋。""突然，"埃尔勒尔先生接着说，"下一次爆炸真的离我们很近。"[12]然后，几件可怕的事情同时发生：地窖墙上有一块砖，上次为了让空气更流通，他们特意松了一下，但这时突然飞射出来，穿过整个地窖；这一次爆炸产生的热气也立即吹灭了他们一直点着的蜡烛，电灯泡也不亮了。埃勒尔夫妇和邻居立即陷入了黑暗。"墙都在摇晃，房子好像要塌了，"埃勒尔先生回忆道，"我们听到一阵可怕的爆裂与破碎声。"[13]

兰开斯特式轰炸机以每五到十秒钟一班的速度飞过城市上空，高空中持续不断的嗡鸣声让人在心理上感到强烈不安，但对那些在飞机下或在稍远处观察的人来说，也是一种"黑色奇观"。在城市西北面，诺贝特·比格尔和他的叔叔还在桥下，目睹"圣诞树"落下的壮观景象。这个男孩和他的监护人仿佛在躲避暴风雨。但是从他们所处的这个有利位置上向外看，眼前的天际线让二人陷入恍惚：远处传来隆隆声和回音，古老塔尖上是令人毛骨悚然的明亮天空。

幸而他们没有目睹其他难民惊慌失措的痛心景象，尤其是那些在中央车站下方寻找安全之所的人。火车站本身并没有被标示为目标，它的位置与信号弹的照明范围隔了一两条街，但是，为了确保轰炸最大限度地发挥影响，这次空袭经过了复杂的几何计算，这就意味着炸弹和燃烧弹将会被投掷在更广阔的区域，造成破坏。那些聚集在车站下方回声阵阵的隧道里的人，开始感受到盟军凶狠进攻的全部效果。

在一个站台上有一列本来即将出发的火车，它沿着银色的铁轨指向西边的夜空。匆匆赶来上车的乘客这时在巨大的玻璃穹顶下成了活靶子。通往大厅和隧道的楼梯仍然拥挤不堪，这时，伴随着震耳欲聋的爆炸声，车站穹顶的玻璃因过热而进裂，夹杂着玻璃碎片的气流与站台及楼梯口的灼热火光混合在一起，在楼梯顶部形成一股猛烈惊悚的冲击波，使楼梯震动塌陷，压向下层。位于底层的人们承受着相当于数十人的致命重量，近乎窒息，而上层的人则被飞溅的弹片烧伤、毁容、击穿。尖叫是多余的，至少目击者不会记得。不知怎的，在这么多完全被恐惧的冲动支配的人间，隧道内其他地方的铁路警察还能劝说其他乘客不要动。

大部分高爆炸药落在车站北边的街道上。附近有一家被盖世太保邪恶官僚机构占用的旅馆，叫"大陆"，它就被相同的炸弹炸成了两半。燃烧弹很快就开始啃噬旅馆高度易燃的内部结构：木制家具、纺织品。但在另外两个纳粹据点里，防线还坚守着。在阿尔贝提努艺术博物馆地下有一个避难所，用作城市平民防御者——消防员和警察——的基地。州领袖马丁·穆切曼既不在这里，也不在向西半英里的塔森贝格宫地下的精致掩体里，所以他很可能躲藏在他征用的住宅下面的私人掩体里。似乎没有人想起他。

不过，其他纳粹官员也在现场。在塔森贝格宫的地窖里，士兵洛塔尔·罗尔夫·卢姆和战友贡特尔·舍尔尼格正在观察那些"穿着棕色制服的丰衣足食的市民"[14]，他们似乎用无线电与其他纳粹分子保持着联系。但在这场有节奏的猛烈攻击开始10分钟后，他们显然和他们的同胞一样无能为力，不过他们对这样的场面可能更麻木。爆炸的冲击可以感觉到，但这个地窖似乎很安全。有一个明显的令人焦虑的问题：上方起火，火焰占据了宫殿，在他们头顶直接形成一片火海，切断了出口。卢姆和贡特尔注意到，即使是在轰炸机持续飞过的时候，"那些挂着金色流苏的男人"也在看着他们。卢姆猜测，不论外面有多危险，他们这两名士兵都将被派到黑暗中去执行防火警戒任务，以确保扑灭屋顶上的火焰。

即使是在这场大灾难中，有些德累斯顿人还是会比其他人稍微放松一点儿。奥托·格里贝尔和他的朋友沙因普夫卢格还在老城区酒馆的砖砌地窖里。空袭开始之前，他们一直在喝烈酒，接着，一阵猛烈的爆炸震动了地窖的地基，并且让灯泡熄灭，所有客人都坐在一片令人惊惧的漆黑中，他们似乎还能控制住自己的恐慌。他们还不知道自己处于这场灾难的中心，虽然轰炸刚持续 10 分钟，但他们周围的街道已经面目全非。也许有人认为这种情况总会结束，盟军不会整整一晚不断派飞机过来。也许整个城市还有许多人开始有所预感，这将是一场罕见的恐怖事件。如果这个地窖撑过接下来的几分钟，然后轰炸机突然飞远，返回自己的国家，那么朋友们在外面会看到什么呢？他们的世界会是什么样子？

差不多就在那个时候，圣十字学校棱角分明的哥特式建筑被击中，炸弹直接击穿了它，建筑的木石没有给教堂提供任何防御。就在那一瞬间，躲在掩体内的 11 个孩子和 3 个牧师全部丧生。大火随后迅速燃起。其他寄宿生和他们的唱诗班乐长鲁道夫·莫尔斯伯格一起逃出学校，逃进外面弥漫着灰烬的刺骨空气中。男孩们聚集在一起向东奔逃，穿过燃烧的前院，朝几条街外大花园公园的方向行去。爆炸的波动冲击着圣十字学校的每一面窗户，每一块玻璃，每一扇门。

躲在雷纳商场旁，圣十字教堂的暗色石质建筑附近的人也没有得到任何慰藉。圣十字教堂的部分屋顶被击中，巨大的教堂中殿在冲击波中四分五裂。这时，教堂顶部已经向天空敞开，迎接着倾泻而下的无数镁燃烧弹。教堂长椅的碎片成了大火的薪柴。在震耳欲聋的混乱喧嚣中，圣十字教堂塔楼上的大钟响应爆破的回音，疯狂地敲着。就在不远处，代表这座城市现代世俗生活的雷纳商场在刹那间就被攻破，巨大的炸弹瞬间摧毁了令人印象深刻的自动扶梯的复杂结构。每个货柜上的织物、家具、衣服、家居用品、床上用品、亚麻织品立即被点燃。

商场周围的街道上仍然有大量农村来的难民和受惊的马匹。即使是那些没有被金属和石头破片粉碎或撕裂的人，没有被活活烧死的人，也无法逃脱高爆炸药的致命威力。这些炸弹改变了空气本身，以瞬间的超音速冲击取代了可呼吸的氧气，能够在不到一秒的时间内将人体肢解，或者挤压人体内部的器官，几乎能把肺全部挤出来。心脏会剧烈地收缩和膨胀，无数血管、静脉和动脉会在一瞬间破裂。伴随爆炸产生的热辐射，使大气成分变得富有弹性，膨胀，又立即压缩，就像天空在挣扎着呼吸一般。

再往北几条街的圣母教堂地下，人们站在地窖低矮的石质天花板下，感受到的是一连串近乎亚音速的轰鸣声，这隆隆的声音如此深沉，与其说是一种听觉体验，不如说是一种触及脏腑的感受。就像躲在地窖里的吉塞拉·赖歇尔特一样，那天晚上，许多人肯定都怀着一种热诚的信念在祈祷，这种信念他们以前甚至从未承认过。也许人们有一种感觉，觉得圣母教堂终会幸免于难，这样神圣的空间应该永远不会成为轰炸的目标。教堂的支柱，还有那些巨大的砂岩石块，可能为这座建筑提供了一种更直接的稳定性。城市中所有砖砌地窖内的墙壁都开始坍塌，气温不断上升，空气也越来越稀薄。与之不同，圣母教堂的地窖以及地上铺设的冰凉石板可能还算舒适平静。

但在户外，德累斯顿的优雅气质正在消失。几条街外，普拉格大街的高档商店和附近的富人高档公寓都被摧毁，橱窗的玻璃也完全粉碎。精品店、香水店、珠宝店：精致的装饰品和香水都化作焦炭。雅致的酒店都被炸到凹陷，丝绸窗帘支离破碎，燃烧着，大理石地板开裂，床、床单和地毯被更猛烈的火势吞噬——火焰起初蔓延得很慢，但很快就积聚成一片火海。一条曾经高傲的街，如今嘶嘶作响，水管爆破喷射，步道四分五裂，裸露在外的餐厅桌椅在火焰中发出噼里啪啦的声响。躲在这些精致商店正下方地下室里的人，现在发现出口被燃烧的瓦砾堵住了。他们知道自己被活埋了。

　　然后是所有人共享的景观、共同的文化和宗教焦点，它们似乎包含了城市灵魂的不同色调。茨温格宫的宫殿、亭台和观赏花园都被击中。尽管宫殿内的艺术品早已被转移到安全地带，但这座建筑本身——某种程度上仿佛一支巴洛克式的幻想曲——是这座城市最珍贵的地标之一，它向世界展示了一种轻松、有趣的情感。这里几乎没有什么可以燃烧的东西，但那座装饰精美的亭子在大火中瞬间变得萧索而空洞。就在离这里几码远的地方，是更加辉煌的森帕歌剧院。那天晚上，它的接待室、镀金的包厢、由天鹅绒和优质木材构成的巨大礼堂都被炸开并焚毁。和茨温格宫一样，森帕歌剧院成为目标完全因为偶然，但击中它无异于击中这座城市的心脏，击碎了可以展现德累斯顿精神风貌和它在现代文明中独特地位的一幅全景视图。

　　而这座城市的历史灵魂就在东南方几码处一片铺有石砖的广场对面：天主大教堂，一座18世纪的巴洛克式建筑，在它的地下墓室里存放着萨克森国王和选帝侯的遗体。这里还收藏着这座城市最不寻常的文物：伟大的选帝侯强力王奥古斯特去世后，他的心脏被摘下，埋在大教堂的墙内。亵渎以各种形式出现。高爆炸药从大教堂的顶部以头朝下的姿态掉落，那是纯粹虚无主义的象征。

　　这不是一家生产光学设备或飞机坦克零件的工厂。这是一个神圣的地方，即使在希特勒和纳粹崛起的整个过程中，它一直维持着自己独特的生命力。它若被摧毁，对那些见证这场毁灭的人而言，将催生一种纯粹的绝望和愤怒，而不是士气的崩溃。当然，当数百架飞机布满天空的时候，没有人去考虑古迹文物。在老城区那些逼仄的砖墙地窖中，保住肉身的基本需求几乎是成千上万人的唯一意识，每一次爆裂都让他们畏缩恐惧。大教堂倒塌的轰隆声夹杂在往东几条街外传来的刺耳噪音中，克伦佩雷尔所在的"犹太房"地窖里，居民们越靠越紧，缩成一团。维克多·克伦佩雷尔回忆说，在反复响起的突如其来的爆炸声之外，还能听见人们微弱的呜咽声。[15]他和妻子伊娃出于本能趴在地板上，把头埋在椅子下面。又一次猛烈的冲击，突然，地窖的后窗被炸开。令克伦佩雷尔惊恐的是，外面的院子"亮如白昼"。[16]

光亮来自镁质照明弹和火焰的可怕组合。地窖里的另一个居民很快就意识到火焰蔓延的危险，并且记得地窖里有一个手揿泵和一些水。人们拼命往刚燃起的火苗上浇水。周围还持续传来爆炸声，克伦佩雷尔回忆说，彼时他失去了对时间的任何客观感觉。地窖里的人仿佛都在这场严峻的考验中有些精神恍惚。他们神经紧绷，随时准备面对突如其来的黑暗，在这种情况下，自由意志暂且丧失了主导。

吉塞拉·赖歇尔特回忆道，在她所在的地窖里，在隆隆的响声中，每个人都很安静。她身怀六甲的母亲没有力气坐着，只能躺在地上，满脸恐惧与绝望。[17]

他们谁也不知道，这仅仅是个开始。维克多·克伦佩雷尔记得，即使当晚的空袭在第一波轰炸后就结束，也已经是一场前所未有的可怕灾难。屋顶、门窗的毁坏和破碎，把被掏空的建筑变成了巨大的烟囱，火势越来越猛烈，吞噬了成千上万的家庭、商店和企业，也吞噬了人们共同的记忆。在短短一刻钟的时间内，第一波244架轰炸机和9架标记机就在德累斯顿投下约880吨炸弹，其中57%是高爆炸药，43% 是燃烧弹。4000 磅的空投地雷和其他各种炸药扫荡了城中建筑，成百上千枚燃烧弹用不同的引爆器和延迟引燃装置引爆，进一步助长了在地板、家具、木梁和衣物间蔓延的火焰。第一波轰炸机的低音嗡鸣现已渐渐消失在夜色中，留下的不是寂静，而是建筑崩毁时的破裂和坍塌声。然而，最残忍的声音可能是在第一枚标示信号弹被投下约 30 分钟后，远处尚未毁坏的街道上回响的清脆警报声。这是通知地窖里的人可以出来的危险解除信号。这种残忍是无心之失，因为市政当局当时本想告诉德累斯顿人，最坏的情况已经过去。

第十六章 灼伤的眼睛

对那些安然无恙的人来说，除了心跳加速之外，他们还怀有一种脱离现实的可怕好奇心：现在外面的世界是什么样子的？接着又开始担忧，担忧身在别处的家人、朋友，担忧他们的家，他们珍爱的财物和纪念品。他们的物质财产承受住这次猛攻了吗？

在城南，吉塞拉·赖歇尔特正准备和大人们一起从避难所里出来。"在一段近乎永恒的时间后，地窖的门开了，"她回忆道，"没人能想象出来之后会发生什么！燃烧的火光照亮了整座城市，热得你几乎无法想象。"[1]她住的施诺拉大街离火车站很近。在道路的尽头，低矮的云层和不断扩大的烟幕混合在一起，天空呈现出一种怪异的琥珀色，映照出下方的火光。小女孩和母亲沿着马路慢慢走着，直到看到她们的公寓楼所在的地方。公寓被炸得支离破碎。在这次恐怖的空袭中，她们的家被直接命中，她们的日常生活也在轰炸中破碎了。母女俩这时才渐渐明白，大街上散落在她们周围的这些垃圾，其实就是她们剩下的全部财产，那是她们公寓被轰炸后的碎片。她们所有的东西都躺在路旁的水沟里。"我们没哭，"赖歇尔特太太回忆说，"我们只是高兴。"[2] 但这时母女俩想起了女孩的姨妈特鲁德尔，她住在另一个街区。她没事吧？在这个燃烧的夜晚，在人类的混乱中，她们要怎么与她取得联系呢？

当她们和许多人都在因担忧亲人的安危而无助焦虑时，市政当局——哪怕在州领袖始终缺席的情况下——已经以惊人的速度和协调能力着手处置紧急情况。消防车和救援人员中有些人是在前几分钟里从城郊赶来的，他们在火山般的灼热瓦砾中穿行，穿过石块、路砖、混凝土、瘫痪的电车线路、破碎的管道，尽可能地接近老城区内难以扑灭的火海。老市场的蓄水池就是为这种突发情况而建的，他们有充足的水来灭火。然而，尽管队员们愿意，但他们发现所面临的任务无比艰巨：不断攀升的大火沿着河岸一直蔓延到一英里外的火车站，火势越来越大，目光所及，火光冲天。

从这条路再往西南方一点儿，玛戈·希勒和母亲正从地窖走出来。她们居住的郊区虽然不在主要轰炸范围的正下方，但仍被一些流弹和燃烧弹波及。玛戈是德国少女联盟成员，急于履行自己的职责。她决定前往市中心，为所有需要帮助的人提供急救。[3] 她的母亲望着铅灰色的天空，听着远处低沉的杂音，被女儿这个念头吓坏了。无论如何，她们应该首先检查一下自己的家是否还完好无损。

希勒太太的公寓在三楼。她们采取了预防措施：戴上应急装备里的护目镜，以保护眼睛免受火焰或落瓦的伤害。她们爬上楼，乍一看，一切都还算完好——不过相邻的楼宇都着火了，附近一家纺织厂也发生了更大的火灾。三楼有一扇"大月牙形"天窗，玛戈·希勒把它打开了。[4] 即使是来自远处的爆炸冲击，也造成了破坏。窗框被震松，窗框和玻璃向内摇晃，狠狠地砸在玛戈头上，然后在她脚边摔得粉碎。她的鼻子承受了整个窗户的重量。"谢天谢地，幸好当时我戴着护目镜。"她回忆说。

过了一会儿，玛戈才恢复过来。她们的财产似乎还算完好，于是这名年轻女子更加坚定地要去老城区履行她的公民义务。但这时母亲阻止了她，告诉她，坠落的窗户很可能已经把她砸出了脑震荡，如果她去了，就会和她想要帮助的人一样处于危险之中。"她就是这样救了我的命。"玛戈回忆道。[5]

玛戈的母亲还在不知不觉中把女儿从可见的创伤以及致命伤的痛苦中拯救了出来，这些伤痛远远超出她的想象。消防队员努力在老城区狭窄的街道间穿行，他们沿着高墙小巷前进，小巷两侧的破窗中喷出刺眼的火焰，其间不断遇到尸体——我们也许可以推测，这些死去的人是因为砖墙地窖内逼仄的环境引发的幽闭恐惧症以及不断上升的高温而神经错乱，以为在露天环境下会更安全，但这个想法是致命的。许多人就躺在人行道上，好像睡着了一般，仿佛他们只是因疲劳而陷入平静而已，除此以外什么事也没发生。热流在夜晚寒冷的空气中脉动，各种不同来源的烟味——木材、织物、焦油、油漆——充斥着广场后面的小巷。

王宫城堡因被炸弹击中而燃烧，它附近是塔森贝格宫，洛塔尔·罗尔夫·卢姆和贡特尔·舍尔尼格正躲在其地下坚实的避难所里。"金鸡"打算让他们去户外执行任务。纳粹官员也准备采取行动：首先要确保宫殿本身不被烧毁。卢姆和他的新消防战友离开地窖，爬上楼梯，打开一个升降口，来到屋顶的平坦部分。他们扑灭了几团由铝热剂燃烧弹引起的小火，在场的人都误以为这就是他们所说的磷火棍[6]，但他们也闻到了飘来的浓烟味。这幢建筑的背面，俯视下方正对茨温格宫的路面，他们不仅被对面那幢冒烟燃烧的建筑吓了一跳，也为眼前那一动不动的消防车与消防队员的尸体震惊不已。1944 年

7月，卢姆曾在诺曼底作战；如今在屋顶上，他又想起了那里的轰击，而现在他眼前的场面甚至比那里"还要糟糕"。[7]

对年轻的难民诺贝特·比格尔和他的叔叔来说，火光让他们感到惊奇。他和叔叔在桥下目睹了第一波空袭的情景。叔叔贡特尔也许吓坏了，表现出某种反常的乖张和偏执，他想，如果他们能到火车站，也许一切就能恢复正常，他们就能坐火车回家——他住在城外。他抬头看了一眼天际线，可能已经明白事情没那么简单，但当这个中年男子和这个年轻小伙向火光烛天的城中心走去时，他们内心也产生了一种敬畏感。在他们的视线中，是以前的卷烟厂，后来成了军火生产线，在20世纪初，它原本是一幢异想天开的建筑，外观就像一座巨大的清真寺。在漆黑的夜空下，从建筑中跃出的火焰刺眼夺目。他们走在延伸至河对岸的铁路主线下方，朝着塔森贝格宫、茨温格宫、天主大教堂和王宫城堡走去。这些建筑都在燃烧。男孩和他的叔叔虽然意识到了所有的危险，但似乎无法停止前进的脚步，仿佛被催眠了一般。塔森贝格宫的后方是几个小院子，然后是维尔斯德鲁弗大街，街上有几家城里最漂亮的商店。整条路现在都被跳跃的灼热光亮所笼罩；大火从宽阔大道两旁被烟熏黑的建筑物的破窗中蹿出，向上蔓延。叔侄二人向右转，朝南面普拉格大街的方向走去，再从那里转向中央车站。比格尔回忆说，穿过小巷，他们终于看到了燃烧着的老市场。[8]他们小心翼翼地沿着几条街继续走，街道两旁的高楼都浓烟滚滚，但他们明白了，他们可能到不了火车站。头顶上方的窗户迸发出大火，落下的燃烧弹在屋顶燃烧，更不必说越来越浓的烟雾和越来越高的温度。这一切都迫使他们掉转方向。于是他们再次向北而行，慢慢地朝易北河的方向移动。

晚上11点左右。在第一波飞机完成任务约30分钟后，老城区的一些小角落——远离火海的角落——聚集了一些人，他们不知所措，难以言状。叔侄二人来到一家隶属于伍兹堡啤酒厂的小酒吧，和一路上的废墟相比，这家酒吧还算完好，里面有几个人。贡特尔叔叔决定，在继续踏上充满危险的旅途之前，先来点儿喝的。他要了半升啤酒。"因为轰炸而无家可归的人设法让自己舒服点儿。"比格尔观察道。[9] 他们只有短暂的喘息机会。

在几百码外的另一家酒吧里，喝酒的人对解除警报的信号表现出一丝警惕。灯泡突然熄灭时，奥托·格里贝尔和他在地下室里的音乐家朋友们受到了惊吓，不久之后，当灯泡又开始闪烁时，他们都松了一口气。听到解除警报的微弱信号铃声后，他们小心翼翼地离开地窖，爬上楼梯来到吧台，尽管周围的建筑物不是在冒烟就是在燃烧，但他们所在的酒吧除了一扇窗户碎了以外，几乎没有任何损坏。仅凭这一点就值得喝点儿什么：为幸存举杯。老板娘拿出一瓶杜松子酒和几只玻璃杯。

他们周围的街道充满不和谐的寂静和突如其来的碾压声，还有石块和砖瓦的倒塌声。一位正在喝酒的音乐家的妻子在这种奇怪的气氛中出现，她戴着防空管理员头盔，从仍然完好无损的前门走了进来。她泪流满面地告诉丈夫，他们失去了一切。

对其他人来说，这杯烈酒求之不得，但奥托·格里贝尔现在极度渴望回到他位于城东南的家庭公寓。他无法知道妻儿是否安然无恙，也无法知道这次空袭是否集中在市中心。快到晚上 11 点时，他找了个站不住脚的借口，向老板娘和朋友们告辞，然后走进外面那个已然面目全非的世界。

闷热的空气让人难以呼吸。格里贝尔看着周围的消防员将喷射器对准高处的窗户，朝天空喷水。由于火灾，市中心变成了迷宫，到处都是倒塌的砖石和燃烧的木材，挡住去路。但这位艺术家换了个方向，往河边走去，也许是想绕过受损最严重的地方，穿过不是轰炸目标的街道，迂回到家中。到达河边后，格里贝尔看见对岸的市政大楼被熊熊大火吞噬，他凝视着卡罗拉上诡异的景象：在桥身周围，还未触及水面的地方，有幽幽的蓝色火焰。[10] 过了一会儿，他才意识到这是某处煤气管道被击中的结果。格里贝尔继续凝视着，然后向东望去。

在桥的另一头，萨拉沙尼马戏团的工作人员和观众正从剧院的地窖里走出来，工作人员焦急地检查火势。马厩附近的稻草堆起了小火，剧院的永久性结构的其他部分也被击中，但建筑本身还算完好。然而，经理特露德·施托施还是很着急，她和住在新城区的许多德累斯顿人一样，第一直觉就是要大家都到易北河畔的草地上集合。她尤其希望表演的马匹和它们的驯马师及骑手能到户外去。（马戏团的老虎肯定还是得待在剧院后面的笼子里。）在附近那座被摧毁的日本宫殿的火光下，这些优雅的马匹被牵到街上，然后从那里走到河边的缓坡上，在大量受惊的难民间移动。面前就是老城区的燃烧景象，易北河的黑色水面也映现出大火的光亮。

米什卡·达诺斯回忆说，第一波轰炸后，他和朋友们小心翼翼地离开了公寓的地下室，一开始，他们完全没有感到恐惧。他在大学电子实验室附近的那座小山上，远远俯瞰着这座古老的城市，面前火光冲天的景象让他精神恍惚：在他所站的宽阔大道上，公寓楼突然喷出火焰；山下，火车站附近的火势更加猛烈，而再往远处的老城区，就看不清了。他自己工作的研究大楼就在附近，大楼顶层刚刚着火。鉴于轰炸机已经离开，和许多其他人一样，达诺斯认为现在安全了，他开始制订计划，打算护送他的朋友"卡尔·梅女孩"回家。

但他对城里火灾的好奇太强烈了，想找到更好的视野。于是，达诺斯决定再往山上爬一点儿。他记得上面的一片空地上曾有一座防空炮台，他还知道这个炮台已经废弃了。那么，那里将成为观察的有利位置。[11]

有一些轰炸机成功击中了任务目标：蔡司·伊康工厂的厂区。尽管厂区在建造时将这种袭击纳入了考量，但仍然受到严重破坏。奴工——从集中营里被送来从事专门技术工作的囚犯——不在现场，而是在城北的营房里。在炸弹的重量和压力下，即使是加固的现代建筑也被炸得弯曲、断裂。塞德尔与瑙曼工厂的大部分厂房也被大火淹没。在更靠近河岸的地方，那座近期被改造成子弹制造厂的大型卷烟厂正喷出火焰。老城区外许多改建的军火工厂也是如此。那天晚上，在城市边缘的一处营地里，有一个名叫米哈尔·萨洛莫尼维奇的捷克裔犹太奴工，他记得看见窗外的琥珀色天空时，内心升起一阵狂喜：这肯定是战争即将结束的迹象。[12]

在靠近市中心的地方，一个名叫埃丽卡·塞德维茨的少女在过去半小时中疯狂地与燃烧弹引起的大火作斗争。[13]她和家人住在离市政厅很近的一套四楼公寓里。和无数人一样，他们在一个砖砌的小地窖里挨过第一波轰炸，一连串的音波冲击透过墙壁传进地窖，墙上的灰尘随之纷纷落下。就在警报解除的信号响起之前，他们听到一声特别响的撞击声，女孩的中年父亲确信这是他们公寓大楼被击中的声音。他朝地窖的楼梯走去，他勇敢的女儿表示要跟他一起去。他没有拒绝。

埃丽卡的父亲先上楼，让她待在一楼，然后再喊她上楼。他们家就在轰炸机的飞行路线上，但令人惊讶的是，他们的损失似乎不大：客厅的一扇窗碎了，楼道上的天窗被炸裂，天花板上出现一条裂缝，一直延伸到公寓楼顶一条更大的缝隙那里。他们试了试电灯，惊奇地发现还能用。然而，很明显，父女俩并不安全，燃烧弹及其他火焰的余烬和火花随着一股越来越强劲的怪风，从天窗和天花板的裂缝中落下，或是穿过破窗飞进来。父女二人看出这些他们称作"萤火虫"之物背后的危险。[14] 他们有一些基本的应急设备：一个大的手揿泵和几桶水。他们想尽可能多地抢救贵重物品，将它们带出公寓。埃丽卡和父亲现在下楼去接她的母亲和妹妹。全家人聚在公寓里。出于多年来灯火管制的习惯，母亲把灯关了，父亲又把灯打开，这样他们在拿东西的时候才能看清自己的动作。必须阻止母亲再次关灯。"我们就是无法让我母亲相信，和外面的强光相比，这点儿微弱光线根本无所谓。"塞德维茨女士回忆说。[15]

一家人都意识到他们必须抓紧时间。当大女儿打开水泵向地毯和窗帘附近的"萤火虫"喷水时，她的母亲抓起一个大袋子，收拾了厨房里的一些东西，然后又把卧室里一些比较值钱的东西扔了进去：一台照相机、几双鞋，甚至还有一顶帽子。透过开裂的天花板，可以看到屋顶上火势在不断蔓延，一根炽热的铝热剂燃烧棒引起了火灾。他们必须离开了。

家里最贵重的家用物品是他们最新款、最先进的缝纫机，由塞德维茨先生负责搬下楼，而埃丽卡的母亲和妹妹则负责把装着其他家用小器具的大袋子拖下楼。他们表现出的冷静很了不起，因为在老城区外面，很明显，火光越来越亮，可怕闷热的风也越来越大。楼里还有其他居民冒险从地窖里出来，有些人已经上了年纪，眼下似乎瘫在楼梯上。塞德维茨一家原本打算回到地窖里熬过这一夜，但现在情势已经很明显，尽管他们做了所有的消防工作，但这栋楼还是快要烧起来。埃丽卡看到四楼和三楼的烟越来越浓，很快就翻腾起来。一家人聚集在一楼大厅里，但现在看来他们似乎被困住了，四面八方都是火墙。附近的博曼商场也被大火吞没。燃烧的残骸从空中坠落。这家人有一辆车，但他们会不会来不及逃走？公寓大楼后面有一个水桶，他们迅速浸湿所有衣服以及一些抢救出来的毯子。埃丽卡在前面望风，告诉家人附近的火势似乎不那么咄咄逼人了。得抓住机会。

　　但是，年迈的邻居要怎么办呢？一位老妇人"坐在走廊的楼梯上，没有回答我们"。[16] 幸运的是，她儿子来了，她很乐意跟他走。但还有另外两名上了年纪的居民，是一对夫妇，他们似乎也动弹不了。烟雾越来越浓，外面的热气无孔不入，显然无法继续待在这里。塞德维茨一家很想快点儿离开，但他们无法抛弃这对老夫妇。埃丽卡的父亲想到了法子，他以"尖锐的语气"向老太太下达离开的命令。埃丽卡回忆说："街上一片刺眼的火光。电车的架空电缆垂了下来。"[17] 还有一件她以前从未注意过的事：路面上的柏油变得滚烫难当。所有人都上了车，但车开了几码之后，显然走不了多远了。柏油路面在冒泡。这家人和那对老夫妇只能步行找个地方避难，他们坚持走在铺着砖石的人行道上，避开黏糊糊的马路。砖石很烫，他们能找到的掩体，就只有市政厅附近一条通道上的一个拱门。

　　在地窖里，一个个砖砌的小房间相互连通，裸露的灯泡发着亮光，走廊狭窄，有几扇临时搭起的木门。地窖里有老人，有推着婴儿车的母亲，他们不愿移动，尽管他们觉得地下不舒服，但至少安全，最好在这里熬过这一夜。地窖里并不安静。在通往河边和对面草地的小巷下面，有好几条通道可以到达大花园的空地，其他人挑选不同的路径，朝不同的方向走去。有些人正要离开，有些人打算返回。在这个地下迷宫那些比较大的入口处，外面的门不断地开开闭闭，人们进进出出，越来越闷热的刺鼻空气流入隧道。这些避难所不是专门建造的，而是临时搭建的，所以没有设计通风系统。地窖的深度也根据上面建筑物的年代不同而各不相同，这就增加了空气流动的困难。人们曾粗略估计，从河边和大公园里刮起的冷风会吹入地窖，而散布在城市中的无数小入口也会带来一些微风。在正常情况下可能是这样，但那天晚上的物理情况完全不正常，通向河边大出口的砖砌通道扭曲多弯，地形复杂，形成了一条烟道，将热空气吸进，使其通过地下的房间，从温度较低的易北河出口排出。

尽管如此，显然还是有一些人认为，冒险忍耐这种不断增加的不适感是值得的——在某些情况下还伴随着因呼吸污浊空气而不断增加的睡意。而另一些人受到某种心理因素的影响，感到精疲力竭、消极被动，双腿仿佛不再服从于行动的冲动了。这种现象在其他爆炸事件中也出现过，埃丽卡·塞德维茨注意到，她那两位年长的邻居就有此迹象。

街道上，商店、餐厅、老式公寓楼和旅馆都在燃着熊熊大火，改变着大气的物理特征。大火直冲云霄，以越来越快的速度消耗着氧气，而易北河河谷寒冷而潮湿的空气正以越来越快的速度冲进那个真空地带。地窖里的化学环境也在发生变化，无形的烟雾从一个砖房飘到另一个砖房，过程过于缓慢，以至于人们虽然注意到呼吸变得急促，也体验到即使最深的呼吸也无法填满肺部的奇怪感觉，但还是可能会把这些症状归咎于压力或恐惧。

在距离老城区不远的地方，那些从地下室走出来的人怀着敬畏的心情望着头顶那红宝石般闪耀的天空。对赫尔穆特·福格特来说，他在当地啤酒厂的水泥屋里度过了一段近乎"永无止尽的时间"，但令他惊讶的是，在他所居住的郊区，一切似乎都完好无损。[18]他凝视着燃烧的地平线，能想到的最麻烦的问题是，第二天早上去学校的路可能比平时更难走。当他和母亲回到公寓，发现没有一扇窗户被打破。的确，一切都很正常，他回到了自己的床上。

福格特是幸运的。当阿尔贝特·弗罗梅医生从他藏身的地下室走出来时，他立刻想到的不仅是已经发生的杀戮，还有这之后难以估量的死亡。就在老城区的西边，在他位于腓特烈施塔特区的医院附近，大房子和大企业都被猛烈的火势笼罩。他自己家虽已受损，但在当下阶段并没有着火，不过灼热的火星在闪闪发光的天空中飘浮、下落。他赶紧跑进屋里打水，把那些容易被从大楼破碎窗户飘入的余烬点燃的织物弄湿。他自己事先准备了求生背包，这是经过深思熟虑的预防措施。弗罗梅医生备有一副护目镜来保护眼睛不受火烧伤害，他打算在接下来几个小时里好好利用这副护目镜。他还预料到，比如说，在滚烫的瓦砾上沿着熔化的柏油路行走，会需要厚厚的滑雪靴皮垫。[19] 除此之外，他还带了一把剃刀和一个洗漱用品袋，因为他知道如果发生这样的灾难，他可能需要住在医院里。他意识到，在接下来的几天里，全城的医护人员将面临最艰巨的考验，但眼下他的困难是找到一条不需要穿越火海的线路去医院。对弗罗梅医生来说，最漫长的夜晚才刚刚开始。

在城东，年迈的防空管理员格奥尔格·埃勒尔和妻子玛丽埃莲从避难所走出来，虽然所有的窗户都被震裂，吊灯也都粉碎，但他们住的房子——就他们在夜晚的火光中看到的而言——似乎毫发未损。不过，这条街上有其他地方着火了，埃勒尔在街上踱来踱去，盘算着自己能做些什么，从易北河上飘来的冷雨和扑面而来的热浪形成一种奇怪的对比。有一些邻居需要帮助，都是和他年纪差不多的人，他们公寓的窗户都被炸没了。他们焦急地移动所有易燃的家具和物品——窗帘、地毯、书桌、盖着丝巾的沙发、画作、心爱的书籍，让它们尽可能远离窗框，因为那些危险的"萤火虫"从外面飘入，如发光的雪花一般下落。[20] 然后，埃勒尔夫妇回到公寓。书本因为爆炸的冲击散落一地，花瓶都碎了。他们很难详细清点损坏的油画和家具，因为城市这一地区的电力供应已经中断，而且风越来越大，他们连蜡烛都点不起来。

埃勒尔回忆道："我们赶紧把窗帘扯了下来。因为这些窗帘兜在敞开的窗户外面，像旗帜一样向着越来越多的火星飘荡，仿佛要接住这些火星，燃起火焰一样。"[21] 风似乎越来越大。"把窗台上的玻璃碎片处理掉以后，我们又试着把百叶窗关上，尽管百叶窗只有铁条，但还是勉强抵挡住了暴风般的气流。"[22] 埃勒尔夫妇的所有邻居都在就他们遭受的破坏交换意见，但反常的是，屋内的气氛似乎还挺轻松。部分原因是他们松了一口气：大家都在这里，还活着，没有受伤。但他们还有一种感觉，就是熟悉的东西变得陌生了，外加一种头晕目眩的兴奋——肾上腺素激增的兴奋——想在这个全新的世界中摸索。"我们都很高兴。"格奥尔格·埃勒尔回忆说，他们珍爱的家似乎也还算完好。

埃勒尔先生满意地确认附近地区看起来挺安全，于是他开始视察附近的居民区，这是他作为防空管理员的职责之一。邻街的一栋房子着火了，但看门人和其他几个居民正提着水来回奔走，火势似乎已经控制住。他又往前走了一段。但当他到达斯特里塞纳广场时，眼前的景象令人震惊。这是该地区较为雅致的空间之一，有 19 世纪晚期的房屋和别墅，俯瞰着一座花园，花园中心是华丽的喷泉。埃勒尔先生一眼就发现，那栋容纳着大型书店的大楼的东北角被直接击中。同行的消防员告诉他，炸弹带来巨大气压，形成深不见底的弹坑，更不寻常的是，这么多建筑物竟然经受住了那场巨大的"炸弹雨"。组织工作相当细致：在电网系统中工作的防空管理员设立了防火观察站，即使接近午夜时分，他们仍不知疲倦地工作着。看守们还要安抚当地居民，他们在轰炸机飞走一个多小时后仍然"四肢发抖"。埃勒尔碰到当地律师托尔博士，他自己在袭击后也仍然非常害怕。还有一个防空管理员，自己家也被击中了。面对这种情况，埃勒尔努力组织受损街区的居民到附近邻居的公寓里避难。尽管一些老人的家里烟雾弥漫，残骸遍地，但他们还是不愿步行几码去临时避难所。

即使是愿意转移的人也面临着困难。居民里希特太太的老母亲准备好出发了，但她的双腿虚弱，很难在锯齿状的、冒着烟的瓦砾中行走。附近的建筑物受损严重，随时都可能倒塌，这更增加了危险。埃勒尔先生给里希特太太和她的母亲指了另一个方向的住处，他后来再也没有听说过她们的命运。他回忆说："（就算她们留下来）情况可能还是一样的，因为接下来发生的事情会再一次让她们的生活天翻地覆。"[23]

与此同时，他的妻子玛丽埃莲一直在努力查明他们的一些当地朋友怎么样了。她震惊地看着他们公寓的情况——吊灯从天花板上垂下来，"像冰挂一样"[24]，破碎的玻璃嘎吱作响，火星和余烬不断从敞开的窗户嘶嘶飞入，屋内的人努力地想要关上百叶窗——但再次走到街上，观察受损的情况，似乎给她带来了另一种情感波动。她在附近一条街上找到了她的朋友迈克尔和其他几个人。就在那一刻，她回忆说，"我经历了人们能经历的最令人欣慰的事情——和遭受同样痛苦的朋友在一起"。他们心里又一次升起那种奇怪的幸福感。每个人都互相拥抱，内心充满感激之情。"总而言之，"她回忆道，"最高兴的是我们还活着。"[25] 然而，从老城区的这个上流城郊社区望出去，火光冲天而起，就像从其他地方看到的一样严峻，而且强劲的狂风还在朝着火海呼啸而去。

在河的另一边，比尔斯夫妇和躲在地下室里的其他公寓居民在第一波空袭之后，彻底检查了楼里是否有燃烧棒。与附近的大楼不同，这栋建筑没有被命中。"天空很狰狞。"温弗里德回忆道。[26] 但附近也有火光。几条街外的沃德施莱申啤酒厂的厂房被大火包围。远处，警报解除的信号铃在叫啸。有一个专门的"高射炮"广播电台在柏林广播，在这样的夜晚，它详细报道了被袭击地区的情况，还发出轰炸机进一步入侵的警告。（当局发行过一幅德国地图，将全国划分成若干个方块。每个城市都有代号和编码，广播公司有时会使用这些代号；比尔斯回忆说，德累斯顿的编码是 MH8。）比尔斯太太想收听广播，但收音机好像坏了。他们有许多担忧，其中之一是担心温弗里德的朋友霍斯特的家人。他们向邻居借用电话联系他们，但线路似乎不通。两个男孩回到比尔斯家的公寓，他们都蹲在地上开始"清理碎片"，这是一个在焦虑中转移注意力的举动。据比尔斯回忆，他们"不太知道该如何应对那种兴奋"。[27]

外面的夜空散发着玫瑰红的光，眼下最需要的似乎是食物，比尔斯太太走进厨房，为他们准备了一顿便餐。但霍斯特望着地狱般的天空，心里越来越焦虑，他急切地想回家。比尔斯和他的母亲知道，他们不能让这孩子一个人去，而且他们在易北河南岸也有亲戚朋友，他们也想去看看他们的情况，所以他们一起出发了。在这一切的背后，是一种诡异的兴奋感。比尔斯观察到："兴奋过后，我们都顾不上睡觉了。"[28] 他们也明白，很多人在那天晚上也有同样的冲动：一方面是为了确认自己所爱之人是否安然无恙（似乎很少有人想到他们可能没能挺过来），另一方面是想满足自己探索这座燃烧之城的强烈欲望。这不是一种病态的动机，而是轰炸的感官攻击带来的焦躁能量的表现。他们的心跳还没平复，坐着不动似乎不可能。然而，仅仅在外面刺鼻的空气中走了几步，他们就明白了那个夜晚的现实。

　　三个人朝河边走去，走过几个街区，来到宽阔的博茨纳大街，那里有两幢大房子火势很旺，住户们尽己所能在用水桶和花园水管浇水。在火势蔓延之前，他们从客厅取出了一些比较贵重的家具放在人行道和马路上，夜空下的火光把所有东西都映照成了超现实的杏黄色。再往前走一点儿，啤酒厂内部和周围的大火散发出更刺鼻的气味，石板在冒烟，木梁被烧得噼啪作响。比尔斯回忆说，火光照亮了整个地区。[29] 旁边就是曾经典雅的海德霍夫酒店，它也被炸弹击中了。空气中弥漫着浓浓的烟雾和浮灰，很难看到河对岸的情况。很明显，下游的城市正在猛烈地燃烧，但风越来越大，再加上要一直眯着眼睛以免那些"萤火虫"余烬飘进眼睛，前进越来越困难，三人小队意识到，过河可能不像他们想象的那么容易。

　　接着，从灰蒙蒙的雾霾中出现了一群幽灵般的人，他们穿着睡衣，拖着脚，一瘸一拐、跟跟跄跄地走着：他们是在离河稍远的一家医院"女执事协会"养伤的士兵。医院被炸弹和燃烧弹击中，所有人被迫撤离，躺在床上的伤兵被扶起来，而那些能独立行走的也快速逃离了现场。"城里一切都在燃烧。"比尔斯回忆说，但现在烟太浓，根本看不清任何细节。[30] 伤兵们给比尔斯和他的母亲带来前所未有的震惊，他们意识到可能还是回去比较好，至少回公寓拿一些护目镜戴上。

　　霍斯特同意改变计划，但很明显，即使是相对安全的路线也出现了意想不到的新危险。"我们的眼睛被刺激的烟雾灼伤。"比尔斯回忆道。在短短的时间内，其他大型建筑物也起火了，在一些较窄的街道上，燃烧的碎片坠落到地面的砖石上，溅起火花。几分钟前他们还以为理所当然可以完成的旅程，现在却要在焦虑的计算中进行。他们最终以一条相当迂回的路线回到公寓，并再次试图通过邻居的电话联系霍斯特的家人，但没有成功。显然，霍斯特已经控制不住情绪了，他忧心家人的安危，急于了解河对岸那片赭色的雾霾中发生了什么。他们戴着护目镜再次离开公寓大楼，这一次，他们的想法是沿着易北河的河岸，特别是正对着对岸老城区的那片草地，往前走。他们都能感觉到空气中有什么东西正在发生变化。新城区的别墅和公寓楼苍白的门面遭受着"猛烈火花"的鞭打[31]，不祥的余烬现在几乎是在横向飘飞。他们到达从一座公园延伸出的雅格大街时，空中吹着炽热的大风，充斥着明亮而狂乱的橙色余烬，这条路似乎根本无法通行。

这不是一场可以扑救的大火，这一点再明显不过。三人经过一栋军事行政人员的办公大楼：大火正在吞噬它，但没有人做哪怕是象征性的努力来扑灭火焰。很明显，这根本没有意义。此外，空气本身也变得非常恶劣，空中飘浮着无数尘埃颗粒，如果不加遮挡，眼睛就会刺痛难当。它们还刺激着气管和肺部，引起剧烈的干咳，每次呼吸都带来一种原始的不适感和黑色的余味，令人恐惧。

随后，又有一些人从这片炽热的雾霾中走了出来，他们没有得到官方指示，但收到一条简单的信息：不要再试图进城。据比尔斯回忆，他们被"强烈建议"不要进城，但事实上，透过沾满灰烬的护目镜看着地狱般的景象，他们已经不需要这样的忠告了。惶恐的兴奋渐渐变成沉重的紧张。

把时间往前推移一点点，在那片火海泛着金光、剧烈燃烧的中心地带附近，维克多·克伦佩雷尔和妻子伊娃像其他人一样，对轰炸机的离去做出了本能的反应，努力恢复表面上的家庭稳定。他们离开地窖后，立刻注意到了奇怪的大风：克伦佩雷尔写道，即使在那一刻，他也不知道这究竟是自然现象，还是一场火风暴的预兆。[32]但他们夫妇俩没有年轻人所感受到的那种紧张和兴奋，取而代之的是一种可怕的疲惫感。他们脚下的砖石地面上覆满了玻璃碴，当他们打开"犹太房"的门时，显然屋内也到处都是玻璃。所有的窗户，不管是朝向老城区的还是朝向易北河的，都被震碎了。他们和同住的科恩太太一起步履艰难地上楼，发现楼上还有更多的玻璃碎片。透过一扇窗户，能看见远处易北河畔，还有河北岸的市政建筑火光冲天的景象。

在这栋严重损毁的房子里，灯都不亮了，供水也被切断。科恩太太在明晃晃的火光中打量着自己的房间，她告诉克伦佩雷尔夫妇，爆炸让家具东倒西歪。克伦佩雷尔夫妇走进厨房，伊娃找到一支蜡烛，点上了。厨房里还有早些时候冲的咖啡，现在已经凉了，夫妇俩喝了咖啡，还吃了一点儿剩饭。现在，这对夫妇似乎基本忽略了周围街道上的喧嚣和噪音，就连附近建筑物燃烧时发出的噼啪声，他们也置若罔闻。的确，克伦佩雷尔和伊娃现在看来都已筋疲力尽。他们甚至不顾火势蔓延或建筑倒塌的危险，走进卧室，倒在两张单人床上。但伊娃立刻弹了起来，惊叫着说床上全是玻璃。她尽可能地把玻璃清开，又重新躺下。她的丈夫近乎漠然地看着她做这一切，然后在不知不觉中睡着了。[33]

克伦佩雷尔夫妇的极度疲劳可能部分归咎于迅速弥漫的无形烟雾——附近无数公寓和大型商店里的材料燃烧时生成的化学物质和气体。但当晚克伦佩雷尔的倦意似乎也出现在德累斯顿许多其他老年居民身上，这可能是对这场大规模空袭的一种创伤性反应：年长者的心脏被迫加速跳动，随之而来的是痛苦的恢复，在恢复过程中，他们四肢迟钝，不听使唤。对这座城市其他地方的老人来说，快速逃离是不可能的。但克伦佩雷尔多年来一直处于恶毒的纳粹政府的压迫下，他学会了不要简单地接受命运。在接下来的几小时里，他和成千上万的人将被迫为活命而进行最不寻常的斗争。

第十七章　午夜

海因里希·巴克豪森教授的实验室现在向着夜晚敞开，巨大的火苗在剩下的精致玻璃仪器、线圈、电极和二极管之间乱窜。教授毕生研究的声音技术，即控制和监测特定频率的精密校准设备，被炸得支离破碎。德累斯顿技术大学位于老城区南部，被燃烧弹和高爆炸弹击中。火势发展得很慢，但一旦烧起来，就会迅速蔓延。这是"胡乱轰炸"[1]的一个例子，在一万英尺的高空，主轰炸机提示每一个飞过城市上空的英国皇家空军机组——偏离目标，此处不是任务的一部分。

就在不远处，是德累斯顿那座引人注目的俄罗斯东正教堂，它有着蓝色的洋葱形圆顶。那些肆意投掷的炸弹没有碰到它，而近处的大学已经被烧毁。我们并不清楚巴克豪森教授当时在哪里，但他的门生米什卡·达诺斯就在不远处，在那座山头上，他和"卡尔·梅女孩"躲在废弃的防空炮台里，两人在那里凝视着眼前的巨大火焰地狱。达诺斯回忆说——这让他很不舒服——他感觉自己就像尼禄，那个看着罗马焚毁的皇帝。[2]许多人还记得那种奇怪的、引起内疚的混杂情绪：震惊之余，又带着对这可怕景象的惊叹。城市里的大火正在转变成一种新的破坏力。空气在翻腾涌动。

在老城区光线昏暗的地窖里，许多人都感受到空气成分的变化：越来越令人窒息的热浪，如噩梦般吃力而稀薄的呼吸，站立时的眩晕感，在横膈膜中不断上升的恶心感。结果，人们突然生出一种强烈的渴望，想要走出去，站在开阔的天空下。有些人还记得，这些砖砌的隧道最终通向易北河畔，通向他们想象中干净、清冷的空气。另一些人则打算去大花园公园，也许是想去看霜花闪烁的树木和狭长凉爽的小树林。但是，迷宫般的狭窄通道和临时门洞容纳不了大量相向而行的人流。此外，许多被困者是老人，他们穿着冬衣，行动不再灵活。在狭窄的通道里，如果有人绊了一跤，跌倒了，就会遭到踩踏而再也无法站起来，他身后躁动的队列不断向前推挤。如果两边的人都疯狂地想往前挤，就会有两个人被卡在一个门洞里。

地下也开始感觉到地上各处大火的温度——火焰从一栋楼窜到另一栋楼，从一条路窜到另一条路，现在火势比受灾的教堂塔尖还要高。高温通过石块和砖墙传导进来。对许多人来说，为了逃离这些充满毒气、温度过高的昏暗隧道，不管外面有什么，都值得冒险。但也有一些意料之外的恐怖情况：有段90度转角的通道里有一扇木质防火门，门内外的避难者都惊慌失措，密集的人群快速涌动，两边的人都不知道对方的存在，试图推开防火门。当然，在力量平衡的情况下，这扇门纹丝不动，人们的恐慌因而加剧，一些人想要后退，却发现自己被牢牢困在人群中，动弹不得。[3]人们的身体紧贴着发热的砖墙，他们不断地深呼吸，试图保持冷静，他们的心脏因为恐惧而剧烈跳动。

许多这样的德累斯顿人越来越难受，他们精神萎靡，头痛加剧，全身肌肉和关节都开始抗议。由于地窖通风不足，氧气正偷偷溜走，无色无味的一氧化碳开始聚集。最早感受到这种影响的是老人和婴儿，但不久之后，无论男女老少都合上了眼睛。进入睡眠后就会失去知觉，在某些情况下还会引起心脏病发作，另一些情况下可能会逐渐窒息。14岁的乌尔苏拉·埃尔斯纳和弟弟迪特尔与家人一起躲在圣母教堂附近的地窖里，她回想起自己出现恐慌并不是因为这些症状，而是当她看到在低矮的灯光下，一片片雪花般的灰烬从通道里飘进来，起初只是零零落落的一些，但随后灰烬越来越多，似乎一场恐怖的"雪崩"即将到来。[4] 她向家人大声呼喊，她和弟弟匆匆穿过那些墙壁粗糙的通道，来到通往出口的台阶上。在这个阶段，老城区似乎完全由火焰和火花组成。她和迪特尔朝着宽阔的易北河方向跑去。她的许多亲人留在了那个地窖里，也许到那时，他们已经完全不能动弹，四肢因空气中的毒物而变得沉重不堪。

再往东一点儿，成群结队的德累斯顿人正在加入难民的行列，进入大花园公园的黑暗中。从圣十字学校幸存下来的寄宿生和他们的老师在边缘地带踟躇。公园里，那些进入动物园附近黑暗小树林的人听到了笼中动物的骚动，他们回望老城区和城中格外绚丽的火焰：从最深的橙色到附近煤气厂被击中后发出的奇异蓝宝石火光。在这里，在橡树、菩提树和栗树之间——零星散布着弹坑，周围都是被炸开的土壤——许多人得到了近乎超凡的解脱：在2月冰冷的细雨下，他们眯起眼睛，透过火光的红黄两色，终于渐渐适应了这该死的黑暗。不仅如此，他们深深呼吸着纯净空气的味道。也许有几个人担心当晚可能会有更多轰炸机蜂拥而至，但即使是对他们来说，这个被林木覆盖的广阔空间与老城区本身的面积差不多，从直觉上来说也一定是安全的，是一个"反目标"，一个巨大的黑暗矩形，与西面的焦灼景象形成鲜明对比。

另一个直观的避难所是位于易北河北岸的宽阔绿地，"草地"一直延伸到河边。尽管河滨的一些市政建筑，包括精致的巴洛克式日本宫殿，遭受严重破坏，仍在燃烧和冒烟，但它们离河岸足够远，人们还是可以聚集在前面的草地上。半英里外医院的医生和护士想方设法把病人带来这里，他们站在萨拉沙尼马戏团的马匹中间，在夜晚的空气中瑟瑟发抖。这里也变成某种形式的观众席：从这个有利位置，对岸那《圣经》中才会出现的大火尽收眼底。艺术学院的玻璃穹顶仍然完好无损，透过穹顶，可以看见两侧都燃着冲天大火。可以想象，从远处看，被一条宽阔而寒冷的河流隔开的这景象既令人害怕，又引人注目，但无处不在的风使观者无法听到随之而来的悲鸣。个人的痛苦没能越过那一段距离，被淹没在无数烈焰的低沉咆哮中。

即使在老城区，仍有一些空旷地带可提供庇护，尤其是老市场广场那座9英尺深的混凝土蓄水池。一些人从愈发令人窒息的地窖里挣扎着爬出来，他们清楚地记得那座蓄水池，在那种极端情况下，许多人不顾一切地喝水，并往自己身上泼水。在燃烧的雷纳商场、冒烟的圣十字教堂废墟和其他燃烧着的建筑物废墟下的男男女女，翻越齐腰高的围墙，跳进冰凉的水池里。在经历了无孔不入的高温后，这种温差冲击可能刺激性太大，但越来越多的人也有同样的想法，偌大的水池里此刻充满晃动的身影。[5]在那个天寒地冻的2月夜里，池水并不是那种令人难以忍受、四肢麻木的冰冷，这本身就说明了火情之猛。消防员仍在现场，但也越发无助。城市里还有其他水池，也还有其他区域没来得及抢救，但光是扑救老市场的火情就已经超出了他们的能力。

就在两条街之外，埃丽卡·塞德维茨和她的母亲、父亲、妹妹以及年迈的邻居还蜷缩在市政厅附近的石拱门里。她父亲正以一种狂躁的状态思考着：他相信也许还能抢救出家里那辆车，甚至可能还能抢救出他摄影店里一些更值钱的东西。让埃丽卡的母亲难以置信的是，父女俩居然试探性地跑进灼热的余烬雨中。他们的车还没有着火，但显然动不了了。随后，刺耳的爆炸声从公寓楼传来，他们吓了一跳，埃丽卡滑倒了。"地面太烫，我的手都被烫伤了，"她回忆道，"我唯一的想法是：就算摔断手脚，也要赶快站起来。"[6]她听到上方传来的嘎吱声变成更低沉的轰鸣：她身后某处的一栋房子倒塌了。

在这几分钟里，世界变了。"街上出现风暴"，一阵灼热的强风吹起了灰烬和火星。虽然他们之前浸湿了外套，但现在衣服已经很干了。他们与猛烈的火风暴对抗，火焰拉扯着他们的四肢，让他们只能穿过街道，朝着其他人藏身的石拱门折返，但那里的一切都是不确定的。即便是那些冲动行事的人也明白，这种去保护承载着现实价值和情感价值的财产的冲动有些不理智，但也许，努力去抓住任何确定性的象征是人与生俱来的本能。

弗罗梅医生在赶往医院的路上，他住在城西的家人和邻居目睹大火在大街小巷、家家户户之间肆无忌惮地蔓延，他们共同的本能也是抢救各种各样的家用物品，把它们搬到街上。弗罗梅夫妇的珍藏包括一张结婚照和弗罗梅医生心爱的打字机，还有一把扶手椅和几件外套，这都可以理解。但对于要不要从酒窖里取出最值钱的酒，大家有些争议，最后这个想法没有通过。提出这个主意的人兴许想要尽可能地把酒装进车里，然后开走。然而，空气中刺眼的橙色余烬不断飘落，所及之处都变得灼热：一个邻居的手提箱放在外面的人行道上，突然就着火了。他们必须保护从房子里抢救出来的一台收音机，"以免它沾上火星"。[7]

在老城区冒烟的天主大教堂的影子里，纳粹官员仍然待在塔森贝格宫的地窖中。洛塔尔·罗尔夫·卢姆从屋顶上下来，看着避难所里的母亲们把孩子推到"金鸡"身边，好像靠近那些当权者就能得到护身符一样。卢姆后来回忆说，正是这种迷信的表现，让这个年轻的士兵突然渴望回到他的坦克里，回到战场上。[8] 战场总比这种黑暗更实在、更确定。在那晚前半夜，他在滚烫的瓦片上爬行，发现了许多发光的、嘶嘶作响的燃烧弹，他把它们一一扔开，清理干净，除此以外，他似乎也无能为力了。这种不确定性的折磨在于，他不知道当晚是否还会再来一场空袭，也不知道那些地窖还能撑多久。

在其他设备不那么齐全的地窖里，母亲们坐在光秃秃的椅子上，盯着陌生人的眼睛，那些因为火风暴而临时躲进来的人。还有其他妇女，仰着头，闭着眼睛。一名亲历者回忆说，她拼命想叫醒母亲，但很难叫醒。一声"这里着火了！"的呼喊似乎终于打破了她的睡意，她和女儿站了起来，在通道中穿行，想在摇曳的灯光下重新找一个地方休息。[9] 在那迷宫般的地窖里，已经有数不清的人因窒息或心力衰竭而在睡眠中死去。上面的土地还在被火烘烤。谁也无法休息。然而，虽然人们惊恐万分地移动，让本能去决定走哪条路，但在所有最古老的冲动中，与所爱之人待在一起的想法占了上风。

在地面上，普拉格大街的豪华商店已经被烧成了焦壳；中央剧院内部，舒适的观众席和鲜艳的红色座椅都被熏黑，舞台向着燃烧的天空敞开。剧院下面一个很深的地窖里有一间餐吧，那天晚上举行了一次人民冲锋队的集会。起初，轰炸刚开始时，这个餐吧似乎是个很好的避难所，让那些迟走的人有机会多喝几杯当地的拉德贝尔格啤酒，在他们去履行公民义务之前帮他们壮壮胆。但是在这个地窖里，燃烧产生的烟雾比其他地方更浓，扩散得更迅速。那些喝酒的人都死在了里面。[10]

普拉格大街上冲天的火焰在十字路口与吞噬威尔斯德鲁福大街服装店的火焰汇合，大火纵横交错，充斥着每一条小巷和通道，从高处看，德累斯顿的道路仿佛是一个黑暗的模具，熔融的金子在其中流淌。在老城区边缘，城市内环路外大花园公园那延伸了一英里的黑暗地带，仍在吸引坐在马车上的难民。拉车的马一定是被动物园里传来的动物叫声吓着了，大象在嘶吼，长臂猿也在痛苦地鸣啼。[11]

火车站南面的山坡上，在废弃的防空炮台前，米什卡·达诺斯几乎动弹不得，不是因为害怕，而是因为高度的紧张和强烈的好奇心。附近有一座瞭望塔一样的建筑，他沿着狭窄的台阶跑上塔楼，以获得更宽广的视野，观看涌动变化的风暴。他看着火与火相连，看着爆炸产生的蘑菇云里充满炽热的火花。风流愈发强劲，公寓楼的椽子嘎吱作响，倒塌的屋顶发出低沉的轰鸣，这一切都深深吸引着他。他注视着下方的老城区，在离他不到一英里的地方，一道道橙色的光柱聚在一起，一面光墙爬上黑暗的天空。他回忆道，然后它解体了，变得更像一座火焰之塔[12]，一根巨大的火柱，在狂风的助长下越烧越旺，附近的其他火焰和火花都不可抗拒地被它吸入。这座火塔在老城区中心的上方燃烧。事实上，它现在就是城市本身。成千上万的火焰融合成一个炽热的实体，充斥着每一条街道。这根巨大的光柱必定是令人毛骨悚然又难以抗拒的奇观，但对达诺斯来说，在这个阶段，他甚至无法想象这根光柱对靠近它或在它中心的人会产生什么样的影响，也无法想象它把人烧得一干二净的场面。

他更不可能知道，在更广阔的城市范围里，任何生命都没有立即获得安宁的希望。在易北河附近的地下掩体内，市政当局通过无线电收到了消息。另一组轰炸机正在逼近。

第十八章　第二波

　　大约在同一时间，第一波共 244 架轰炸机开始返回英国，第二波——规模大得多——共 552 架轰炸机飞进英国上空的黑暗中，它们将穿过银色的云层，越过英吉利海峡，飞往欧洲大陆。整个机群将绵延约 120 英里长。

　　投弹手迈尔斯·特里普回忆起他在兰开斯特式轰炸机上的不适感：他坐的位置周围全是"窗户"，也就是一包包箔片，他们之后会将这些箔片从飞机上投掷下去，以干扰德国的雷达。[1]他们在航程开始时校准时钟，精确到分钟，以便与所有其他从英国东部和南部基地起飞的轰炸机汇合。飞行过程中发生了一件吓人的事，特里普看到窗外另一架兰开斯特式轰炸机径直向他们冲来，他被这突如其来的状况吓得惊慌后退。他惶恐地喊出声，但同样也是在眨眼间，"那架兰开斯特飞机消失了"。这是个错觉，或者说是种幻觉。他回忆道，他的对讲机没有打开，战友们没有看到他一时的惊恐，这使他松了一口气。他们这个机组里有能预知未来的哈里就够令人不安的了。死亡无处不在，不可避免，迷信和突然出现的幻觉也许并不让人意外。

他们穿过英吉利海峡时，特里普注意到了星光，在星光下他们正好能看见英国的海岸线。然后，他把注意力集中在任务上，监控 H2S 雷达和导航系统，这些设备的射线落向地面，然后再返回飞机。

在兰开斯特式轰炸机内部近乎黑暗的环境中，特里普的感官处于高度警戒状态，监听着引擎发出的稳定低音，当飞机越过战线时，他还要监视下方高射炮的情况。特里普和战友雷之间发生了争吵。雷的工作是通过防风玻璃的缝隙投掷成千上万个"窗户"。雷抱怨说，与别人相比，特里普的工作要轻松得多。而特里普则装出一副慵懒的贵族派头，慢吞吞地宣布，恰恰相反，他的工作非常辛苦。这惹恼了雷。另一名绰号"二世"的机组成员的电热飞行服出了故障，把他冻坏了。在四个半小时的飞行中，他们看到了高射炮瞄准其他飞机时发射的发光细线。H2S 制导系统已经启动，现在开始进入状态，寻找目标。然而，当他们接近轰炸目标时，很明显，机组人员几乎不需要这个系统。德累斯顿金色和红色的火光直冲夜空，从大约 40 英里外就能看到。特里普挤进飞机前部的投弹舱，向下望了望，注意到没有云。在离城市还有几英里的地方，可以看见前面有六七架兰开斯特式轰炸机，在玫瑰色光辉的映衬下，它们黑色的轮廓被完美地勾勒了出来。在大约一万英尺的高空，特里普现在看到的是"一个奇妙的燃烧网格""填字游戏的火焰轮廓"。他俯视着"熊熊燃烧着的街道……从东到西，从北到南，巨大而饱和的火海笼罩大街小巷"。

当飞机接近城市时，特里普要负责指示定位，就在这时，他做了一个理智的决定：不要再给这场火焰风暴添燃料了。他告诉飞行员"迪格"，转向右舷，当飞机离开火海中心时，特里普才按下炸弹装置的释放按钮。他后来回忆说，他希望炸弹落在空旷的地方。然而，这是最不可能的。更有可能的情况是，他们在郊区宁静的街道上引爆了炸弹，最终引发更多火灾。这一举动是人为的（也可能是普遍存在的——有人指责有些机组故意在北海倾泻炸药），但事实是，当晚几乎没有几枚炸弹能够无害地落地。第二波空袭将投下更多炸弹，包括重达 4000 磅的"曲奇炸弹"和其他种类的炸药和燃烧弹：总共将投掷 1800 吨炸弹，许多炸弹都投在还没有燃起大火的地区。几英里外，在克洛茨斯彻机场，梅塞施密特战斗机飞行员蓄势待发，但他们没有接到任何紧急命令。毫无疑问，他们的指挥官非常清楚，任何防御尝试都将徒劳。

当然，高空中的轰炸机并不知道这一点，在特里普的兰开斯特式轰炸机上，每次执行空袭任务时神经紧绷的诡异气氛又一次出现：在充满危险的飞行之后，实际的轰炸只持续了不到一分钟，然后他们又要面对穿过敌人领地上空返航时那种全新的、死寂的紧张感和恐惧感：曳光弹的红线、战斗机释放的明亮白色球状照明弹——空军上尉莱斯利·海伊称它们为"燃烧的洋葱"[2]——遍布他们的航线；遥远城市里摇曳着遥远的火光；当另一架兰开斯特式轰炸机被强力的探照灯"包围"，飞机在星空中绽放出一朵朵火花时，会带来恶心的感觉。特里普的飞机里笼罩着一种压抑的寂静；一保温壶的咖啡，点上（名义上禁止的）薄荷味香烟。

至于轰炸本身，机组其他成员似乎有一种置身事外的感觉。但是，在几千英尺的高空，看着下方"巨大的玫瑰色光柱"[3]，这些机组中但凡有任何人萌生出真正的共情和同理心，都是很了不起的，因为怎么可能有人能想象下面街道是什么样子？迈尔斯·特里普描述了他神经脆弱的感觉，但考虑到他所目睹的大气现象，他显然不允许自己在这种恐怖的环境下纠结于任何私人的想法。第二波共 552 架轰炸机从那片触目惊心的火风暴中呼啸而过，其他机组似乎都坚定不移：这是必须要做的事情，一个必须完成的任务。

有一段影片，是一架兰开斯特式轰炸机底部的摄影机拍摄的，以黑白的形式展示了整个城市的大火，跳动的起火点有时会爆燃成纯白色的线条，突然绽放出更大的火光。然而，在特里普和其他人的回忆中，这支影片并没有传达出最具催眠效果的元素：那片火海的颜色。只是稍稍瞥一眼下面的城市，第二波轰炸的投弹手们就能感觉到它已经快被焚为平地了，但在大多数情况下，他们还是遵照指示行事。尾炮塔机枪手哈里·艾恩斯准尉（后来被授予杰出飞行十字勋章）后来说："我们没有意识到火势会有这么大。"他们也没有任何愧疚的想法："我们当时很年轻，我们自己也失去了很多战友。"他补充道。[4] 这数千名航空兵在一次又一次任务中被要求做的事情，变成了一种没有转圜余地的常规操作。他们自己的生命如此脆弱，这又让他们更加五味杂陈。

凌晨 1 点刚过，当新一波轰炸机开始倾泻火力时，在他们下方几千英尺处，距离市中心近一英里的地方，米什卡·达诺斯做了一个许多人可能会觉得很奇怪，但对他这个物理学家来说也许是再自然不过的举动：他拉着"卡尔·梅女孩"穿过绿地，躲进上次空袭留下的一个弹坑里；这枚炸弹显然准头不佳。达诺斯知道，在新一轮攻击中，这个弹坑将为他们提供掩护——当然，躲不开直接命中的炸弹，但可以躲避其他爆炸。他听着从天上下落的新燃烧弹的"嘶嘶"和"嗡嗡"声，胸中还是没有太多恐惧，只是充斥着高度的紧张感。[5] 趴在弹坑边缘，他们看到，在深红色和黑色的城市景观的衬托下，空气再次被点亮，坠落的燃烧弹炸开并释放出纯白色的燃烧棒。

对于离市中心更近的市民来说，第二波轰炸带给他们的不仅是恐惧，还有一种道德上的怀疑：怎么会有人做出这种可憎之事？当局曾努力恢复德累斯顿的空袭警报，但大多数警报器都坏了。愈演愈烈的火风暴熔化了这座城市的大部分电力系统，让它们像路上的有轨电车一样毫无用处。

　　在佐豪斯大街上的"犹太房"里，维克多·克伦佩雷尔教授房间的窗户全碎了，外面城市的各种噪音不断传入，但他还是睡着了——这不仅说明了他心脏病的严重程度，也可能是他对轰炸的创伤性反应，也可能是对前一天城里大多数剩余犹太人收到死亡通知书的反应。他突然被妻子叫醒。由于城里的大多数防空警报器失效，市政当局派官员手持警报器前往那些还能通行的街道。警报的声音微弱，但毫无疑问，伊娃隐约可以听到，她向丈夫解释说没电。[6]现在这对夫妇必须准备逃回地下。

　　教授有一个帆布背包，里面装着一些手稿，还有一个袋子，里面是伊娃的"毛织品"。他还有一条毯子，披在肩上。他戴上帽子，和妻子匆匆下楼来到街上，街上散发着强烈而阴森的光。在老城区那个角落，靠近圣母教堂的地方，克伦佩雷尔注意到街道上似乎空无一人，现在他和伊娃向通往"犹太人地窖"入口的院子走去。还没等他们走到那里，就发生了一次巨大的爆炸。教授蹲下身子，紧紧抓着墙壁，过了一会儿，伴随着其他地方爆炸的隆隆声，他动了动，转过身，抬起头，却没看见他的妻子。克伦佩雷尔以为她下到前面的地窖里去了，于是找到入口，走下台阶，看到地下一群惊恐的面孔。他扫视着黑暗的地窖，寻找妻子，但他还是看不见她的踪影。又过了一会儿，传来一声巨响和一道亮光，又出现了一些人，手里拿着水和手揿泵。教授急于找到妻子，于是退出地窖，走进院子。他回忆说，此时此刻，他并没有感到害怕，而是更加疲惫。据他推测，这是因为他预感大限将至。又是一声巨响，他感到眼睛上方一阵灼痛。他第一个冲动是去摸眼球本身。"它还在那儿。"他简单地说。但是，在痛苦和迷茫的同时，他又有了新的感受：当他望着街道时，他再也认不得它们了。在大火和巨大的破坏下，这座城市已被摧毁殆尽，面目全非。

对塔森贝格宫避难所里的洛塔尔·罗尔夫·卢姆来说，新一波轰炸比第一波还要糟糕。他回忆说："我们一次又一次听到断裂声。墙壁一次又一次地颤动，连同我们脚下的地面似乎也在颤动。"一颗炸弹落在附近。"火势太猛，炸开了一扇铁门，"他还记得，"四周变得很热，空气变得稀薄。我的眼睛被灼伤，什么都辨认不出来。我以为我们都要被烧死了。"[7]即使在这个相对较好的避难所里，清新空气似乎也在渐渐消失。卢姆的视线越来越模糊，他记得自己当时四处走动，试图找到一个能让自己呼吸更顺畅的地方。灯开着，但由于他刺痛的双眼和逐渐模糊的视线，他似乎更清楚地意识到了黑暗。在地窖的角落里，还有一些人是在大火于整条街上蔓延之前才设法钻进来的。当他走近时，他们抬头看了看，但什么也没说。卢姆发现自己也不能和他们说话。所有人都只是默默注视着前方，因为地面上传来频繁的撞击声，穿透了在场每个人的每根神经。卢姆屏住呼吸，在他看来轰炸似乎没有尽头。他和同伴们现在存活在时间的一个单独角落里，分不清秒、分、小时。他头顶上那座宏伟的建筑物几乎完全被夷平。

在易北河附近的一条地窖隧道里，诺贝特·比格尔和叔叔在第二次空袭快要开始前才找到避难所。他们饱尝感官上的暴力。"地板升起来了，"他记得，炸弹在附近落下，墙壁和天花板的砂浆被震落下来。有人惊恐地喊着要沙子，掩体的一扇外门闷燃起来，浓烟滚滚，得在火势严重蔓延之前将其扑灭。在天花板灯泡的淡黄色灯光下，呛人的灰色烟雾弥漫整个房间，许多人担心地窖内的氧气耗尽，都想挤回外面。他们遇上从外面通道过来的人，那些人从相反方向几乎被推挤过来，在这个地下迷宫深处，有些地方的氧气几乎完全耗尽。砖墙本身也开始被地面巨大的火焰地狱烘烤得发烫。就这样，随着外面炸弹轰隆隆的爆炸声，比格尔和叔叔现在被困在一个砖室中，夹在那些试图到达河边的人和试图撤离河边的人之间。他回忆说，房间里非常拥挤，但不知为何，恐慌并没有蔓延开来：他和周围的人都设法保持了冷静。[8]

　　就在那些手持警报器的工作人员匆匆穿过尚可通行的街道时，吉塞拉·赖歇尔特和她的母亲离开了火车站南边的避难所，在家门外的街道上查看滚烫的瓦砾时，吉塞拉的外公蒂梅先生迎接了她们。吉塞拉的外公外婆住在市中心附近，在第一波轰炸过后，蒂梅先生设法穿过燃烧的车站，沿着平缓的斜坡走到她们的公寓楼下。即便第二波轰炸机尚未来袭，在那个熔炉般的城市中生还的机会也很渺茫。他只是想知道母女二人是否还活着，然后再回到天际线上那些燃烧的教堂附近去陪妻子。蒂梅回到在圣母教堂附近的家，和吉塞拉的外婆一起躲进地窖，空气中回荡着新一波进攻发出的低沉吟唱。然后他们的房子就遭到"重击"。在这对老夫妇看来，整栋房子似乎要向着他们垮塌，也许会把他们困在砖房里，无法得救，因此，尽管空袭仍在继续，他们还是爬上了地窖的台阶，在恐惧的驱使下，他们不顾一切地向外逃去。在临街的门槛上，吉塞拉的外婆被一些坠落的燃烧物质击中，她的外孙女确信那是磷。[9]那更可能是一根燃烧棒，或是另一种燃烧弹里漏出的胶状石油，或是木头，或是什么别的材料，或是织物，但不管是什么，它都紧紧地粘在老太太身上，把她的衣服点着了。吉塞拉的外婆被烧死了，接着，蒂梅先生也被一些燃烧的碎片所伤，双目失明。

　　在某种冲动的驱策下，老人离开了妻子燃烧的尸体，跟跟跄跄地走过滚烫的瓦砾，什么也看不见，他凭借对当地地形的肌肉记忆，穿过那些燃烧的街道。这种情况现在很难想象，甚至难以理解：大风吹进火海的中心，以每小时百余英里的速度呼啸而过，吹起明亮刺目的余烬，令人窒息。即使是身体健康的人也难以在这种狂风中保持直立，更不必说移动了。有些人感到自己被一股毫不留情的恐怖力量拖向旋涡，不得不蹲下身子以抵抗它的致命引力。狭窄的街道两旁高楼林立，窗户玻璃消失不见，砖墙被熏得乌黑，疾风中翻滚着燃烧的碎片——家具残骸、汽车橡胶、木头碎片、倾倒树木着火的树枝，全都被吸进火风暴的旋涡中。在这中间，有些市民拼命抓住灯柱，想以此对抗火风暴的反重力拉扯，但灯柱本身灼热难耐，根本碰不得。这个刚刚丧偶、双目失明的老人在黑夜中走进的，正是这样一片燃烧的荒原。

直到很久以后，吉塞拉才得知外公外婆经历这一切。她自己的遭遇也很惨痛。母女俩和邻居一起回到公寓楼的地窖。"没人敢想象自己能活着走出这个地狱，"她回忆说，"一个 10 岁的小女孩会怎么看待这种恐怖？很难想象我当时的内心活动。但就像第一次空袭时一样，我在想：'你们怎么能这么残忍？'我满心恐惧，无法想象能活着走出地窖。"[10] 她和产期将至的母亲紧紧相拥，一起祈祷。然而，轰炸持续了很长时间，她们逐渐不能说话，一种麻木感支配了二人。

在易北河的另一边，温弗里德·比尔斯、他的母亲和他的朋友霍斯特一直在考虑再次尝试过桥，穿过城市，以确定霍斯特家人的安危，同时也查看温弗里德的表亲。然后，手持警报器的声音响起，三人再次撤回地下室，就在几分钟后，他们听到从远处再次传来的爆炸声。和第一次空袭一样，两个男孩最初还以为这些爆炸声证明这座城市的防空系统终于发挥作用了，威力强大的炮火瞄准了空中的敌人。但他们很快就意识到情况并非如此，事实上，这些轰炸机肆无忌惮地轻松飞过。

　　不过，这次有一个不同之处：轰炸机稍稍扩大了攻击范围。爆炸离他们越来越近。温弗里德异乎寻常地适应了进攻的凶险交响乐。"爆炸声越来越近，越来越响，地板越来越明显地摇晃起来，"他回忆说，"在爆炸之前，我们听到炸弹落下时发出的嘶嘶声，可能是弹片飞溅或石头被燃烧弹击中时引起的金属撞击声。在我们这个地区，许多燃烧弹不是没有造成危害地燃尽，就是深深扎进地里。"[11] 他对燃烧弹上的"小螺旋桨"很感兴趣，它能让燃烧弹旋转并发出独特的声响。然而，这仅仅是个开始。更大规模的爆炸正在接近。

　　地下室区域里有一条走廊，他们蹲在那里，这时他们抬头一看，一股强大的力量击碎了残留的窗户和破碎的门。比尔斯回忆说，他们故意让公寓的门半开着，以为这样可以减轻空气压力激增和破坏性冲击波造成的影响。但现在冲击如此之近，他可以感觉到冲击波的压力压迫着他的耳膜，更难受的是，还压迫着他的肺。尘土从地下室的墙壁上如瀑布般落下，空气立刻变得闷热，呼吸也明显越来越困难。"电灯在闪烁，"比尔斯回忆说，"但没有熄灭。"这时，燃烧弹和炸弹获得了一种新的音乐性，从那间地下室里倾听，似乎夜间的空气都在"歌唱""呼啸""嘶鸣"。[12] 随后传来了剧烈而沉闷的爆炸声，他的耳朵仿佛被炸裂了一般。这种听觉效果完全包围了他们三人，他们能感觉到附近的炸弹，也能感觉到远处的。和其他躲在城市各处地下室里的人一样，时间成了不可理喻的抽象概念，它的流逝不可感知。还有另一种不同寻常的听觉记忆：当轰炸机飞近时，嗡鸣的中音变成尖锐的"嚎叫"，而在释放重型炸弹后，引擎声就立刻变了，变轻的飞机向前方高空疾行时，音调也骤然变高。

　　又是一阵震耳欲聋的撞击声：很明显，隔壁的公寓被击中了。两个男孩听见门窗和玻璃从中央的楼梯井砸了下来。大楼似乎在地基上起伏，从隔壁地下室传来越来越多惊慌失措的住户的声音，他们相信大楼即将向内爆炸，在头顶垮塌。两间地下室之间墙壁上的那扇门——就像老城区地下室里安装的那种隔离门，是一种预防措施——被试探性地打开了。当邻居们往里张望的时候，热浪也扑面而来：上面的街区向燃烧的天空敞开着，而致命的风正从地下室呼啸而过。男孩们和其他居民一想到炽热的燃烧弹会落在自己的屋顶上，就恐惧不已，于是他们决定——即使轰炸机仍在头顶咆哮——快速搜索上面的楼层。据比尔斯说，这时幽闭的地下室看起来更受欢迎，但搜索工作必须完成。地板上的碎玻璃嘎吱作响，在漆黑一片的大楼里，他和邻居们一层层往上，关闭所有还没有被炸到完全破碎的窗户。在他们做这些事的时候，远处天空中的火光越升越高。

当以老城区为中心的大火升到大约一英里高时，即使是在空中快速移动的飞机内部，温度变化也很明显。轰炸机机组人员正在飞越一种极端的物理现象：一场带电的火风暴。这场灾难远远超出人类的理解能力，难怪后来许多航空兵在清晨凉爽的灰雾中回到基地时，根本无法用语言来描述他们所目睹的一切。

地面上，氧气不断被吸进火海的中心，随着萎缩的干枯尸块和粉化的破瓦残砾一起被送上天空。道路正在熔化、燃烧，砖石在沸腾。即使在一英里之外，在玛丽埃莲·埃勒尔寻找丈夫格奥尔格的时候，这股巨大的急流还在不断拖拽着她。第二次空袭来临时，格奥尔格·埃勒尔正在检查几条街外的房屋是否受损，他不得不在他能找到的最近的掩体中避难。他与妻子分离的痛苦可能比他在轰炸期间感受到的任何其他焦虑都更为强烈。他知道她一直在确认附近朋友的安危，她自己找到避难所了吗？埃勒尔先生和一些难民及当地居民一起待在一个狭窄的地窖里。[13] 他原以为，这座城市的这片地区永远不会成为任何人的目标：在这些精巧的别墅中，没有战略要地，没有工厂，也没有火车站。但炸弹还是来了，砖石都在"颤抖"。

事实上，他的妻子玛丽埃莲就在附近，她及时躲进了地下。她本以为最坏的情况已经过去，可是现在，当那"铁锤"又一次不断地无情敲打她时，她只是僵直地坐着。一位母亲坐在光秃秃的砖块中间，紧紧抱着她蹒跚学步的孩子，低声安慰道："斯蒂皮，安安静静的，他们不会伤害你的。"埃勒尔太太在回忆中对这种柔情感到十分惊讶，因为他们周围的墙都快爆炸了。然后，就像其他许多地方一样，连接着迷宫的那扇门——那个突破口——突然"砰"的一声打开。惊慌失措的人群从门外涌入，他们从稍远一点儿的一个地窖里逃了出来，那里堆满了冬天用的燃料。火舌贪婪地舔过，地窖里储藏的煤和木柴产生的浓烟、高温和火星跟着人群穿过入口，埃勒尔太太那个避难所里的空气变得难以呼吸。不管上面发生了什么，他们都必须逃出去，在地下根本没有生还的机会。

他们从一个被火焰包围的出口钻了出来，走到夜空下，此时，空中的轰炸机还在继续朝着那片恐怖的光亮飞行。"这景象！"埃勒尔太太回忆道，"这就是人间地狱！"她向外望去，这里曾是高档住宅区，现在却只剩一片燃烧的房屋、倒塌的围墙和开裂的道路。这是一场"疯狂的火焰风暴"。但更可怕的是尸体：街上到处都是死人。时间一分一秒地过去，轰炸机消失在夜幕中，埃勒尔太太和她的朋友荣格太太并没有退回黑暗里，她们感受到一股冲动，想要走回居住的街道。她们互相搀扶，给彼此身体上和精神上的支撑。她回忆说，在这之前，她曾"充满恐惧"，接着，伴随着一阵奇怪的心跳，她转过一个街角，碰巧遇到了她的丈夫，她丈夫差不多在相同的时间离开了自己的避难所。那是她一生中最幸福的时刻之一，她欣喜若狂，仿佛又活了过来。"我不再是一个人，"她回忆道，"我终于可以哭出声来，把我的悲伤都发泄出来。我和丈夫一起流泪，他和我一样惊恐万分。"

　　他们继续向斯特里塞纳广场走，那里现在布满炽热的弹坑，周围许多房屋都成了燃烧的残骸。这个曾经美丽的住宅广场上的空气既"可怕"又"稀薄"，接着，"一阵咆哮的风暴"扑面而来，夹带着可怕的火星和余烬，非常危险，可能会灼伤眼睛。广场上有"哀号的人，哭泣的孩子"。埃勒尔夫妇坐在一棵先前就倒下的树干上，他们身边有"一对来自西里西亚的老夫妇"。埃勒尔夫妇起身要走，难民们恳求他们留下来，因为他们"不了解德累斯顿"，"不知道该去哪儿"。

　　如果没有第二波轰炸，赫尔穆特·福格特可能整晚都在凝视天空中变幻的颜色。在第二波空袭开始之前，他和母亲回到他们位于城西南的公寓里。他默默地望着窗外，听到手持警报器那微弱的声音。"一开始我母亲不相信我。"他回忆道。[14] 他让她仔细听，安装在附近水塔上的扩音器虽然不怎么管用，但是放大了警笛声。他们很快一起动身离开公寓，去通知邻居。楼梯平台在火光的反射下被照得通明。他们指定的避难所在附近啤酒厂的地窖里，就在几百码开外。即使是在匆忙赶路的时候，他们也能听到轰炸机逼近时发出的低沉共振声。福格特回忆说，一切都"发生得很快"。

　　他们躲进地下的黑暗的时候，炸弹开始落下。地窖里只有应急照明设备。越来越多的人从街上跑进来，试图挤进去。年轻的母亲把婴儿车推下水泥楼梯，不得不抵挡住身后人群的重量。地窖有两层，人们必须挤进下层，以便在上层为受惊的新来者腾出地方。福格特和母亲就在其中。他记得应急照明灯"忽明忽暗"，随时可能让所有人陷入黑暗。上面传来沉闷回荡的隆隆声，大地仿佛都在颤抖。然而，当他们进入下层地窖时，上层已经挤满了人，福格特心中升起一种奇怪的感觉。他们现在与外部世界的噪音隔绝了。他和其他避难者分散在这个工业化的昏暗空间里，感受到一种诡异的孤立感。

随后灯就灭了。四周一片漆黑，除了忍耐，别无他法。没有恐慌，更多的是一种无助的悬浮感。然后灯光又重新亮起。也许；无论这些深深的地窖的环境多么幽闭，对许多人来说它们似乎仍然是令人欣慰的避难所，因此当一位防空管理员突然走下楼梯告诉大家必须离开时，福格特回忆说，大家心底很快升起一种惊愕感，正是这种惊愕感"唤醒"了蜷缩在自己位置上的人们。避难者们被引导到一个二级楼梯间，并被告知，安全起见，他们必须尽快离开。但迅速撤离是不可能的。那些推着婴儿车的母亲，那些拿着行李的体弱老人，大大拖慢了撤离速度。

人群一次又一次地停驻在水泥台阶上，没有人能挤过去，所有人都只能看见前面人的脑袋。尽管如此，大家还是没有恐慌的感觉，更多的是一种无声的紧张。当大家最终到达山顶时，他们明白了疏散的原因。这个避难所紧挨着一个大煤仓。如果燃烧弹引燃煤块，那么地下的人肯定会随着浓烟的涌入缓慢窒息而死。在明亮的天空下，轰炸机显然都已经全部飞过，福格特和母亲急忙去检查他们的公寓大楼。大楼遭到破坏，一些公寓里还燃着小火。居民们进了屋，决心要把火扑灭。赫尔穆特跑去给他们的浴缸注满水，打算拿着水桶去楼顶浇灭那里的燃烧弹。他们唯一的安全庇护所现在太过危险、无法使用，因此，这种实际行动可能会让他们忘记还有更多炸弹落下的可怕可能性。

在大学附近，米什卡·达诺斯和同伴在炸弹越来越近之际离开了弹坑掩体。附近废弃的防空炮台有一个混凝土掩体。经过一番努力，这位物理学家和他的朋友终于找到了阴凉的避难所。很快，在那片黑暗中，更多人加入了他们的行列，他们都是陌生人，都是妇女、母亲和十几岁的女儿，她们似乎出于偶然才来到这里，但实际上她们一定在震惊中走过了燃烧的街道。一名年轻女子抱怨说，她把自己最喜欢的许多手套落在家里。另一名女子为自己没带上的一枚钻戒而焦急万分。[15] 达诺斯感到愤怒，后来他回忆说，他听到许多有关丢失昂贵长筒袜的对话，让他目瞪口呆。但是，她们道出这些可笑而微小的哀叹也许只是为了掩盖内心更深处的震动，因为他注意到，还有许多人在爆炸期间或爆炸后一言不发。恐怖压垮了他们。

无数德累斯顿人所经历的早已不是这种对物质损失的微不足道的抱怨。还没等更多的轰炸机碾过天空，大火就迫使大批市民和难民离开呛人的街道，穿过卫生博物馆，来到大花园树林的阴凉处，向着阴森的人造日落投下的阴影中走去。在这个巨大的公园中央矗立着一座相当漂亮的巴洛克式夏宫，这是一座 18 世纪建筑。这里还有一个具有重要科学意义的精致植物园，里面的小温室里有珍稀植物，其主楼里还有个科学图书馆，里面收藏着许多古代手稿。古怪的、沉默的、幽灵般的避难者经过这栋建筑，尽可能地往树林深处移动。老城区的余烬飘落在干燥的树皮上，一些树梢和高处的枝丫燃烧起来。

第二波轰炸机飞来时，大花园里的所有人都完完全全暴露了。炸弹和耀眼的燃烧弹从四面八方落下，黑暗的空气中突然充满爆炸产生的亮白火花。修剪齐整的草坪上布满冒着浓烟的巨大弹坑，有成百上千个，绵延一英里之远，坑里散落着支离破碎的骨肉和内脏。人们不是被直接命中，炸成齑粉，就是在周围猛烈燃烧的木材中变成了闪烁的火把。一些重型炸弹落向夏宫，这座建筑在一阵如太阳般明亮的火花和烈焰中被摧毁。而那些本能地逃进市中心树林以求庇护的难民，现在却被困在一场野蛮的森林大火中，空气中混合着新产生的一氧化碳、二氧化碳、苯和氮氧化物。

　　动物园也被直接命中。动物们遭受了残酷的折磨：有的长臂猿的爪子被削掉，留下血淋淋的残肢；水池里的河马被坠落的瓦片击中，被压入水底淹死。象屋垮塌，爆炸的冲击波和尖锐的碎片将一头大象撞倒在地，开肠破肚。其他大象在"尖叫"。[16]狮子目前没有受到伤害，但动物园管理员明白，如果再发生轰炸，它们可能会逃脱牢笼，陷入疯狂状态，在深夜中奔逃，在这种情况下就只能射杀它们。一头长颈鹿从被炸毁的围栏里逃了出来，飞奔而去。动物园里传来的尖叫声让远处燃烧的树林里的人们听了都觉得恶心。谁能分辨出哪种叫声是动物的，哪种是人的呢？

　　在易北河的另一边，萨拉沙尼马戏团的院子里，也发生着同样的不幸：在室外，当炸弹和燃烧弹落下时，一些表演的马匹被弹片撕成碎片，惨不忍睹。萨拉沙尼马戏团的主剧场躲过第一次空袭，几乎完好无损，现在却被炸弹不偏不倚地命中。巨大的穹顶被击穿，里面极其易燃的材料——长毛绒座椅、垫子、木制支架、窗帘——被落下的燃烧弹扫过，立刻被点燃。由于地面的建筑被严重破坏，那些再次退到剧院地下酒吧的人感到不再安全，不过他们至少还有其他出口。马戏团里的动物们失去了逃离火场的机会。老虎饲养员惊恐不已地望着眼前的场景。除了眼睁睁看着他们美丽的孩子被活活烧死，他们什么也做不了。

　　老城区的地狱之火正无情地吞噬着受害者，而就在不久前，他们还以为自己已死里逃生。老市场广场中央那座 9 英尺深的蓄水池里堆满尸体。水池的水位远低于边缘，陡峭的混凝土池壁上没有任何东西能让人把自己弄出去。没有梯子，也没有任何东西可以帮助筋疲力尽的踩水者往上爬。一些溺水者在绝望中挣扎，试图抓住其他人，但结果也只是把更多人拖入水下。有些人坚持不懈地沿着那一段垂直的混凝土池壁向上攀爬，不断滑落又不断向上，但也坚持不了太久。附近其他水池面临的危险甚至更出乎意料。在一个水池里，许多人都跳了进去，然后在不知不觉中挤在一起，动弹不得。在另一处，火风暴以及瓦砾的可怕高温使水越来越热，那些失去意识的人器官已被灼伤，根本没有生还的希望。

还有一些人再也无法忍受充斥着有毒气体的闷热地窖，回到街道上，却又进入了一个巨大的熔炉：大火正在席卷任何能被高高卷起的东西，迅速将其吸进旋风之中。一名年轻女子看到一位母亲带着她的孩子在炽热的街道上挣扎，孩子在一瞬间就被卷入炽热的火焰中。还有些人被他们的鞋子判了死刑：他们的鞋底化了，或干脆在冒泡的黑色柏油路上着了火，脚上没了鞋，起了水泡，很快就被烧焦，他们跪倒在地，双手也瞬间被烧伤，最终无法动弹。[17] 有些人死在了原地，有些人则被那股不可思议的风卷走。还有一些人死在了原地，在举步时窒息而亡。

几千码的距离可能就是生死之别。有一些破败的高墙小巷——两边的窗户都在吐着火舌——那里的热量非常集中，衣物都会自燃。然而，就在老城区外，在稍微宽一点儿、新一点儿、通往郊区的道路上，仍有些人在游荡，其中一些人带着目的。他们在寻求医疗救助，也希望医院本身能为他们提供庇护。在大大的腓特烈施塔特医院内——医院本身也遭到破坏——情况不断恶化，医院处于关闭的边缘。

弗罗梅医生和他的团队正尽其所能地救助那些被严重烧伤的人。他回忆说，有一位医生失踪了，再也没有出现过。[18] 病房里没电，在昏暗的应急照明灯下工作非常困难。供水也出现问题，时有时无。必须对地窖里突发的火灾加以控制和隔离。由于缺乏电力和淡水，无法对医疗仪器进行消毒，伤员们也干渴得难受。轰炸机消失在夜幕中，但它们摧毁了医院外的世界，将医院置于最脆弱的位置上。新的补给品从何而来？他们需要的不仅仅是普通食物，还有药品，尤其是止痛药。在不久后写给家人的信中，弗罗梅医生并没有详细说明他和同事如何减轻病人的痛苦。据一些人说，那些行走的伤者几乎处于机器人状态，肾上腺素水平不断升高。护士和医生似乎也是如此。弗罗梅医生讲述了大家是如何熬过那个可怕的夜晚的。

凌晨时分，他还不知道自己失去了多少朋友，多少邻居。他可以肯定的是，家里的狗，埃尔科，已经死了，它跑进黑夜，对着炸弹狂吠，之后就不见了。他后来说："我希望他在死去时没什么痛苦。"[19]弗罗梅医生也知道他家成了一片废墟。他家人的画像都被大火烧毁，他曾引以为豪的丰富医学藏书也没了。此外，他正在撰写的一本新医学专著的手稿也被烧毁。他和周围每个人的生活都变得支离破碎：无家可归，过去记忆的珍贵象征也都化为乌有。然而，在这种根本的不确定性中，至少他们还活着。

在城市另一边的一家医院，环境和病例都更为极端：约翰施塔特医院有一栋很大的产科大楼。第二波轰炸有很多炸弹未击中市中心，落在这片城东近郊。医院本身也遭到严重打击。然而现在，随着火风暴的蔓延，它成了该地区仅存的几栋建筑物之一。

这家医院和德累斯顿其他医院一样，都有地下避难所，许多病人在听到第一次报警后就被疏散到那里。然而，随着夜幕降临，有一些带着新生儿的母亲生出一种无法控制的冲动，想要离开医院。她们中的一些人裹着睡衣、毯子，外套则已用来包裹她们的新生儿。她们匆匆忙忙跑出病房，来到户外，跑向卡罗拉，过桥来到易北河畔的草地，那里的空气即使充斥着厚厚的浮灰，至少有可供呼吸的氧气。相比之下，随之而来的毛毛雨就不算什么了。

视角回到医院，紧接着第二波空袭，外面的人如梦游般走向医院大门，他们是试图寻找避难所的难民。多罗西娅·斯佩思是德累斯顿为数不多的摩门教徒之一，她回忆说，有一对夫妇在路上走着，周围都是上蹿下跳的火苗，突然间，男人像是自燃了一样，瘫倒在地，被火焰笼罩。[20]斯佩思太太将这种非同寻常的死亡归咎于一种无形的磷，只要有人踩到它，就会烧起来，但真正的解释更为可怕：仅是穿着干燥的衣物，沾上空气中舞动的橙色余烬，就会导致死亡。

同腓特烈施塔特医院一样，很难想象医生、护士和护理人员是如何继续工作的——水龙头干涸，灯光闪烁不定，烧伤患者源源不断从燃烧的街道上赶来，既想寻求治疗，又想寻求庇护。到处都是烧焦织物的味道、皮开肉绽的深色烧伤伤口，还有程度不等的疼痛。玛戈·希勒有一个姑奶奶住在老城区附近，她所在避难所的其他人都死了，唯独她幸存。她被严重烧伤，其原因再一次被认为是"磷"。[21]

在约翰施塔特，就像这座城市的大部分地区一样，这里的景观在轰炸中天翻地覆。道路遭毁，熟悉的购物街变成了灰色断牙一般的残桩，周围灰蒙蒙的地面上散落着尸体，有的完整，有的残缺，有的穿着衣服，有的赤身露体。然而，即使是这幅死亡的透视图也无法呈现出那796架轰炸机在这两轮空袭中所取得的全部成果。在远处，仍然有一些德累斯顿人，亲眼见证了他们眼中物理学定律的颠覆。

维克多·克伦佩雷尔就是其中之一。由于第二波轰炸机的出现，加之他头上的伤口流了很多血，在俯瞰易北河的布吕尔露台附近树林的人群中，他无法找到妻子伊娃。眼前只有全然的混乱。他一度跌跌撞撞地走进一个公用电话亭，想要摆脱让他眼睛疼痛难耐的飞舞火星，然后他被一个熟人认了出来。某种本能的想法在这位教授脑中一闪而过，让他把外套上的黄星遮住，随后他来到历史悠久的河边露台，那儿禁止犹太人进入。[22]克伦佩雷尔满脑子想的都是伊娃：他是怎么和她走散的，她现在怎么样了？那些在露台石板路上逶巡的人，仿佛处在两个世界之间的界线上：德累斯顿的夜晚，泛着涟漪的河水，凉爽的细雨和微风，以及最多就几百码外窒息、无情、无人生还的火海。对克伦佩雷尔来说，时间既感觉不到，也无法计算。他的熟人见他头在流血，就为他临时包扎了一下。教授似乎没有意识到疼痛。在他身后，椽条吱嘎作响，砖石噼啪撞击。新市场里，圣母教堂的屋顶上，水槽和管道都已经熔化，液态金属和黏稠的沸腾焦油混在一起。教堂本身没有被击中，但它的八根砂石基柱已在散发热量。

在河的另一边，霍斯特·沙费尔望着对岸的城区和那道闪烁的光柱。他的朋友温弗里德·比尔斯至少母亲还在，霍斯特不知道住在那一片可怕火光中的家人是否还活着，甚至不知道他是否还有家。这个男孩跑向卡罗拉附近一栋燃烧着的市政大楼，当时还在那一带的几名士兵直截了当地告诉他那座桥已是一片废墟，无法通行。同样，住在城南的玛戈·希勒和吉塞拉·赖歇尔特也因担心住在约翰施塔特及其周边的亲戚而感到痛苦。成千上万的德累斯顿人都在安慰自己（不论这安慰有多微弱），这个可怕的夜晚必定很快就会结束。但是，由于易北河河谷中弥漫着大量的灰黑烟雾，那天早上，德累斯顿没有迎来真正的黎明。

第十九章　在死者间

夜晚将尽，越来越多的人丧失了视力，或者正在丧失。对于玛丽埃莲·埃勒尔来说，她成年后的生活都被美丽的事物包围，而如今她不得不凝视可能是最肮脏、最血腥的景象，同时，眼部的瘙痒转为疼痛。距离炸弹的最后一击已经过去很久，空气中仍然弥漫着各种微粒，她和格奥尔格小心翼翼地沿着破裂的人行道，经过焚毁房屋那焦黑的框架，有些屋子还在冒火。沿途，他们看到"大量死者"。[1] 尸体大多一丝不挂，被烧得面目全非。他们两次看到孕妇的尸体，不知为何，她们腹部开裂，露出未出生的胎儿。

当然，他们也几乎认不出自己的家了。出于某种奇怪的冲动，这对夫妇走进花园，他们精心打理的花坛被埋在瓦砾下。后面有个铁丝笼子，邻居们在里面养宠物兔子：这些动物现在只是"烧焦的块状物"。玛丽埃莲·埃勒尔的眼睛现在让她非常难受。她和丈夫决定步行去她年迈的姑妈埃尔泽家，后者住在离市中心不远的郊区，火风暴没有波及那里。他们在一片漆黑的天空下行走，天空中弥漫着烧焦瓦砾扬起的滚烫尘埃，沿路而行，灰烬像雪一样落向路面。他们继续向前，走到空气更清新的地方，渐渐远离燃烧的景象和气味。到达目的地后，他们发现埃尔泽姑妈的房子也被击中，但并没有着火，老太太也安然无恙。"她含泪拥抱、迎接我们。"埃勒尔太太回忆说。[2]这时，她几乎睁不开眼睛了。"我问她要一块手帕和一些水，"她记得，"我得冷敷一下眼睛。"但某处水管一定被炸断了，水龙头里完全没有水。无奈之下，埃勒尔太太向一位邻居求助，但邻居只有装在一口大锅里的一些脏水。她想通过睡觉来让眼睛得到休息，但短暂的休息并没有什么用。她和丈夫决定回家，希望和邻居团结起来，互相帮助。

洛塔尔·罗尔夫·卢姆的视力也是如此。他和其他人从塔森贝格宫殿的地窖里出来了，地窖入口奇迹般地没有被上面的建筑残骸堵住。他们不清楚太阳是否已经升起，因为天空中弥漫着浓烟。他和几个同伴在仍然噼啪作响的城市中探索，火焰不时从房屋废墟中突然喷出，将玻璃碎片变成飞舞的刀锋，教堂里还有火光，狭窄的道路现在面目全非，满是寂静而苍白的碎石。卢姆跟跟跄跄，视线越来越模糊，走得很慢。不过，这群人还是找到了更宽阔的道路，穿过老城区的断壁残垣，走向大花园。他们经过老市场，水池中的尸体已经变色，开始膨胀。卢姆和同伴在曲折交叠的电车电缆中小心前行，电缆早已被切断，路上的残骸中有一辆电车。卢姆回忆说，电车里坐满了"妇女、儿童和士兵"，他们"看起来都像是睡着了"。

他们来到大花园，那绵延一英里的橡树和菩提树树林被炸得四分五裂，树木枯倒焦黑，深深的弹坑里到处是断头尸体和躯干。对于一个具有科学头脑的观察者来说，这里看起来像遭到多次陨石撞击：草地、土壤和树木被巨大的冲击力击穿、扭曲、撕裂。卢姆观察到，许多尸体呈现一种幻觉般的、令人不寒而栗的平静，有些妇女和儿童乍一看毫发无伤。这也正是他的视力严重衰退的时候，他眼前越来越黑。然而，卢姆也注意到，他们并不是孤独的生还者。即使在这鬼气森森的景象中，在尸体周围走动的人似乎仍试图帮助他人。他回忆说，到处都是志愿者，他们尽可能地提供帮助。³

在他的同伴中，有战友贡特尔和一对母女，后者同他们一起躲在王宫的地下室里。他们决定带着这对母女去寻找几英里外乡村里的亲戚。但是卢姆基本上失明了，他们谁也不知道该朝哪个方向走。一名志愿医务人员检查了卢姆的眼睛，宣布他只是暂时性的"烟雾中毒"。女儿拉着卢姆的手，为他带路，这支小队要在废墟中寻找一座未被破坏的桥过河，寻找一条通向远处寒冷而开阔的土地的道路。

大约在同一时间，米什卡·达诺斯也在接近大花园燃烧的树林。他刚离开掩体的时候，觉得自己好像在梦游一般。中央车站附近宽阔的大道很容易走——满是砖块、碎石和玻璃，尽管如此，至少有路可走——但在老城区的窄路上，一切都变了。这里有一些滚烫的大石头，必须爬过去。达诺斯一度看到一个不到五岁的小男孩躺在围墙边上，仿佛睡着了。这是他遇到的第一具完整尸体。其他时候他瞥见的都是人类的尸块：砖块下面伸出的一条腿和一只脚，一团头发连着一个看不见的头颅，埋在焦黑的石头下。这其中有一种积累效应：这个年轻人最初出于好奇想看看这座城市发生了什么，现在终于开始感到害怕。⁴这种反应可能被推迟，但强度并不会减弱。它就在那里，在内心深处，像一团闪烁的火焰。他继续往前走，漫无目的地向着河边和远处的新城区走去。

离达诺斯藏身的地方不远，10岁的吉塞拉·赖歇尔特的外祖父正在微茫的晨光中行走。他走了一辈子的街道和小巷只剩下石头和尘土，要在这里辨认方向已经够困难的了，更何况他现在还完全失明。但他还是在走。还有一些身强力壮的人在这凝固的尘土中穿行，他们奇迹般地看见了他，向他伸出援手。他们慢慢地、小心翼翼地将这个双目流泪的失明老人送到约翰施塔特医院。没有人能治愈他，但他至少会在那里找到安心与慰藉。此时，他的外孙女和女儿还在一段距离之外。对她们来说，当最后一架轰炸机呼啸而去时，前一晚的紧张气氛仍未消失：首先，她们地窖的正门被烈焰挡住了，为了让所有居民都能爬出来，必须把人行道上的一扇窗户打开。吉塞拉的母亲还有两周就要生了。然后，在她们成功地从地窖的火焰中逃出来之后，在那条黑暗的街道上，迎接她们的是无尽的火海。[5]

她们的家已经被破坏，不可能回去了。这名孕妇和她的女儿唯一能做的事就是穿过仍然黏稠的柏油路、住宅大楼倒塌的残骸和不断被吸入喉咙的尘土。除此之外，吉塞拉的母亲还得想办法转移女儿的注意力，让她不要去关注那些扭曲的、赤裸的、满身灰烬的木乃伊。答案是跑，或者至少要尽可能快地移动。吉塞拉有个姑妈住在南边几条街外的地方，那是一片相当漂亮的郊区，有许多雅致的公寓楼。整个社区都着了火，但是姑妈没有受伤。

她们三人一起去找吉塞拉的爷爷奶奶，他们住在大学附近，也在一条绿树成荫的街道上，那里有许多法式别墅和公寓楼。现在，每一处房屋不是着了火，就是被彻底摧毁。但她的爷爷奶奶从地窖出来后也很安全，一家人决定一起离开。没有完整的计划，他们的决心似乎主要出于恐惧。他们都在"不知道该去哪儿"的情况下继续前行。[6]

他们并不孤单。还有许多人影在残破的街道上穿行，显然有一种冲动驱使他们躲到城外的田野和树林里去。他们和吉塞拉一家就像被长期围困的中世纪村庄里的居民一样，与世隔绝，不堪一击。

他们被炸出了 20 世纪，被炸出了摩登时代。

当霍斯特和温弗里德·比尔斯以及比尔斯的母亲在黎明前从地下室出发时，这个男孩仍然无法知道家人的命运。这名少年离开了同伴，朝东边走，在洛什维兹的方向再往上游走大约三英里，有一座建于 19 世纪与 20 世纪之交的吊桥，人们叫它"蓝色奇迹"。这座德累斯顿工程师天才的象征仍然屹立不倒。但是，当这个男孩穿过城东郊区，走向约翰施塔特的废墟时，这座吊桥是他最后的安慰了。他回到家中，却发现里面空空如也，没有他父母的踪迹。他随身带着一个笔记本，在房子的前廊上留下一张简短留言。然后，霍斯特在光秃秃的街道上原路返回，抵达"蓝色奇迹"。他穿过吊桥，回到城东，爬上小山，进入被雨水冲刷得干干净净、漆黑一片的德累斯顿荒地，那是位于城市边缘的一片树林。他小心翼翼地穿过绵延几英里的林木，最终到达住在一座小村庄里的亲戚家。

有些人非常清楚这景象会有多么可怕，包括市政官员、铁路工作人员，以及弗罗梅医生 15 岁的儿子弗里德里希－卡尔。在那个黑暗的早晨，他朝废墟上的火车站走去。[7] 玻璃屋顶和堂皇漂亮的玻璃穹顶都已被震碎，站台和停在站台上的火车也被击中。大火还在燃烧，站台的混凝土仍散发着热气。楼上有几具鲜血淋漓、支离破碎的尸体。下面几层楼黑暗的隧道和走廊，显然也成了乱葬岗。有些尸体被踩扁，葬身于惊慌的人群脚下，有些尸体则完全绽裂开来。还有更多人设法进入车站的防空洞，随后氧气耗尽，坐在原地窒息而亡。有些人被烤熟，火灾使得环境温度不可避免地升高。就算弗里德里希－卡尔希望帮上什么忙，也很难想到他能从哪里着手。最初估计的死亡人数为 3000 人，令人震惊。所有人，其中许多是农村来的难民，都死在一条隧道的内部和周围。但无论如何，这样的数字只有从最外部的视角才能被理解，对于凝视着那些被尸体牢牢堵住的地下通道的人来说，量化又有什么意义呢？

弗里德里希－卡尔向仍在医院工作的弗罗梅医生报告了情况。现在可以看到更多士兵了，火灾的混乱之后，恢复秩序的紧迫感很强。在医院里，军方确实为医生提供了非常实际的帮助，他们带来卡车，以便将病人转移到城郊和乡下那些未受损的小诊所和医院去。这一点非常关键，因为城内没有可靠的水电供应，加上止痛药、纱布和无菌器械的存量紧张，弗罗梅医生和他的庞大团队能做的很有限。最重要的是，医院的一些附属建筑，包括洗衣房、牙科诊室和妇科病房，也在爆炸中遭受了无法弥补的损坏。弗罗梅医生一有机会，就要求军用卡车载他去检查附近地区几家小诊所的设施。他也让这些诊所的工作人员了解他们即将面临的挑战：变色烧伤附近的湿润皮肤，烟尘吸入导致的呛伤，还有眼睛的普遍损伤。

在城市的其他地方，鬼魂仿佛又回来了。就在第一波爆炸来袭的前一刻，玛戈·希勒的叔公赫尔曼正乘列车接近德累斯顿的主站。现在，在第一缕微弱曙光出现前的那段晦暗时间里，赫尔曼出现在他哥哥——玛戈的爷爷家门前。赫尔曼叔公身上穿的西装不是他的，鞋子也不是他的。他解释说"着火的列车驶出了车站"[8]。他没说什么细节，只说在那晚的大火中弄丢了衣服，但他设法找到了一些衣物。他的哥哥从地窖出来查看遭轰炸的房屋，家里的情况还不算太糟，他答应收留弟弟。面对这种超现实景象，很难想象他还会怎么做。

但有成千上万的人没能获得这样的慰藉，相反，他们遭受的是痛苦。玛戈·希勒的姑妈住在老城区附近，在那晚的恐慌中，她与女儿失去了联系。现在，在本该是白天的幽暗中，她在那毁坏的通道和小巷里穿行，走在滚烫的灰烬和愈发炙热的残砖破瓦中，希望能遇到女儿。玛戈也加入了她那不断往复的、神经质的巡视，这时，她瞥见了空袭对这座城市造成的真正影响：熔化的道路上躺着烧焦的尸体；残骸散落四处；头颅滚落在焦黑的土地上。这些死者的身份至少还可以辨认——倒不是说这能给她带来什么安慰，可是玛戈·希勒的姑妈根本无法辨认她女儿是生是死。空气并不安宁，附近和远处都有建筑物开裂、嘎吱作响、倒塌的回声。还有不断移动的人影，他们不是来认领死者，就是来帮助那些奇迹般幸存的人。

　　在别处，米什卡·达诺斯过河后，把"卡尔·梅女孩"送回了家，她家在郊区一片树林里，那是一栋大房子，窗户依然完好无损。女孩的父母带着精疲力竭的达诺斯上楼，请他躺上床。他没睡多久，醒来后觉得自己必须回到那片废墟上。在约翰施塔特的废墟附近，他看到了他起初以为是某种幻象的景象：一头长颈鹿走在残破的街道上。[9]

　　在布吕尔露台上，维克多·克伦佩雷尔的眼睛和太阳穴仍因被飞溅的弹片划伤而疼痛难忍，他仿佛被催眠了一般，望着身后老城区的火光。在晨光出现之前，他就有了这样的印象：一座高塔发出暗红色的光芒，其他地方也在发出"戏剧般"的火光。[10]他已经麻木了，只是偶尔会想，都熬过了这一夜，现在要是再出什么事就太惨了。妻子在哪里？他们已经分开好几个小时了。他朝易北河走了一段路，来到露台尽头的一片小树丛，从那里可以俯瞰河流。正是在那儿，他看见伊娃坐在一个行李箱上。他们紧紧相拥，虽然失去了所有的物质财产，但那并不重要。

　　克伦佩雷尔急切地想知道她刚刚去了哪里。在第二次空袭的血腥混乱中，她被拉进了一个"雅利安"避难所。她很快就离开了，然后又一次走上浓烟滚滚的街道，出发去找她的丈夫。大火的威力和坠落残骸的威胁——她的头也被从燃烧的建筑物上脱落的碎片击中——迫使她再次躲进避难所，这次是在阿尔贝提努艺术博物馆的地下，市政当局都躲在那里。伊娃在地下待了一段时间，但她还是无法让自己留下。她烟瘾很重，她走进这个反常而炎热夜晚的烟雾中，站在闷燃、冒烟的艺术学院前，她的烟瘾发作了。她身上有一包香烟，但没有火柴。她看到黑色的地面上有什么东西在发光，于是弯下腰，想点一支烟。而那发光的东西是一具燃烧的尸体。

在这之后，她就朝着河边凉爽空气的方向走去，然后和丈夫团聚了。在昏暗中，他们疲惫不堪，看见在正常情况下会使任何人惊恐的景象，也没有力气退缩了。克伦佩雷尔教授回忆说，他当时路过了一个人，这个人的头顶被削掉，颅骨内部仿佛一只"黑色的碗"。他们还看到一条断臂，那手臂苍白而完美，没有损伤，就像是蜡做的。在那朦胧的灰色晨光中，这对老夫妇看到易北河旁边的大路上聚起了一支队伍，分不清是当地人还是难民。有些人推着手推车，上面装着杂七杂八的生活用品，有些人扛着箱子。克伦佩雷尔早就摘掉了他的黄星。这对夫妇遇到了另一个来自"犹太房"的居民艾森曼先生。他身边是他的小儿子，但他告诉克伦佩雷尔夫妇，他找不到其他亲人了。他眼中满是泪水，他指着小儿子告诉克伦佩雷尔夫妇，孩子很快就会想吃早餐，但他不知道能给他什么。

河对岸，在宽阔的易北河草地上，人们走来走去，有的穿着外套，有的还穿着睡衣，披着毯子。他们凝视着熊熊燃烧的大火，火将更多的浓烟喷向漆黑的天空。许多熟悉的塔楼和尖塔都被截断，这让他们不知所措，那座深色石质的天主大教堂坍塌了；大歌剧院被夷为平地，面目全非；巴洛克式的茨温格宫许多精美的建筑都被摧毁。在流离失所的市民中，有希特勒青年团和德国少女联盟的青少年，他们从相对安全的郊区赶来，急于在任何有需要的地方提供帮助。几乎找不到纳粹统治集团的身影。当然，士兵、消防员和医护人员试图把那些几乎不知道自己还活着的人组织起来，但纳粹党高级官员却不见踪影。尤其是萨克森的地方长官，居然没有现身来动员人民。当这座城市的公务员试图给这个破碎的世界带来一些理性的东西时，马丁·穆切曼持续的缺席着实引人注目。当然，几小时后远处又响起嗡鸣声时，他也没有出现。

第二十章　第三波

疑虑和不安要在之后才会出现——再然后是无声的、沉思的惊骇。这个年轻的美国人是一名机枪手、一名中士，他已经在欧洲各地完成了 27 次任务。飞行中，他的位置在一个透明的有机玻璃罩内，机枪准备就绪，他坐在那里，能看到接近的敌人和他们的火力，也能看到下方远处的河流、白雪皑皑的山丘，矩形的城市和工业建筑，被炸毁的街道与工厂升起的浓烟和火光。霍华德·霍尔布鲁克后来用一种轻松而不简洁的语气回忆道，他曾目睹许多"生死存亡的情形"。[1] 尽管他补充说他没有受伤，但考虑到美国和英国航空兵的死亡率，这是一种故意轻描淡写的说法。没有受伤相当了不起：根据后来的计算，美国陆军航空队轰炸机机组人员平均生涯预期是 15 次飞行任务，甚至不到完整的一轮。和英国同行一样，有大量的美国航空兵在空中被击落。

现在，1945 年 2 月 14 日早晨，当英格兰东部的天空变得越来越灰，越来越亮时，霍华德·霍尔布鲁克和其他数百名美国航空兵盯着新公布的地图，上面用红线标出飞行路线和目的地。他当时可能因为这座位于欧洲腹地的城市如此遥远而感到沮丧，但他后来不会记得这一点。"在会议上，我们被告知要去轰炸铁路编组站，"他记得，"但我的飞机上装的是燃烧弹。"[2]

霍尔布鲁克当时 24 岁，3 年前自愿入伍。他出生在弗吉尼亚州的寇波恩，一个位于阿巴拉契亚山深处的乡村小镇，坐落在孤松林径上，无论从地理上还是心理上，他都与大城市的气质相去甚远。[3]霍尔布鲁克是来自美国各地的约 45 万名志愿航空兵中的一员，这些人代表各种背景和信仰，其中许多人的名字都显示出德国或意大利血统。霍尔布鲁克是浸礼会信徒，信仰坚定。然而，在上午那场会议后的几个小时内，霍尔布鲁克和空军战友们就将被德累斯顿人民视为一支恶魔军队，他们的行动看上去不是出于道德上的狂热，而是出于某种更黑暗的恶意。人们无法理解他们的攻击——在前两波袭击之后，街道上到处都是尘土，地窖里满是死人，幸存者遍体鳞伤，心理受创，四下寻找与亲人身份相吻合的尸块。这群被战后德累斯顿人称为"美国黑帮"的航空兵，怎么可能再一次乘虚而入呢？但是这些美国人，就像前一天晚上的英国人一样，收到军队的调遣指示，被告知必须切断德累斯顿的通讯和运输线路。白天轰炸，不是至少给了平民逃生的机会吗？

1945 年初，美国战略空军情报局认为，德国空军已经"重整旗鼓，恢复到盟军情报部门认为不可能达到的程度"，[4]纳粹将用真正的恶意和精力组织反击。地面战斗的激烈程度不降反升。那个寒冷的欧洲冬天，在森林和河流间艰难跋涉的过程中，美国士兵的死亡或重伤人数急剧增加。也许战争的结果已成定局，但即使知道西线盟军和苏军均在不可避免地逼近，希特勒的纳粹显然也不会考虑投降。退伍老兵、资深文学评论家保罗·福塞尔多年后写道："我们知道德国人已经输掉了战争，他们自己也知道……但顽固不化的德国人非要把他们的战败表演出来才罢休，这让我们非常沮丧。既然明明知道我们会赢，那为什么非得用身体决出个胜负，并在过程中让他们和我们一道完蛋呢？"[5]

在英国和美国轰炸机司令部的高层中，他们如果对平民怀有任何挥之不去的忧虑，也都被战争的严重性削弱。尽管亚瑟·哈里斯爵士在阐述他眼中蓄意轰炸城市的必要性时最直截了当，但到了1945年，他的上司和美国同行在理念上已与他的立场非常接近。2月初，美国战略空军指挥官卡尔·斯帕茨同意对柏林、莱比锡和德累斯顿的袭击是正当且可取的。这并非恶意，也不完全是要铲除敌人一切痕迹的无情冲动。但他们在认知上有一个决定性的转变，对即将承受这些空袭带来的全部痛苦的平民，他们将以冷漠和麻木面对。如前所述，轰炸城市的目的是制造"破坏和混乱"[6]。这些词是动态的，暗示着混乱的运动，失控的人群，有秩序的市政机构无法运转。这些词没有呈现的，是地窖里一具具器官熔解的尸体。

除此之外，对于像霍华德·霍尔布鲁克这样的航空兵来说，在阳光充足的情况下飞越德国上空，所需的勇气不亚于夜间轰炸：天空中银光闪闪的飞机更容易成为德军的目标。在1945年的最初几周，霍尔布鲁克和他的 B-17 轰炸机战友们完成了一些以合成油厂和铁路线为目标的飞行任务，在曼海姆和吕茨肯多夫上空投掷炸弹。美军的任务总是破坏基础设施和燃料供应，就像去摧毁一台机器，而不是铲除它的操作者。然而 B-17 轰炸机事实上从来没有像他们相信或希望的那样精确。许多炸弹都落在离目标好几英里远的地方。对于被灌木丛生的乡村包围的大型工厂来说，这影响尚小，但对于靠近市中心的铁路编组站来说，若想避免附带的严重平民伤亡，精准度至关重要。

霍尔布鲁克和他在第 384 轰炸大队的战友驻扎在北安普敦郡格拉夫顿的安德伍德村。虽然机场和其他地方一样荒凉，但村庄本身很漂亮：乳白色石头筑成的茅草屋，主干道旁有一条小溪流过。这种宁静英国乡村生活"遗迹"一定给人们带来远离战争纷扰的平静。在最近的几次任务中，霍尔布鲁克的飞机——机组人员将其命名为"丹尼"——燃料耗尽，不得不寻找其他机场降落，有一次降落在（当时由盟军控制的）低地国家。

2月14日那个早晨，霍尔布鲁克和战友们没有感觉到战争即将结束。和他们的同胞一样，他们不仅知悉欧洲战场的伤亡，还了解对日战争的情况，对日战争本身也很激烈。那天早上，当B-17轰炸机群从英国各地机场起飞时，它们的弹舱里装满了炸弹和燃烧弹。并不是所有飞机都要去德累斯顿，对开姆尼茨和马格德堡的空袭将同时进行。然而，这些大致的目标缺乏精确性。那天的云层让领航变得困难重重，在德国上空追踪领航机尾流的12组轰炸机中，有3组航向太偏南，最后意外地轰炸了布拉格，当时布拉格在纳粹控制下的波西米亚和摩拉维亚保护国内。

但霍尔布鲁克的飞机成功保持航向，多年后他回忆说，他们在午餐时间飞近德累斯顿，在几英里外就能看到烟雾，很明显，这座城市毫无防御能力。他们抵达目标时刚过正午几分钟。共有311架美国轰炸机穿过云层冲向这座仍在燃烧的城市。他们的焦点——位于腓特烈施塔特住宅区的铁路编组站——几乎完全被从沸腾的废墟中升起的毒烟所遮蔽。没有一个投弹手能完全准确地释放他们的载弹。正是由于这个原因，在地面上的人眼中，这一波新的轰炸非常恐怖，在许多人心中，恐惧逐渐变成仇恨。这种恐惧确实直接影响了德累斯顿人对那一天他们个人经历的回忆。对于那些没有受伤或没有亲友死亡的人，这种影响不是立即产生的，它是那一夜创伤的后续。随着时间的推移，随着愤怒的增长，集体记忆将会发生变化。

在美国人到来之前，疲惫悄悄笼罩了温弗里德·比尔斯和他的母亲。无论他看到什么，感觉到什么，这个男孩还是被睡意压倒。他闭上眼睛，几小时后，母亲就叫醒了他。[7] 手持警报器的啸叫再次响彻整座城市。轰炸机又来了。在比尔斯的回忆中，他似乎对这件事既不感到惊讶，也不感到震惊，也不感到愤慨，但他显然深切地感受到了那些在这一夜中遭受痛苦之人的痛苦。比尔斯在回忆中特意提到那股逼近的军队的音乐音色，那略轻的音调表明这一波轰炸机的数量比夜间的要少。"这次空袭持续了 13 分钟。"从地面上看，几乎看不出他们的目标是铁路编组站。炸弹落在布满尸体的街道上，落在悲痛欲绝的爷爷奶奶和叔叔阿姨身上，他们在还在冒烟的废墟中疯狂而绝望地摸索，希望能找到活着的、安然无恙的亲人。由于一枚美国炸弹击中了城市的一根主要电缆，比尔斯家的公寓突然停了电。值得注意的是，仅 24 小时后，电力供应就恢复了。尽管遭到猛烈的袭击，但那些城市工人决心确保整座城市不致沦入原始状态。

比尔斯家的一个邻居，瓦克太太，早些时候去了老城区，她的女儿玛戈住在那里，女儿的最后消息是她前一晚从警察局打来的电话。从那以后，玛戈就躲进了无数个地窖中的一个。瓦克太太找到了她女儿地址上的那幢已然残破的大楼。地窖没能抵挡住轰炸或毒气的侵袭，她被告知地窖里所有的避难者都丧命了。瓦克太太悲痛欲绝，以至于似乎都没有意识到新一波的日间空袭。在可怕的精神状态下，她竟然适应了轰炸。她后来告诉比尔斯家的人，救援队说整个内城都被烧毁了。

瓦克太太的一些朋友从被炸毁的约翰施塔特来到比尔斯家的公寓楼。虽然他们街上的建筑都被炸得四分五裂，被落入内部的燃烧弹的火焰吞噬，但他们躲在自家地下室里，幸存下来。同样，几乎没有人提到新一波空袭，也没有人提到投掷在仍未愈合的伤口上的炸弹。人们实在是太累了。比尔斯回忆说，他们"有股烟熏味"，而且特别脏。他们迫不及待想喝水解渴，当地所有供水都被切断了。幸运的是，比尔斯家的水龙头里还有流水。那天余下的时间和随后的整个夜晚，约翰施塔特的难民们都在睡觉。人们无法长时间清醒地忍受生理上的极度恐惧。

对赫尔穆特·福格特来说，2 月 14 日和美国飞机的袭击在某种意义上是有预示的。他从当地士兵那里听说过，英国人在夜间轰炸，而"美国人会在白天来"[8]。正午刚过，他听到一声警告的哨声，人们抬起头，扫视浑浊的云层。他完全不记得听到过飞机接近的声音，但他确实记得看到远处有小黑点坠落，然后听到第一波爆炸声。然后他突然意识到其他飞机正朝他们的方向飞来。他和邻居们奔向地窖——回到黑暗中，接着上面传来不断打击的声音。福格特的公寓大楼被击中，几枚炸弹落入公共花园。没人相信美国人会回来袭击这个已遭重创的城市。福格特和邻居们很幸运，他们仍有避难所。其他许多人却没有。

那天上午晚些时候，格奥尔格·埃勒尔和玛丽埃莲·埃勒尔在约翰施塔特开裂的街道上行走，目光在四处散落的尸块上移动。他们碰到几个熟悉的邻居，其中就有扎尼克太太，她和埃勒尔一样，也是一名防空管理员。她设法召集了一些居民，她和埃勒尔先生制订了一个计划，他们应该离开这座城市，到一个村子里去寻找急需的食物和休息处。像许多德累斯顿人一样，他们极其渴望睡眠。埃勒尔先生想再召集一些他管辖区域内的居民，于是他们决定在大花园公园附近会合。丈夫走了，玛丽埃莲决定留在扎尼克太太身边。

埃勒尔太太疲惫不堪，神经紧张，在公园的边缘坐了下来。那儿的花坛和灌木不知怎么躲过了炸弹和大火的侵袭，绿色和淡蓝色的植物点缀着这座灰色的城市。过了五分钟，传来一阵急促的脚步声和叫喊声："他们又来了！"[9]空中的鸣嗡声突然出现，玛丽埃莲体验到了在露天状态下无法到达避难所的寒冷恐怖。本能驱使着她向一大片杜鹃花丛深处走去。她知道自己这样做是"荒谬的"，可是她还能做什么呢？这时，轰炸又以可怕的速度开始了。玛丽埃莲·埃勒尔蜷缩在灌木丛中，回忆起当时的情景，她说就像是巨石从天而降。她周围到处都是惨叫声，接着，附近出现了爆炸的闪光。埃勒尔太太的头部被弹片击中。"我感觉到脸上和脖子上有温暖的血液。"她回忆道。她惊讶地发现自己还活着。

空袭结束，又带来了新的伤亡。玛丽埃莲从藏身处出来，走到"孩子们的尖叫声"传来的地方。她回忆说，其他孩子都死了。她走到一条长凳上坐下，她能想到的就是她必须等待丈夫回来。在城市的西边，升起了新的烟云。玛丽埃莲坐在长凳上一动不动，周围的人来来去去，这时一名男子走了过来，他很担心她头上流血的伤口。他坚持要她去看医生，但在和丈夫团聚之前，她不想离开此地。男子不耐烦地抓住她，把她从长凳上拉起来。她有些激动地挣脱了他，回到她坐着的地方。这名男子——可能是一名救援人员——告诉玛丽埃莲，他给她五分钟时间等她丈夫，但不能更久了，否则她会失血过多而死。

男子走开了，大概是去别处帮忙了，玛丽埃莲·埃勒尔对时间的感觉开始混乱。她无精打采地望着前方，她的视线依旧模糊，眼睛疼痛。志愿者把尸体抬到路上，放在一起。她意识到周围还有其他受伤的人，知道他们被带走了。她仍然坐在那里，一动也不动。

在她头顶上方，一架英国飞机在浑浊的云层中盘旋，蚊式轰炸机正在拍摄美国人造成的破坏程度。311座"飞行堡垒"在浓浓的棕色烟雾中努力瞄准腓特烈施塔特编组站，取得了一些成功：铁轨被压弯断裂，库房和车厢被烧毁。然而，一些燃烧弹落在其他地方：躲过夜间大火的四层居民楼的屋顶被炸穿，居民被迫再次进入地窖，那里的空气很快就充满了有毒物质。在战前生产过大量缝纫机、打字机和自行车的许许多多工厂也受到轰击。从这个意义上来说，空袭是有效的，这些经过改造的兵工厂，布满精密仪器生产线的工业堡垒，基本上都被摧毁了。附近的腓特烈施塔特医院也遭受了一些轻微的破坏，不过，新的伤者都被带到了这家医院：血淋淋的伤口需要包扎，伤势严重的断肢者痛苦万分，人们为减轻他们的伤痛而努力着。

几分钟后，美国机组人员从云中返回英国。第二天，他们和英国轰炸机再次起飞，深入德国，攻击其他目标：开姆尼茨和马格德堡。对他们来说，德累斯顿并不特殊，不过是另一个目标而已。直到很久以后，他们中的一些人才开始反思那次空袭的深层意义。球形炮塔机枪手哈罗德·R.纳尔逊承认，"对德累斯顿的轰炸真的很恶劣"。但他也很肯定，这次空袭以其特有的方式帮助"缩短了战争的时间"。[10]

然而，德累斯顿人民对发生的事情形成了自己的解释。在玛戈·希勒看来，美国的空袭是"反人类罪"[11]。多年后她回忆说，曾听到有人说"低空飞行"的飞机故意向聚集在易北河草地上的无助难民开枪——有农村来的，也有当地的难民。这将成为这座城市讲述自己故事时反复出现的主题，但事实并非如此。虽然有战斗机为轰炸机护航，但它们没有"低空飞行"，也没有进行过这样的扫射。（类似的故事也会在英国出现：孩子们不仅清楚地记得德国飞机俯冲而下，甚至还清楚地记得飞行员的脸，不过这是不可能的。）

这可能是一种下意识的本能，用来发泄对攻击者的愤怒，他们眼中的攻击者面无表情、无动于衷。与其认清这是近乎工业化的、无情的死亡生产线，不如把它当成一场报复性的虐待。

在德累斯顿，这样的"回忆"还可以更加生动。例如，吉塞拉·赖歇尔特和她的母亲乘坐一辆马车来到乡下，她们混在精疲力竭的市民队伍中，所有人都希望能在高地的农场里安顿下来。这时，她看到飞机再次向她身后的城市逼近。

他们到底想要什么？这座城市"已经支离破碎"[12]。她还记得平民车队"一次又一次"遭到低空飞行的飞机袭击，飞机向任何没有掩护的人射击。但是记忆可能出错，有可能她看到的实际上是德国空军侦察机在试图评估损失，而枪声是她周围的成年人在惊恐、慌乱的反应中产生的错觉。如果这个孩子被一群大人包围着，这些大人一看到飞机就开始骚动不安（这是可以理解的），那么当她扑倒时，就会确信这是一场袭击。当然，她不记得有人被击中。当天晚些时候，这群人都抵达了他们要去的村庄。

还有一些人则清楚地记得易北河畔的草地被俯冲轰炸的情景，而且那些飞机和他们的距离太近了，他们都可以描述出那些恶毒的美国飞行员长什么样。有个人坚称他们被一名黑人飞行员袭击——这个指认不太可能是真的，不仅因为战斗机的速度和高度让人难以看清机舱内部，还因为飞行员都戴着氧气面罩。

这样的故事在成千上万流离失所的德累斯顿人中间迅速传开。那天傍晚，这些人还几乎处于震惊和紧张中。在仍旧嘶嘶作响的管道间，在几乎被摧毁的公寓和商店的轰鸣声中，人们一心一意地寻找着他们的亲人，无论是生是死。他们的尸体在轰炸中可能已经支离破碎，但这都不重要了。必须得体地收殓他们。更实际的是，市政当局知道，在这片散落着无数尸体的土地给活着的居民带来致命的疫病之前，必须将其清理干净。没时间讲究了。那天下午，残缺尸体的收集工作正式开始。许多德累斯顿人也开启了恍然如梦的旅程，他们六神无主，像散落的蒲公英种子一样飘入乡间。从第一波轰炸到现在，只过去18个小时。

第三部分

劫后余生

第二十一章　亡者与梦游人

　　美国人刚飞走，有些人便迫不及待地想更仔细地探索和检查废墟。有些人在寻找失踪者，有些人则被一种带着惊恐的好奇所驱使。温弗里德·比尔斯和母亲想知道住在河对岸被摧毁的约翰施塔特的表亲们情况如何，但可能也是下意识地想弄清在这场波及广泛的灾祸中，他们失去了什么。他们走过俯瞰易北河的沃德施莱申区，男孩和母亲有些紧张地望着那些弹坑。他们看到了一辆"扭曲的自行车"[1]，在它旁边，躺着一具四肢残缺的尸体。他们继续往前走，经过女执事医院区，有几栋建筑仍在燃烧。曾经漂亮的别墅现在成了一片废墟。男孩注意到——也许带着一点儿所有者的骄傲——他的学校似乎完好无损。不少其他学生可能会感到非常失望。然后他们路过了更多的别墅，这些别墅看上去只是被烧毁了，而不是被炸弹炸毁的。这里也有更多的学校和市政建筑，全都被炸得四分五裂。走到河边，连接约翰施塔特区的阿尔贝特大桥看起来已经毁坏。尽管对岸的城市很热，水边的草地上却结满了冰。

　　过河时，母子二人见到了满目疮痍的景象。在萨克森广场上，高耸的居民楼和商店现在都成了断裂的残骸。两幢大楼之间的路已无法通行：倒下的电车线像意大利面一样在街上横七竖八地扭在一起；树木被连根拔起，横倒在大道上；许多汽车被烧毁，一辆电车也是如此。比尔斯和母亲小心翼翼地绕过这些障碍，来到洛特林格大街的主干道上，法院大楼就坐落在这条大街上。这座象征着权威的可怕建筑，连同其庭院里的断头台，依然矗立，但是已被大火洗劫，露出焦黑的内部。在寒冷的空气中，还弥漫着木头和布料烧焦的刺鼻气味。在法院门前人行道的空地上，躺着一些尸体和残肢，衣物仍附着其上。母子二人继续向前。

这里的地形变成了迷宫，很难沿着不成形的乱石路弄清方位，也很难辨别出曾经的街道，公寓大楼被炸得粉碎，别墅也只剩下两三堵墙，内部结构暴露在外。男孩记得母亲弯下腰，仔细查看经过的每一具尸体。任何一具都可能是他们的亲人。眼前还有更糟糕的景象。再往南走一点儿，一条路中央被砸出一个巨大的碗形弹坑，周围的碎石中躺着许多扭曲的赤裸尸体。爆炸的冲击力，以及烤箱般高温的热气，吞没了这些人的衣物，也把他们烤成了焦尸。这是井井有序的文明和审美社会的单纯退化：武力的彰显和对物理学的操纵，彻底亵渎了死者。比尔斯太太检查了那些裸露的尸体，母子二人继续往前。

在医院附近的一条窄街上，有一堵由尖锐碎石组成的满是灰尘的墙，三英尺高，横跨整条街，上面堆着更多的尸体。当他们走到另一个冒着烟的街角时，男孩突然想起他们家的裁缝文策尔·卢平克就在这一带居住和工作。前一年，卢平克还为他量身定做了第一套西装，让他参加在教堂举行的坚信礼时穿。卢平克要如何在这些倒塌的建筑物中幸存下来呢？

母子俩决定去看看住在附近的一些亲戚。他们战战兢兢地看了看那些似乎相对完好的楼房，又看了看那些现在只剩下骨架的建筑。男孩发现了一线希望：与市中心许多老建筑不同，这些公寓楼的内部结构是钢梁和支架，而不是木头。这意味着下面的地窖更有可能保持完整的结构。

通向这些地窖的黑暗楼梯和过道仍然太热，他们无法下楼。热气从楼梯和过道中散发出来，好像深处是个烤炉一般。再往前走一点儿，他们发现了一个小小的奇迹：他们的亲戚霍斯特·波佩就在一栋只剩骨架的公寓楼外开裂的人行道上。波佩显然保住了大量贵重物品，温弗里德对此感到困惑。在这里，在这浓烟密布的刺鼻空气中，波佩堆起一座小山，里面有抢救出来的玻璃饰品、瓷器和手工艺品。而且他还得到消息：比尔斯太太的另外两个亲戚已经到波佩嫂子家去了，都平安无事。唯一他还不清楚情况的人是他的岳母。他们三人在这片阴森可怖的景色中交谈时，他的岳母突然从拐角处走了过来，她正在寻找别的避难所。家人团聚。母子二人确定了这些幸存者的情况，眼下他们急切地想回自己家，回到依然有生机的地区。

当他们穿过由被摧毁的建筑组成的迷宫往回走时，男孩和母亲呼吸的空气中混合着木头、衣物以及橡胶燃烧的味道。还有另外一种新的成分：尸体散发出的"令人作呕的腥甜气味"，比尔斯回忆说，即使在 50 年后，他仍能想起这种味道。[2]

相对而言，这个男孩和他的母亲非常幸运，他们找到了要找的人，发现他们还活着，没有受伤。在老城区附近，老人在寻找失踪的配偶，孩子在寻找父母，父母在寻找孩子。在圣十字教堂附近的小巷里，人们也在仍然炽热的碎石堆上爬行。在普拉格大街的主路段上，路中间的混凝土和碎石块几乎堆到一人高，要想爬上去非常困难，在攀爬的过程中，个别石块下面可能会露出头发或残缺不全的手掌。这就像在挖坟掘墓一样。再往南一点儿，士兵、护士、医生和志愿者在火车站的废墟旁工作。那些死在站台上和底层大厅里的人现在都被整齐地排列在那里。德累斯顿人扫视着这些令人毛骨悚然的"陈列品",想看看能否辨认出亲人,许多尸体的头骨严重受损,面部严重烧伤,只能通过穿着来辨认。人们正在努力地从黑暗的低层取回尸体,但他们被紧紧地挤在一起,空气依然闷热,不流通,充斥着有毒物质,所以到目前为止,进展甚微。流言以惊人的速度传播,弗罗梅医生很快就从一位工作人员那里得知,有3000人被困在那些可怕的隧道里。

尽管许多地窖仍然很热,无法进入,但当局担心会发生瘟疫。就在美军空袭的几分钟后,士兵、志愿者、消防员及医务人员就开始指挥漫无目游荡的难民和无家可归的市民有序地向城市的主干道转移。指挥人员告诉他们,如果继续前进,走出郊区进入乡村,会有更多的志愿者引导他们去村庄和农舍,他们将在那里得到充足的食物,并在铺满新鲜稻草的大谷仓里安顿下来。萨克森的州领袖终于走出他的私人避难所,他下令,任何抢劫者,一经逮捕,都将面临死刑。

对于那些受了重伤,因惊吓而沉默的人来说,这样的声明毫无意义。城中以惊人的速度架设了多家临时野战医院,志愿者温柔地将受难人群从街头领去治疗。在阿恩斯多夫地区高大的石楠丛中驻扎着一支小型军医队。弗罗梅医生带头努力确保这些设施足够坚固,可以接收更多的病人。私家车被征用,弗罗梅医生自己的车——与其他许多车不同,它的轮胎和发动机都没有熔化——在乡间小路上来回颠簸,把病人送到临时住所。大火过后,严冬的寒气依然笼罩着大地,这使得农村地区的疏散工作因积雪而变得异常艰难。只有部分在运转的电话系统也给弗罗梅医生带来了难题。值得注意的是,很多德累斯顿人都知道医疗服务不会停止。玛戈·希勒前一天不顾头部的伤，挣扎着想去参加德国少女联盟的志愿服务，第二天还是被她担忧的母亲拦了下来。尽管又发生了美军的空袭，那天下午，希勒太太还是坚持要女儿去附近一所学校设立的诊所看病。这位母亲确信女儿有些"脑震荡"[3]，鼻梁也骨折了。

玛戈接受了检查，医生说她没事。于是，两人拖着打包好的行李来到费尔森凯勒啤酒厂的建筑群。他们和其他几名员工及其家人在大难之后决定转移到安全的啤酒厂隧道里，那些隧道在山岩深处，可以防御来自任何方向的后续袭击。工厂先前就在寒冷的隧道里安装了适当的照明设备，费尔森凯勒的管理层甚至颇有先见之明，确保在庇护所被长期占用的情况下有洗浴设施可供使用。在一段时间内，这些隧道将成为避难所。

玛丽埃莲·埃勒尔呆坐在大花园公园旁边的长凳上，美军的空袭后，她的太阳穴就一直在流血，不过眼下也得到了有效的帮助。在她把一个潜在的救星推开后，另一名男子走了过来，设法哄她站起来，并把她带到一辆车上。她坐车到达向南约10英里的克莱沙，一片高处的台地。这里有令人印象深刻的医院、疗养院和水疗设施。玛丽埃莲被直接送到急诊室，那里有三位医生正试图照料一大群病人。医生检查了她太阳穴处的伤口，很快就判断伤口只需简单的清洗和缝合。医生说，更大的问题是她的眼睛，她的眼部仍然疼痛，视线模糊，令她痛苦难忍。[4]医生给她滴了眼药水，然后，玛丽埃莲被带到诊所的一间病房，那里有一张床等着她。自然，她很担心她的丈夫，因为在美国人进攻前几分钟他离开后，她就再也没见过他了。但在被扶上干净的病床后，强烈的倦意很快就笼罩了她。像许多人一样，她陷入了沉睡。

许多人聚集在城市外围道路和桥梁上寻求安全之所，也有一些人几乎没有移动。克伦佩雷尔教授与妻子伊娃团聚后，在犹太公墓待了一段时间。在空袭发生后，这片墓地被指定为该市剩余犹太人的集合点。他发现那里空无一人，于是回到待在布吕尔露台的妻子身边。他们太疲惫，连美国轰炸机引起的爆炸——尽管造成了一时的恐慌——似乎也很快被遗忘了。事实上，在很大程度上，克伦佩雷尔似乎并没有意识到第三波袭击，或者说可能对其迟钝麻木。到了傍晚时分，城里挤满了从邻近城镇，甚至从柏林远道赶来的医务人员和救护车。和克伦佩雷尔一样，露台上许多人的眼睛似乎都出现了疼痛和视力问题。[5] 年轻的医护人员带着眼药水和薄薄的软膏刮刀在他们中间穿梭，他们试图用刮刀清除病人眼角和眼皮下的污垢。克伦佩雷尔听到医护人员诙谐的命令："爸爸，别乱动！"

他和伊娃转移到了阿尔贝提努艺术博物馆那栋又大又黑的建筑里，她曾躲在其下的地窖中。博物馆的屋顶被击中，但地下两层的结构完好无损。这个城市堡垒有许多大房间，天花板都很高，由一台手摇发电机供电。在其中一个房间里，医护人员尽可能多地搭建临时床位，并引导老年伤员躺在上面。一些是犹太人，似乎没有人在为他们检查伤情，当然他们也没有被拒收。克伦佩雷尔听外面的朋友说，教授楼里的所有人都活了下来。

那个寒冷的 2 月夜晚，在那个有回音的房间里，人们既不安又好奇。尽管医疗队尽最大努力来照顾他们，但几乎没有食物或饮料来维持他们的生命，因为还没有找到紧急物资。医护人员与病人分享自己的口粮——主要是面包和香肠——但缺水是最大的问题。起初，水龙头里的水还足够让每个病人喝上一口茶，但后来，供水彻底断了，一些在摇摇晃晃的临时病床上躺着的人，现在又因在这种充斥灰尘的环境下脱水而痛苦不堪。克伦佩雷尔回忆说，有一位老先生在极度痛苦中惊醒，显然是梦见自己正在猛喝凉水。克伦佩雷尔记得自己在拉长的阴影中陷入近乎恍惚的状态，他看到两个男人用曲柄转动手摇发电机，发出的光将他们巨大的影子投射在墙壁上。这场景看起来一定很像令德累斯顿人一度着迷的表现主义电影中的画面。

暮色之下是城市的废墟：建筑物内仍在燃烧的大火闪烁着橘黄色的光芒；在老市场，水池表面漂浮着变色的尸体；附近，黑暗的圣十字教堂突然发出嘎吱声和碎裂声，屋顶向着星空大敞。在圣十字教堂附近，在如今已完全毁坏的街区、小巷和通往圣母教堂的过道里，一个名叫汉斯·塞特勒的年轻士兵像个幽灵一样站在那里一动不动，他警惕地注视着他女朋友曾经住过的那个街区——眼下已消失不见。在他周围，有一些人像梦游一样走来走去。他后来称这些人为"死亡之人，梦中人"。[6]

在那片空地的另一边，朝着新市场的方向，在一堆堆砖石中间，有一座伟大的建筑仍旧矗立着，在天鹅绒般的天空衬托下，显得轮廓分明。圣母教堂及其巨大的穹顶和严肃的八角形结构，似乎没有受到任何影响，象征着一种无言的抗争。那些在教堂地窖里避难的人，在安全度过夜晚和早晨之后，都离开去寻找家人和朋友，留下这座建筑无人看管。但是，席卷这座城市的大火尚未在圣母教堂熄灭。随着黄昏降临，从城市各处都能看见教堂被烟尘熏黑的砂岩散发着暗淡的红宝石光芒。教堂内外都传出一种声音，就像一艘老船在夜色中摇摇晃晃，嘎吱作响。尽管它表面上坚不可摧，但在先前的爆炸中，一根承重石柱在巨大的冲击下发生位移，它原本支撑着多层楼面、走廊和离地数百英尺的巨大穹顶。另一次爆炸冲击了另一根与之对称的承重石柱，这有利于平衡第一个错位，但两百年前教堂建筑师精心设计并维持的重力压力正在慢慢失去平衡。

那天晚上，几乎没有人注意到这些。就连战俘们现在也远离了这个地方。在 2 月 14 日的大部分时间里，库尔特·冯内古特都被看守们赶着推马车、货车和手推车。150 多名战俘从他们的屠宰场宿舍被转移到城外不远处的另一个营地——戈尔比茨集中营。那天晚些时候，战俘们还在艰难地操纵着简陋的交通工具，在堵塞的街道和泥泞的道路之间穿行。等他们爬到城外的山上时，车轮上已经沾满熔化的柏油。和其他人一样，他们见到许多孩子的尸体、母亲的尸体，但还有更多尸体在他们看不见的地方。他们很快就会落入一个腐臭的噩梦——从第二天早晨开始，这些人就要和其他战俘一起，去挖掘这座城市里那些被掩埋的死者。

第二十二章　灼热的坟墓

诡异的寂静笼罩着这座几乎被夷平的城市，任何突如其来的响动，任何房梁的摩擦声，都在空气中被放大。就在几天前，城市的各种声部还在发音，有轨电车的电铃声和轰隆声，应酬生意的喧闹声和嘈杂声，交叠在一起的各种谈话声，公寓里的家庭，商店里的服务员，酒吧和咖啡馆的侍者。如今，在弥漫着古怪黑烟的天空下，只剩一片荒漠与寂静的绝对真空。

2月15日上午，圣母教堂被熏黑的砂岩结构终于在高温下发生了明显的变化，这座200多英尺高的建筑在它那巨大的柱子上摇摇欲坠。某些部位的柱子还滚烫无比，另一些柱子则是凉的，建筑物的结构很不稳定。这时，随着一声巨响回荡在周围灰色的废墟上，柱子断裂，向内倒塌，同时也带走了18世纪以来一直占据德累斯顿天际线的巨大穹顶。教堂在一阵轰隆声中坍塌了，精美的内殿、大钟、精雕细琢的长廊、宽敞明亮的窗户，全都压在大理石地板和下面的地窖上，缩皱成一团。地心引力把教堂的内外彻底翻转，汽车大小的石块被甩到外面的砖石广场上。德累斯顿的精神之心已被摧毁。几乎无人哀悼。

　　在老城区，大约有 7.5 万套公寓和其他住房遭到破坏，或者至少变得无法居住。在教堂破碎的砖石结构倒塌前的突然晃动中，幸存的男男女女还在瓦砾堆上焦急地爬行，在那灰蒙蒙的、日食般的诡异暮色中，这些人不知是该坚持心中的希望，还是该开始为亲友哀悼。母亲们专注地凝视着那些衣物尚存的残肢；兄弟姐妹们小心翼翼地在石堆上行走，盯着那些躺在地上宛若安眠的尸体。温弗里德·比尔斯家的一个朋友陷入了这样的循环：走进被毁坏的老城区，因为大部分建筑都被夷平，她能看到四分之一英里外的街道；徒劳地寻找女儿的踪迹，跟许许多多人一样；接着在可怕的无望中回到自己在新城区的公寓，然后过不了多久，她又会心烦意乱地再次出发。玛戈·希勒一位年长的女亲戚也是这样，她受了伤，被这名少女的母亲收留，她在她家附近每一处大火烧毁的废墟旁不停走动，希望能看到哪怕是一件熟悉的衣物。就这样，许多市民的丧亲之痛暂时被封存。

　　那种脆弱感，那种随时可能崩溃的状态，不仅存在于深受创伤的幸存者心里和高楼大厦的残垣断壁中，也存在于市政管理的实际结构中：基础设施网络——道路、电力、供水——实际上已经断裂。所有人，从低级官员到坐在钢门后等待轰炸结束的高级政要，现在都在无助地注视着这一片火烧后的血腥荒原。市政当局召集了他们能召集到的所有公务员，党卫军从柏林被派遣至此。他们很快开始工作，因为他们知道，这个社会的断线必须迅速重新接上。若非如此，会引发许多后果，其中之一可能就是由未下葬的死者引起的瘟疫。前来监督总体管理的是一位名叫特奥多尔·埃尔格林的资深人士，他来自炸弹破坏跨部门委员会。埃尔格林与戈培尔关系密切，从 1943 年起，他就在其他被烧毁的城市积累了大量经验：科隆、汉堡、卡塞尔。特别是在战争的这个阶段，在东西线战事逐渐耗尽资源的当下，他和随从人员在采取行动时表现出的熟练程度相当出色。考虑到德累斯顿部分地区的水电供应要么中断，要么时有时无，因此有三个优先事项：第一，为幸存者提供食物和水；第二，立即处决抢劫者和任何涉嫌散布谣言或动摇士气的人；第三，在温和的条件下，找到一种方法，在处置成千上万的尸体前迅速辨别死者身份并仔细编目。

　　埃尔格林可能知道，他的一位同事在一个月前曾到德累斯顿检查过避难所的设施状况，并发现当地的准备严重不足，约瑟夫·戈培尔还要求解雇市长汉斯·尼兰。[1] 不知为何，通知并没有下达，他现在只是一片废墟的市长。事实上，他连个废墟的市长都不是，面对这样的灾难，尼兰开始计划弃城而逃，同时还想设法逃避责任和耻辱。他的上级，州领袖马丁·穆切曼也在制订计划，准备全面接管市长的职权。我们很难知道穆切曼究竟在多大程度上说服了自己，让自己相信纳粹能够坚守政权，相信德累斯顿可以得到保卫。不管他怎么想，尼兰和他的家人已经在收拾行李了。在临时避难所里与人交谈时，一个德累斯顿人声称看见了穆切曼。与她交谈的人回答说，要是她看到了他，一定会把他的嘴砸个稀巴烂。[2] 但这种煽动反叛的言论仍属罕见。

　　在特奥多尔·埃尔格林的指挥下，一些道路已经清理干净，而另一些道路边有一些半坍塌的建筑物，显然存在危险，因此被封锁。这是善后工作中比较容易的部分。更困难的是从未受破坏的郊区、外围城镇和村庄征用食物和咖啡，并确保聚集在学校大楼和礼堂的幸存者都能得到热汤和三明治。至于抢劫，在老城区焦黑的空壳中，几乎没有什么值得偷抢的东西了，哪怕是最绝望的小偷，也不愿意在这种地方浪费时间。但河对岸的杂货店和类似的商店很可能成为年轻力壮的难民和逃兵的目标。

　　然而，在为死者收尸的过程中，他们遇到了严重的困难。并不是因为缺乏劳动力来完成这项可怕的任务：这座城市仍然有很多"工人"——实际上是奴隶，他们住在郊区的集中营里。此外，还有大量的士兵和战俘，比如库尔特·冯内古特所在的战俘队伍。但他们要克服噩梦般的双重障碍。首先，地面上的实际问题在于，如何通过一堆残肢和头颅来确定死者的身份。在大花园里，没有被大火化作焦炭的树枝上还垂着一些尸体。第二个问题是如何把埋在地下的尸体挖出来。特奥多尔·埃尔格林的一位同事回忆说，士兵们设法挖开了老城区一座建筑的废墟，并找到被掩埋的地窖入口。门打开时，一股可怕的热浪扑面而来。[3] 那股气味简直无法用语言描述。下到那些炽热的地下墓穴取回尸体的人——打开手电，戴好防毒面具——接下来看到的画面令他们永生难忘。

　　这就是库尔特·冯内古特和其他国籍的战俘将要面对的前景：降至无法想象的深渊。他们排成几队，从郊区的新营地被带到老城区的那些巨石堆上。除了咆哮的命令，他们也聆听着刺耳的寂静，那寂静不时被有节奏的钢制工具敲击灰色石块的声音打断。起初，搜寻工作似乎毫无收获，各个搜寻小队所能做的就是随机选择一堆碎石，然后开始挖掘。老城区的基础设施已被彻底破坏，以至于以前的地标——电影院、餐馆、剧院、酒吧、商店——都面目全非，认不出了。有时，挖走一堆碎石块后只是露出更多碎石。从易北河和大花园穿过地下迷宫的路线也不一定行得通，因为隧道随时可能坍塌。然而，最终，这些挖掘队发现，在扭曲的金属和炽热的砖块下，有一些小楼梯通向黑暗。冯内古特形容，第一次接触坐着的尸体，就像进入了一个蜡像馆。[4] 但随着这些温暖的墓穴被开启，化学变化带来了死者的恶臭，如同"芥子气和玫瑰"[5]，他把所有这些地窖称为"尸矿"[6]。这一切的经历构成了他 1969 年的小说《五号屠场》中的黑暗基调——叙述者比利·皮尔格林穿梭于不同的时间流之间，恐怖的过去渗透到现在——他在行文时根本不需要夸张。

冯内古特和"尸矿矿工"同伴都看到了地窖里的人所遭遇的各种死亡。借着手电筒的光亮，他们往下走进那令人窒息的砖穴，许多尸体看起来就像在冥想，坐着窒息而亡。其他地窖里的情况更可怕：倒塌的墙壁将一些尸体压得粉碎，还有一些尸体在被搬动时头身分离，有个脑袋上还戴着一顶帽子。苍蝇很快就出现了。未确认身份的完整尸体排列在路边，希望有家人来认领。在《五号屠场》中，比利·皮尔格林回忆说，他和一个毛利人战俘一起挖掘，那个战俘在挖掘过程中非常难受，停不下来的恶心呕吐真的要了他的命。对瘴气、疾病和老鼠的恐惧更为普遍。在其他被轰炸城市的都市传说中有关于啮齿类动物的描述，说它们的食物过于丰盛，以至于变得肥胖不堪。

更大的困难是，在许多情况下，这些漆黑地窖的砖块仍然灼热难耐。有些尸体在黑暗中被烤得太厉害，以致缩到木偶般大小。有位老妇人的面部缩小了许多，布满皱纹，但一头银发仍旧带着光泽。如果遇到无法从坍塌的地窖中取出的腐尸，士兵们就不得不用火焰喷射器将其就地火化。在军事后勤工作方面，埃尔格林组织的应对措施确有其非凡之处，尤其是考虑到它依靠的是强迫劳动：在接下来的数小时、数天和数周内，挖掘工作有条不紊地高效进行，似乎暂时掩盖了这个政权已然奄奄一息的事实。

从盟军的角度来看，让幸存者在仁慈的和平中找回死者的遗体似乎也没有任何意义。同样在2月15日上午，一队美国轰炸机从位于北安普敦郡迪恩斯罗普的皇家空军基地起飞，目标是莱比锡市附近的一家加氢工厂。他们接到指示，如果因云层太厚无法进行精确轰炸，那么他们的第二个目标就是德累斯顿。这种情况发生了。轰炸机设定了飞向德累斯顿的航线。但可能之前的袭击在空中留下太多肮脏浑浊的爆炸残留物，在一定程度上起到掩护德累斯顿的作用。那天的天空太过昏暗，美国轰炸机无法分辨出它们一直以来的目标——腓特烈施塔特铁路编组站。在投下的炸弹中，有很大一部分大大偏离目标，落在迈森和皮尔纳这样的外围小镇中。在城南，臭名昭著的法院大楼也被击中。除此之外，许多市民似乎根本没有注意到美军这 10 分钟的空袭。为死者料理后事压过了所有其他顾虑。

　　有些家庭住在树木繁茂的郊区，房屋未被破坏，但远处丧主之犬的嚎叫声让他们在深夜愈发心神不宁，他们来到老城区的中心地带，在那些破败的街道上看到一排排尸体。人们只能通过衣服、手帕、手表、戒指或一些独特的首饰来辨认他们的亲戚、朋友、同事。在这些井然有序的认尸队列中，有时也会有一些无序的元素出现：一些老人推着小车，上面放着血肉模糊的残肢断臂，他们认为这些是亲人的遗体。一位老妇人扛着一个沉重的麻袋在尘土飞扬的路上走，袋子里装着一具干瘪的尸体。这些绝望的人要去哪里？当他们或推或背起这些可怕的重负时，心里有什么奇怪的打算呢？在一些记述中，人们回忆说，城里和周边的士兵大多都很坦率善良。也许这些遭受极端创伤的受灾者也得到了温柔的对待。

　　根据一些记录，多达一万具尸体被仔细编目，装进卡车，运到城北德累斯顿荒地附近的一片墓地，当局在那里的树林开辟出空地，用来修建巨大的公共墓穴。然而，即使是最周密的计划也无法应对这个规模巨大的可怕问题：如果用同样的方法处理所有尚未挖掘出来的数千具尸体，这一过程将耗费太长时间，那些尸体很快就会腐烂发臭。还有一个有效的办法，那就是在城里烧掉这些尸体，然后把大量骨灰埋在这片树林中，但这样人们就会失去为亲友哀悼的机会。在满目疮痍的老市场，水池里的肿胀尸体已经清理干净，当局在那里找了个中心位置，用作室外火葬场。一旦尸体被编入目录，待文件整核完毕，就没有时间浪费了。雷纳商场只剩一个破碎的外壳，它的销售区向着天空敞开，但它还有最后的用处。商场的钢质百叶窗是大楼结构中唯一相对完好的部分。焚烧尸体需要良好的空气流通，所以必须把堆积的尸体抬离地面。因此，在老市场碎裂四散的石砖、突兀的单面砖墙和倾斜倒塌的房梁周围，百叶窗的金属杆横向排列在空地上，顶部再架上木板。数千具尸体被扔到这些木板上焚烧，人类的死亡堆积如山，中世纪景象以工业时代的规模展开。骨灰和骨头清走后，更多尸体被抬上来，然后火焰重新燃起。

市政当局尽可能准确地统计，那些在室内或地窖里发现的尸体，至少有地址可查，但露天尤其是在大花园周围的残破遗体，难以查明身份。这些遇难者中有不知多少人，从儿童到母亲到老年妇女，毫无疑问是农村来的难民，他们的证件落入灰烬，他们要么找不到避难所，要么就是因为太害怕而不敢待在志愿者引导他们去的避难所。这里，在公园的边缘，也搭建了巨大的柴堆。而在焦枯的树木和深深的弹坑间，仍有人茫然地行走着，他们怔怔地望着，凝视着，继续向前移动。

在河对岸的城郊，居民正在以自己的方式了解伤亡情况。温弗里德·比尔斯和母亲在他们自己的街区和新城区的别墅群附近走动，很快就得知温弗里德的好朋友克劳斯·魏加特和他家族的许多人都遇难了，其中包括德高望重的威廉·魏加特医生。[7] 比尔斯学校的老师沃尔特·利布曼和他的妻子也死了。他们的房子被高爆炸弹直接命中时，他们正在地下室里。整栋房子只有音乐室还在。

好似心灵感应一般，比尔斯和母亲同成千上万的其他居民在卡片或纸张上写下留言，撑在熟人的门边或塞在门洞里，或是房子剩下的任何部分，恳请曾经住在这里而如今失踪的亲朋好友联系他们。

在空袭后那段茫然失神的日子里，德累斯顿人用这种方法留言，以期幸存的亲友能看见。

那些被疏散到乡间临时住所的人也给搜索者留下了信息。米什卡·达诺斯给他母亲留了话，他知道母亲正从布拉格乘火车前往德累斯顿。几小时之后，他就会和许多人一起住进乡下谷仓，谷仓里只有一个灯泡和大量稻草。在别处，被判刑的英国士兵维克多·格雷格所在的警察局临时牢房被一枚炸弹击中玻璃圆顶，于是他越狱逃到街上，目睹许多妇女头发燃烧、孩子被卷入火海的场景。眼下，他仍在设法躲避军事当局。[8] 直觉将他引向通往城东的道路，向山区走，苏联军队在那片区域势不可当地前进。

希勒一家仍然很害怕，这不是没有理由的，他们担心盟军的轰炸机会再次飞过。他们并不是唯一在费尔森凯勒啤酒厂的岩面隧道中避难的人。（如果他们知道这个建筑群里还有一个隐蔽的欧司朗精密仪器厂的话，他们可能就不会这么乐观。）她回忆道，隧道里很潮湿，很快也变得不卫生。条件简陋，两名在此避难的孕妇尤为不适。但她们决定留下来，一定要留下来过夜。

在别处，吉塞拉·赖歇尔特和母亲出了城，乡下的环境很陌生，让人晕头转向。她们被临时安置在一个农场里，吉塞拉即将临盆的母亲承受着极大的身心压力，她的女儿回忆说，她"被这些事情折磨得筋疲力尽，对未来感到恐惧"。[9]

不过，对其他人来说，也有一些感激和解脱之情：艺术家奥托·格里贝尔的工作室在大火中被彻底破坏，现在他与避难的家人团聚了。他的儿子马蒂亚斯当时 8 岁，他后来回忆说，他们的房子被大火烧毁，外面是"地狱的景象"。"炸弹把人炸飞到树上……水管破裂。煤气管道燃起了火。"[10] 更深重的责任感和愧疚感将影响这个男孩未来在这座城市的职业道路。德累斯顿的一些孩子也有同样沉重和困惑的感觉，他们中的一些人后来成了作家和记者，一些人后来也会开始思考道德问题。有可能是这座城市自己促成了自己的毁灭吗？马蒂亚斯后来指着一面纳粹党旗说："一场大火从德国喷出，绕世界一圈，然后又回到了德国。"[11]

在市中心，克伦佩雷尔教授在确定"犹太房"里的犹太居民中有约40人幸存后，接受了朋友的建议：冒充雅利安人。光是在布吕尔露台上走来走去，就让他产生了一种奇怪的紧张感，因为犹太人被禁止进入那里，但他和伊娃推断，大量文件和记录应该都在大火中被烧毁，如果他们和其他人一起疏散——军队会有序地把市民带到事先安排好的农场和兵营——那么他的犹太身份应该不会被认出来。不管怎么说，另一种选择就是继续承认他的宗教信仰❶，并面临当场被谋杀的危险。城市被毁，并不意味着纳粹政权会突然放弃灭绝计划。于是克伦佩雷尔教授和伊娃加入疏散队伍，乘车往北走了五英里，到达机场，那里已经安排好了临时住所。

这里有水，还有好喝到令人难以置信的面条汤，克伦佩雷尔教授狼吞虎咽地吃了一些，不过草药茶比较一般。[12]还有，他在日记中坦言，他对和他们住在一起的人并不太满意：工人阶级，粗俗，唯利是图，有时还很幼稚。克伦佩雷尔在想，是不是德累斯顿所有的知识分子都被烧成灰了。教授的注意力在两件事上徘徊。一方面，他要担心他们同伴那不尽如人意的德行：一天晚上，伊娃发现她放在枕头下的羊毛开衫被一个室友偷走，但在她的指责下，那人羞愧地归还了毛衣。另一方面，他也在忧虑自己犹太人的身份可能被认出，遭到告发。他在死亡的钢丝上走了这么久，他明白，只有完全离开

---

❶ 此处疑误，此处"宗教信仰"指向犹太教，但前文提到克伦佩雷尔接受了新教洗礼，且实际上并不信教。

德累斯顿，才能降低被发现的可能性。他和伊娃可以在另一座城市找到住处，然后重新开始。出于截然不同的原因，其他德累斯顿人也得出相同结论，除了房屋被炸毁外，苏联军队进逼的威胁依然存在。

优雅的玛丽埃莲·埃勒尔在克莱沙医院接受眼部治疗。医生直截了当地告诉她，既然她的视力已大致恢复，头部的伤也很快就会痊愈，她必须腾出病床给更需要的人。所以这位端庄的女士穿起毛皮大衣——这是她所拥有的最后一些值钱的东西之一——和其他几个德累斯顿市民一起出院了。他们被指引到一所学校，在那里过夜。"床"只是拼在一起的椅子，埃勒尔太太和她的新伙伴们在"半睡半醒"中度过一夜，他们静静地交谈，重温各自的经历。[13] 埃勒尔太太还不知道她的丈夫怎么样了。第二天，她搭上一辆开往城里的军用卡车。她只是想看看自己的家，但到家后，她发现眼前的场景比预想中的更糟糕。街道"弥漫着可怕的气味"，有火烧的气味，也有死亡的气味。街道上"寂静无声，死气沉沉"。尸体"在路边堆成了山"。[14] 她看着穿白色套装的男人们从排水沟里抬出尸体，一边迅速大喊"一——二——三！"，一边把他们扔上卡车，然后卡车就朝着老市场驶去。她记得还有一些拿着火焰喷射器的士兵，专门在地窖里火化尸体。

对埃勒尔太太和克伦佩雷夫妇来说，离开这个城市的方法固然复杂，但尚且可行。克伦佩雷尔夫妇不得不一路搭顺风车，沿着平坦的乡间道路走了好几英里，但他们最终还是到达一个火车站。同样，埃勒尔太太也搭乘军车回到克莱沙，成功抵达附近城镇的火车站。值得一提的是，虽然英美轰炸机使得车辆烧毁、铁轨和桥梁断裂，但政府还是设法至少让德累斯顿附近的火车继续运行，虽然火车无法通过城市，且班次很少，还可能原因不明地延迟数小时，但他们保证了火车的运行。边远的火车站可能满是难民和士兵，但那里有西行的火车驶往莱比锡、开姆尼茨和更远的地方，远离前进的苏联人。

在德累斯顿火车主站，工人和士兵仍在工作，把尸体从大厅下面的地下墓穴中挖出来，在残余的站台上把他们一字排开。弗罗梅医生对此非常关心，因为他儿子执行的公民任务在火车站"展开"。[15] 弗罗梅本人正在照管来自全城各地的伤员，把他们送到阿恩斯多夫等附近城镇的医疗机构，并开车四处勘察，试图了解眼下的人员伤亡规模。在火车站，弗罗梅年少的儿子已经数不清他到底看到了多少具尸体，也不愿细想他们的状态。与此同时，在半英里开外的地方，工程师们开始着手修复柏林–德累斯顿–布拉格干线上由北向南的铁轨。只需几天的时间，有限数量的火车就会再次穿过市中心。

丘吉尔曾建议他的高级指挥官不要去预测燃烧弹对地方人口的影响，德累斯顿的市民和市政当局恰恰证明盟军的"士气轰炸"既没有引起预期的慌乱不安，也没有引起期待中人们对纳粹意识形态的反叛。相反，他们似乎生出一种近乎超然的压倒性冲动，得让这座城市恢复秩序，赋予这场灾难以思考和意义，而只有从最独特的细节中，才能全面理解这场灾劫。也正是在这个时候，世界知悉了发生在德累斯顿的事，有些反应十分激烈，以至于身处柏林的约瑟夫·戈培尔几乎不需要再为此事件添油加醋。

第二十三章　恐怖的含义

2月15日，英国各地城镇里的男男女女坐在厨房的餐桌前拿着早报，吃着严格配给的黄油和培根。他们这时才知道，此次对德国的大规模轰炸不同寻常：在前一天登载了简短的头条新闻后，所有的报纸现在有了更为全面的报道和专家分析。还需要几天的时间，一些人才能从更严峻的道德角度反思这次空袭——纳粹充分利用这种惊骇，议会对此提出问题，而首相本人显然也退缩了。

起初，这次空袭是从战争的逻辑步骤来展现的。虽然英国媒体不得不遵守战时微妙的审查制度，但没有明显迹象表明记者们被要求在报道时有所保留。2月15日，工人阶级报纸《每日镜报》宣称这是"德国经历过的最糟糕的空中突袭"，并补充说，"1350架美国重型轰炸机……在德累斯顿投掷数百吨炸弹，这是在不到12个小时内对德累斯顿进行的第三次袭击……前一天晚上，英国皇家空军的1400架飞机投下65万枚燃烧弹和数百枚高爆炸弹，引燃熊熊大火"。[1]飞机的数量被莫名其妙地夸大了。但报上说这次空袭明确无误地是在协助科涅夫元帅和苏联红军的挺进。报道没有强调平民伤亡。

同一天早上，更上流的报纸《每日电讯报》更多地关注轰炸的效果，实际上也是在关注纳粹政权的反应。在英国皇家空军最初的空袭之后，"许多 8000 磅和数百枚 400 磅高爆炸弹……使得 200 英里外都能看到火光。美军到达时，大火仍在燃烧"。不过，很明显，该报预见了正要打响的国际宣传战："德国做出反应，将 800 架兰开斯特式轰炸机袭击德累斯顿称作'恐怖袭击'。"《每日电讯报》继续写道："著名建筑被摧毁。柏林军方发言人宣称英国皇家空军'只攻击城市的中心地带'。"[2] 然而，《每日电讯报》又请读者放心，说这座城市是"一个重要的铁路枢纽"，拥有"大型军火作坊和工厂"。这条铁路至关重要：它是"通往德国东部及南部、柏林、布拉格和维也纳的主要线路的交汇点……德累斯顿是军队集中区，也是从第三帝国其他地方撤离的行政部门的所在地，因此德方非常需要这个基地"。

《每日电讯报》还联系了英国皇家空军内部专家——获得过军功十字勋章的退役空军准将欧内斯特·霍华德-威廉姆斯来分析空袭及其影响。他对平民伤亡的可怕事实并非完全麻木，但只在背景中介绍了一下。"盟军对德累斯顿的大规模空袭表明，雅尔塔会议制订的计划在墨迹未干时即已付诸实施。"他这样写道，暗示这次空袭是在苏联人的要求下展开的。"除了经过德累斯顿的铁路外，最近对开姆尼茨和马格德堡的空袭也对通往东线的线路造成了沉重的压力。"但霍华德-威廉姆斯考虑的不只是铁路。"据估计，德累斯顿的军队和平民可能多达 200 万人，"他继续说，"正常人口是 64 万。许多柏林人和从东部撤离的人都逃到这座与首都有着良好铁路交通的城市，并且当地已经发展成巨大的军火中心——该城的范围内有超过 30 英里的铁路以及易北河左岸的一个大型编组站，有 6 座桥横跨易北河。"

一位"空军参谋"对他说："只要给我们一个月的好天气，我们就能让德国军队在东部和西部的铁路系统瘫痪。"[3] 他强调的重点是基础设施，避开了"难民"一词。但这位退休专家也思考了这座城市生活的其他方面。"德累斯顿是一所技术学院和一所艺术学院的所在地，"他写道，"据我所知，那些更有价值的艺术珍品早已被埋在别处了。"[4]这确实可能是《每日电讯报》的许多中产阶级读者的主要担忧，他们中有相当一部分人会在自己的陈列柜里摆放几件德累斯顿瓷器。那天早上，该报的八卦专栏"彼得堡"就以"空袭德累斯顿——新版瓷器店里的公牛"为题，写了个非常低级趣味的笑话。

这种不得体的描述不太可能得到轰炸机机组人员的欣赏，他们正从更远的任务中归来：轰炸从埃森到科隆的苯工厂。对于轰炸机司令部的航空兵来说，德累斯顿已经是过去时了，根据投弹手迈尔斯·特里普的说法，他们对未来几乎没有任何感觉。相反，他们纯粹地活在当下，恐惧仍深入骨髓，但也有别的东西：似乎是对飞行和肾上腺素的瘾。德累斯顿周围几乎完全没有防御工事，这并不寻常。在德国其他城市上空，夜空的银白月色中仍然镶嵌着高射炮的橙红色火光。2月中旬，盟军的地面部队尚未在德国的森林里取得决定性进展，每天晚上，机组人员的目标仍然是摧毁基础设施和燃料供应点。特里普回忆说，在德累斯顿空袭后的那个晚上，他们接到指令，要向位于西面一点儿的小镇开姆尼茨进发。[5]他、机组成员和上级都知道那里会有大量的难民。这个想法让特里普在某个瞬间反思了自己的毫无顾虑，但这种阴郁被他和机组成员在天空中飞行时体验到的超感官知觉抵消了，那是一种压倒一切的活力感。对于他们机组的飞行员"迪格"来说，单靠执行任务似乎已不足以使心跳保持他已习惯的频率，炸弹投下之后，飞机返航英格兰时，"迪格"会让飞机做一次大幅度俯冲。特里普在投弹手位置向下盯着越来越近的北海海面，或看着英格兰小道上骑自行车的人在飞机俯冲时躲闪不及摔下车的样子。[6]

戈培尔使用"恐怖轰炸"一词时，并没有引起国际上的关注，然而，2月16日，当这个词被美联社记者霍华德·考恩用在似乎是故意的错误之处时，它突然出人意料地获得了巨大影响力。考恩当时在巴黎盟军远征部队最高司令部参加了英国皇家空军准将 C. M. 格里尔森举行的新闻发布会。格里尔森谈到，把德累斯顿和其他类似城市作为空袭目标的目的是制造行政混乱，也是为了扰乱德国的运输系统和通信系统。但是，这种以城市本身为目标，而不是以特定工厂为目标，从而给市政当局制造无法克服的困难的主张，似乎在以一种温和的方式来表达更为残酷的事实。在被问及有关难民的问题时，格里尔森试图强调铁路和公路的重要性，以及苏联军队的挺近。但难民和平民将成为这场精心策划的混乱的一部分，大量恐慌的民众将封锁这些道路，这已给人留下了不可磨灭的印象。记者考恩满怀热情地在他报道的前言中总结了这一做法，他在开头写道："盟军的空军指挥官做出了人们期待已久的决定，对德国人口中心采取蓄意的恐怖轰炸，这是一种无情的权宜之计，目的是加速希特勒的毁灭。"[7]

他的报道还指出，早前对柏林的空袭针对的是一个"难民密集"的城市。指出这一点不是要表达道德层面上的反对，事实上，考恩写道，在欧洲，有成千上万平民成为德国空军和 V-1 火箭弹、V-2 火箭弹的受害者，他们会对此感到"满意"。[8]

不知何故，这篇报道——即使有人提出反对意见——还是通过了审查，几天后就得到美国媒体的刊载。英国报社编辑出于自己的意愿，采取更谨慎的态度。这并不是说德累斯顿的命运被忽视了，恰恰相反。左派的《曼彻斯特卫报》和右派的《每日电讯报》在随后的几天里都刊登了文章，报道德累斯顿被烧毁的严重程度。2月17日，《每日电讯报》转载德国海外通讯社的一条消息："盟军已经把德累斯顿……化为灰烬。"它说，这座城市成了"一片巨大的废墟"。[9]几天后，英国读者又读到一篇新闻稿："德累斯顿的灾难史无前例……一座伟大的城市从欧洲的面孔上被抹去。"[10]同一天,《每日邮报》宣称德累斯顿已成为"一座过去的城市"。被禁止登载的不是事实,而是对事实的解释。全国编辑都同意轰炸机司令部和陆军部的说法:这不是一种新的"恐怖轰炸"策略,而是将炮火瞄准敌军运输网络的结果。不过,瑞士和瑞典等中立国注意到了这种过分激情的措辞。

即使在那个时候,戈培尔也没有办法通过传播这个消息来取得什么收获,他迅速决定把死者的数目夸大为实际的 10 倍,声称那天晚上有 25 万人死亡,但这也收效甚微。也许这将激励新招募的童子军士兵更坚定地与苏联人、美国人和英国人作战,但他也肯定知道,当他暗示盟军可以在一夜之间杀死 25 万德国公民时,就等同于承认盟军在战争中占据主导地位。关于德国即将部署绝密的神奇武器以取得奇袭胜利的言论,都明显少之又少了。从戈培尔的私人信件中可以看出他很清楚这一阶段纳粹的现实状况,同样,从目击者的描述和德国民众的日记中也可以看出,胜利几无可能,只有少数人认为在希特勒的生日当天——4 月 20 日——会公布新的奇迹计划或超级武器。

不过,"恐怖轰炸"一词对美国人来说确实很有用。这个词一经刊出,立刻引起不安。美国当局做出巨大努力来调整未来美国的新闻报道,使其明确指出美国空军的目标是铁路编组站,而不是手无寸铁的平民。美国空军的公共关系官员雷克斯·史密斯上校急于让美国公众明白,美国机组人员仍在进行"精确轰炸"。[12]考虑到他们的"精确"目标非常接近住宅区和高人口密度地区,他和其他高级官员可能仍然认为精准轰炸很难实现。但至关重要的是,公众必须认识到,无论纳粹敌人有多野蛮,美国人永远不会堕落到那种道德水平。这不仅仅是为了维持空军的士气,在一定程度上也是在为战后的权力斗争做准备：为了在整个欧洲和战败的德国掌握权威，美国人必须被视为道德力量，只做必要的事，以肃穆的态度、遗憾的心情和科学的计算来铲除纳粹主义的邪恶势力。在这一点上，美国人在一定程度上也与英国人保持着距离，不过只是在新闻报道的呈现方面。空战仍像以前一样继续，而在一个特殊的小镇上，空战的威力变得愈发致命。

　　普福尔茨海姆通常被称为黄金施塔特，即黄金之城。这个优雅的城镇坐落在黑森林边缘的一个山谷中，靠近法国边境，城内有许多尖塔和角楼，长期以来一直是精美珠宝和精密钟表制造中心。这是一个约有 8 万人口的小城。这里的工匠住在长条形的工坊里，窗户宽大，这样他们使用线圈和弹簧、闪烁的钻石和有光泽的黄金进行精细工作时，就可以沐浴在光亮中。当然，就像在德累斯顿一样，许多工厂投入新的战争生产，制造保险丝、小型军械和武器部件。这是它出现在轰炸机目标清单上的一个理由。另一个理由是——和德累斯顿一样——该镇也是一个军队调度中心。在战争的这个阶段，离盟军渡过莱茵河尚有一个月的时间。2 月 23 日晚，轰炸机司令部又掀动一场火风暴。据一些人说，从普福尔茨海姆升起的白色光柱直冲云霄，高度近一英里。

　　和德累斯顿一样，成千上万躲在地窖里的人都被判了死刑，过热的空气充斥着有毒物质，氧气越来越稀薄。若按比例计算，其伤亡情况比德累斯顿严重得多。在短短几个小时内，大约 1.76 万人死亡——几乎占总人口的四分之一。就火灾和爆炸造成的破坏而言，其影响也是巨大的：据估计，该城中心建筑和住房有 83% 被毁。一个城镇四分之一的人口在几小时内被杀，这个概念很难让人接受。这场惨剧，撕裂了普福尔茨海姆的每一个家庭，摧毁了房屋和避难所，留下一片宛若中世纪废墟的景象。这才是战争真正的可怕之处，这场疯狂的大动乱不知为何有了自己的冲力，脱离了严肃的战略思考。除了报纸报道的措辞，德累斯顿空袭造成的惊人严重后果——和汉堡、科隆、埃森和马格德堡一样——显然没有引起轰炸机司令部的任何迟疑、犹豫或怀疑。

在世界另一端，美国与日本的冲突带来了一夜的轰炸，其规模和损害程度都让德累斯顿相形见绌，那就是 3 月 10 日的东京大空袭。在两个半小时的时间里，B-29 轰炸机对这座城市进行了猛烈轰炸，地面的日本防卫部队和消防队无力回天。美国人仔细地研究了 1923 年的自然灾害：地震和海啸引发了被称为"龙卷"的火旋风。轰炸机在午夜前后飞过东京上空，眼下制造出一片火海。在他们视线所及的城区，居住着超过 100 万人口。家家户户在各处徒劳地寻求庇护：运河、河道、寺庙。咆哮的火风暴升起，沸腾的天空变成青铜色，父亲、母亲和孩子在原地被活活烧死。事后有人说，美国飞行员在飞行时不得不迅速戴上氧气面罩，不是因为空气不足，而是因为肉体烧焦的臭味无处不在。但奇怪的是，这次空袭和其他类似的袭击似乎并没有像欧洲战役那样引起人们的反思。相反，在许多人看来，柯蒂斯·李梅将军的轰炸机在该地区的作战只是为了尽早结束敌对行动，以避免更多的流血事件——在未来几个月里，伴随着一场更可怕的历史性空袭，这种观点听起来会更有力。

但随着事态发展，英国国内的那些人对德累斯顿的命运，以及这次空袭所象征的一切，怀有更为深切的忧虑。反对区域轰炸的声音越来越大，奇切斯特主教乔治·贝尔，国会议员维拉·布里顿和阿尔弗雷德·索尔特也在其中，后二人来自被轰炸严重破坏的伦敦西伯蒙德赛区。伊普斯威奇的工党议员理查德·拉皮尔·斯托克斯也充满激情，1945 年 3 月初，他在下议院会议厅站了出来，试图挑

战明显已成为新正统观念的燃烧弹猛烈轰炸战略。他意图回应空军
大臣阿奇博尔德·辛克莱爵士发表的一篇声明，后者在 3 月 6 日自
豪地告诉下议院："战略性轰炸机进攻……仍然是英美轰炸机司令部
的主要任务……轰炸机司令部的武装力量不时地飞越欧洲各地，轰
炸目标，直接支援从东部挺进的令人生畏的苏联红军。"阿奇博尔德
爵士还说："盟军的空袭规模这么大，戈培尔博士都必须承认他们现
在已经无法承受这样的攻势了。"[13]

　　斯托克斯在任何意义上都不是个和平主义者，他在会议厅里听
到有关解除英国灯火管制的质疑。他本人的突然发言则要更为尖锐。
据《曼彻斯特卫报》报道：

> 　　有人提到我们轰炸的准确性。他（斯托克斯）不相信那种
> 骗人的鬼话。在有必要进行战略轰炸的地方，也许不得不忍受
> 这种做法，但俄国人似乎认为根本没有这个必要。他已对战略
> 轰炸的道德问题感到绝望，忧虑地看到将会出现的疾病和贫困，
> 这些问题几乎不可能克服。恐怖轰炸现在已经是我们战略的一
> 部分了吗？他问道。如果是这样，那为什么不告诉英国人民当
> 局在以他们的名义做什么？[14]

　　这番话引起空军部次官鲁珀特·布拉格纳指挥官的强烈反应，
他在下议院发言时否认了"恐怖轰炸"。他说："我们的任务是消灭敌
人，而我们正在以一种比以往更有效，且会越来越有效的方式进行
这一工作。斯托克斯先生试图建议我们的空军将领或其他人坐下来
思考我们会杀死多少德国妇女和儿童，这是不公正的。这是不正确
的。"斯托克斯坚持质问：那么为什么有一篇报道提到恐怖轰炸？阿
奇博尔德爵士听了这话，站起身来回答："那篇报道不是真的。"[15]

下议院的报告意味着"恐怖轰炸"一词首次在英国媒体上出现。在接下来的一周里，斯托克斯又卷入议会争论，他在一次口误中使用"非议会"的语言指责战争部说谎。首相当然密切关注过斯托克斯早先的言论，丘吉尔本人在一周后对下议院发表讲话时，也站出来质疑斯托克斯，不是针对"恐怖轰炸"的问题，而是针对他对战争部在议会说谎的指控。斯托克斯在身旁安奈林·比万 ❶ 的陪同下，勇敢地为自己辩护，但也被迫承认，用"误导"这个词会更合适。斯托克斯必定引起丘吉尔心中的不安，或者至少催化了这种不安。因为在两周之内，首相就秘密向轰炸机司令部的空军上将表达了自己在道德上的担忧和难处。

但在那之前，这位空军上将一直保持乐观态度：亚瑟·哈里斯爵士自己在 1945 年 3 月初的看法是，他手下的轰炸机机组没有得到应有的褒奖和赞赏。他显然也被"恐怖轰炸"这个词刺痛，主要是因为他从这个词中发现了一种不友好、不合作的新闻报道模式。他写了一封情绪激动的信，收信人不是丘吉尔，而是盟军远征军总司令德怀特·艾森豪威尔将军。他写道："我恳请您亲自协助处理一件我和我的上司极为关切的事情。您可能已经了解，我们几乎摧毁了德国主要工业城镇中的约 63 个，并对包括柏林在内的更多城镇进行大规模破坏，其破坏程度远远超过我们国家所遭受的损失。"但他抱怨说，轰炸机部队在战地记者的笔下"几乎完全没有功劳"。最伤人的是,哈里斯断言,记者们甚至将这种破坏归功于"炮兵部队"。他写道，陆军不断推进，要是把他们对那些城镇造成破坏的"功劳算到我们头上"，"可以被人接受"吗？"目前的事态已经在我的士兵中引起相当大的痛苦和怨气，您很清楚，我的士兵艰苦战斗了两年，且整

---

❶   安奈林·比万（1897—1960），英国工党左派领袖，当时为议会工党议员。

整四年没有得到任何地面部队的援助……我知道，慷慨如您，我的请求必然不会白费力气。"[16]

哈里斯的控诉确实奏效了。"亲爱的伯特"（这个奇怪的昵称显然来自古老的海军习惯，即称呼任何名叫哈里斯的人为"伯特"），艾森豪威尔将军在 3 月 7 日写道，"我怀着最真挚的同情和理解阅读了你的信，并一直在思考，想找到应对这种情况的最佳方法。"艾森豪威尔的计划——除了向陆军新闻关系官员介绍情况外——是"给你和图伊·斯帕茨各写一封私人信件，如果你们愿意，可以在司令部空开这封信。如果你们采取这一行动，这封信自然会被报纸刊登出来。我想，它会起到一定的作用，来达到你的目的。"[17]

艾森豪威尔将军如期写了这封信：他指出，"一座又一座城市被系统地击溃"；陆军在行进过程中看到"轰炸战役的惊人效果"，以及"他们（轰炸机机组人员）的牺牲如今促进所有战线的成功……对德国的战时经济显然也造成巨大影响。这一点，向前推进的陆军部队很快就会体会到，也定会让他们想起轰炸机司令部和美国空军战友们的英勇战斗"。[18]

这与温斯顿·丘吉尔在 1945 年 3 月底表达的"绝密"观点（空军副总参谋长诺曼·博顿利写给哈里斯的一封信中转达了此看法）形成鲜明对比。德累斯顿大火引发的道德问题一直困扰着首相。博顿利在信中没有提到英雄主义或牺牲精神：

　　亲爱的总司令：

　　　　在首相的鼓动下，我们被要求考虑这样一个问题，"尽管有其他名义，但纯粹为了制造恐怖而轰炸德国城市"，是不是应该重新评估这一策略？思考该问题的原因之一是，例如，我们将无法从德国获取满足我们自己需求的物资，因为我们到时候还得为德国人提供一些临时供应……

最后，（首相的）意见指出，有必要将炮火更精确地集中于军事目标，例如在当前战区后方的石油和通信目标，而不是发动纯粹的恐怖行动和肆意破坏。[19]

这很不寻常：首相指责轰炸机司令部实施"纯粹的恐怖行动"。博顿利在他的摘要里加入了丘吉尔另一个非同寻常的想法——对轰炸机司令部的道德性提出质疑："在评价德累斯顿的毁灭时，对盟军轰炸作战提出严重质疑，并认为从今以后，必须更加严格地确定军事目标，要以我们自己的利益为考量标准，而不是敌人的得失。"但空军部支持哈里斯。博顿利在同一封信中表明，首相的评价"误解了我们过去攻击工业区的目的，"并得出结论说，"没有任何命令能证明我们只是为了制造恐怖而袭击德国城市"。[20]换句话说，丘吉尔错了。而空军部也急切希望哈里斯看到这一点。

第二天，哈里斯给博顿利写了封措辞严厉的回复，他表示自己打算保持缄默，尽管首相的评价中有某些段落"实际上带有辱骂性质，但无疑他并非有意如此"。但他也坚持，自己的理念必须得到理解，因为哈里斯认为自己和"恐怖轰炸者"这个词毫不沾边。他写道："说我们对德国城市的轰炸'尽管有其他名义，但纯粹为了制造恐怖……'这是对空军部轰炸战略的侮辱，也是对轰炸机司令部贯彻该战略精神的侮辱。"哈里斯认为，该战略的目的是，在摧毁建筑物的同时，制造"交通运输的混乱"，"德累斯顿是目标委员会推荐的交通目标，此外还有其他原因"。[21]

对哈里斯来说，"破坏这些城市使德国的战争实力受到致命削弱，现在更是让盟军士兵能够挺进德国的心脏地带"，这再明白不过。他继续说，"我们从来没有进行过恐怖轰炸，空军士兵根据我的指示发动的攻击实际上已经产生了战略效果，这些效果都在计划中，陆军现在也从中受益。"他还对丘吉尔的暗示感到痛心——丘吉尔认为，即使在过去轰炸城市是合理的，但总归"令人厌恶"。哈里斯不能接受这种说法。"和其他战争行为一样，对城市的攻击不可容忍，除非它们在战略上是正当的。但从战略上来说，它就是合理的，因为它能缩短战争时间，从而保护盟国士兵的生命。"他写道，这些人命至关重要，他还用一种刻薄的夸张修辞补充道："我个人认为，德国余下所有城市的价值，都抵不上一个英国掷弹兵的骨头。"[22]

但他希望澄清一点，即他并不嗜血。如果现在决定必须结束战略轰炸，并让轰炸机机组人员全部撤离，那么这个"最后的选择肯定会受到欢迎。我并不享受这项工作，"哈里斯写道，"也不愿意让我手下的航空兵冒任何不必要的风险。"从表面上看，哈里斯慷慨激昂的自我辩护对空军部和丘吉尔本人都产生了影响。因为几天后，诺曼·博顿利就给哈里斯写了封简短的便函，告诉他："你应该会想知道，对我们过去轰炸中恐怖行为和肆意破坏的指控……现在已经撤销。"[23]但双方间的不快仍然存在。丘吉尔后来明显不愿恰当地嘉奖轰炸机司令部，亚瑟·哈里斯爵士后来也很愤怒，他手下机组的战绩遭到了当局的否认，这些都成了深深的积怨。

所以，即使德累斯顿摇摇欲坠的砖石建筑——在初春的日子里，老城区出奇地寂静——继续毫无征兆地倒塌，即使市民们试图在被炸毁的土地上恢复熟悉的风景，他们还不知道他们的城市已经成了战争那恶毒、盲目、条件反射式的放纵的代名词。亚瑟·哈里斯一直认为，所有空袭都是碰运气，完全取决于天气状况，几乎不可能计划或计算出确切的结果。但在德累斯顿，有许多人并不认为这是一次偶然的打击，一起超出最初目标的意外，相反，他们开始把它当成纳粹主义祸害的恶果。

第二十四章　亡魂的乐曲

恐惧在许多人中间普遍、持续地存在，以至于几周后，当下一次空袭来临时，人们都表现出一种听天由命的麻木。3月初，德累斯顿的天空一片银灰的尘霾：美国对铁路编组站发动了新的袭击。这是在上午进行的，和以往的精确轰炸一样，许多炸弹落在了其他地方，包括已经损毁的警察总部和被烧毁的沃德施莱申啤酒厂旁边的草地。人们的反应似乎是一种创伤性的冷漠，后来，它又在集体记忆中一闪而过。

然而，即便是在这种普遍的恐惧之中，也没有什么能阻挡这座城市为了恢复正常状态而做出的不懈努力。在中央剧院附近，几天前堆放那些由手推车运来的惨不忍睹的枯槁焦尸的地方，为数不多几栋还算稳定的建筑中的一栋，成立了一个临时失踪人员办公室。在这里可以交换情报和信息。失散的家人，有些是在烟尘中走散了，居住在临时避难所，他们可以在这里给亲人留下他们的行踪消息。

另一个恐惧的来源，尤其是对那些临时安顿在树木茂密的乡村的人来说，是在森林中发现苏联士兵的传言。在德累斯顿附近的森林里，被疏散者看到了非常年轻的德国士兵——长着青春痘的少年——面对东方似乎日益逼近的报复，他们显得尤为萎靡不振。最重要的是，当局的铁腕政策引发了焦虑：当局声明，抢劫者一律枪毙。

那些在郊区舒适地生活了一辈子的中产阶级难民，如今在冰封的平原农田上艰难跋涉。玛丽埃莲·埃勒尔在离城30英里外的乡下遇上了其他富裕的德累斯顿人，尽管丈夫格奥尔格仍然下落不明，但她尤为振作。[1] 她计划前往北边的吕讷堡找女儿。她有一种无所畏惧的机智，总是能巧妙地搭上年轻德国士兵的车。她后来回忆说，是穿越平原时扑面而来的刺骨寒风，还有对一碗热腾腾的炖牛肉简单的执念让她活了下来。[1] 她的行进路线要先经过父母在舍宁根的房子，通过搭便车、步行和搭乘火车前进——虽然德国铁路网络的运作不可预测，且盟军正竭力破坏，但火车还是在整个国家纵横交错地穿行。埃勒尔太太的父母已经听闻德累斯顿的命运，女儿的到来让他们如释重负。玛丽埃莲在这舒适的环境中休息了几天后迎来了敲门声，格奥尔格来了，一家人的幸福终于圆满。重聚令人欣喜若狂。[2]

丈夫讲述了分离后的噩梦，他在大火中看到的无数尸体，以及他自己的曲折旅途——他途经莱比锡，直到夫妻俩共同的朋友告诉他何处可以找到妻子。现在更让人感到不可思议的是，玛丽埃莲在艰苦跋涉的过程中，还能继续给母亲和女儿写信：从克莱沙疗养院寄出的信件和明信片，还有从沿途城镇寄出的便笺。和铁路一样，萨克森的邮政服务以惊人的效率运行。

维克多和伊娃·克伦佩雷尔也在中产阶级流浪者的队伍中，他们和许多人一样，从一个城镇转移到另一个城镇，甚至是全国各地的小村庄，去寻找差强人意的住所和口粮，他们的生活成了一个循环——在深夜等待火车，然后在乡村旅店投宿，如此往复。房东要么对食物和房间慷慨大方，要么带着敌意骂骂咧咧地接待。

　　小吉塞拉和她的母亲仍然住在农场，不甚愉快。那里的条件并不舒适，赖歇尔特太太就是在这样的环境里生下了吉塞拉的弟弟。生产后出现了许多并发症，几个月后婴儿就夭折了。在那段时间怀孕实在是可怕。

　　4月，一群年龄都不超过17岁的年轻士兵被临时派驻于德累斯顿易北河畔山上的一栋豪华别墅里。希特勒青年团那些更年轻的男孩也加入其中。一个少年在别墅阁楼里发现了异常精美的电动火车模型，由马克林公司制造，该公司专事生产精致的发动机复制品。男孩们在楼下一个房间里腾出一块地方，很快就在那里铺设了铁轨。他们一下子就完全被火车模型的运动吸引住了：男孩们或跪或躺，在地上轮流用控制器驾驶微型火车头。[3]这是对被剥夺的童年的回归，而在得知他们很快将被派往东边去面对残酷的敌人后，至少在这个想象世界里，他们仍能手握一些控制权。

　　德累斯顿的市民和那些有权支配他们生活的人之间的隔阂正在扩大。4月中旬，州领袖穆切曼在当地报纸头版上告诉市民，他们的城市现在是一座堡垒。他宣称："我们不愿意不战而败、荣光尽失地把自己交给残忍的敌人。"[4]任何市民，如果提出任何失败主义观点，或哪怕只是传递虚假的谣言，都将招致可怕的惩罚：任何涉嫌利用这些手段"助长敌人气焰"的人都将被"无情地消灭"。（这种消灭行动已经在慕尼黑等城市发生过，当局在那里绞死了他们眼中的失败主义者。）这将是一场"为了自由"和"为了生命"而进行的战斗，文章继续写道。元首本人委派了一位将军专门负责德累斯顿的防御工作，穆切曼将坚守在"堡垒"内，以确保纳粹党在那段艰难的日子里继续支持人民。这篇宣言半是怒气冲冲的威胁，半是训导，它可能激励了一些坚定的党内忠诚分子。但同一天德累斯顿报纸上的另一篇报道恰恰证明了当局有多么偏离现实。该报道声称，德国人要确保胜利，所需的只是更多时间。它还无力地暗示，在英国，丘吉尔的首相之位正受到工党议员安奈林·比万的威胁，一场"非常危险的权力斗争"正在进行中。但德累斯顿人将面临更直接、更可怕的威胁。

前一天，红军继续向柏林挺进，西线盟军则占领了阿纳姆，一支英军进入了德国人已经放弃的贝尔根－贝尔森集中营。在那里，除大约 6 万名饥饿、病危的囚犯外，他们还发现了纳粹没来得及处理的大量尸体，约有 1.3 万具。对这种民族性的精神变态的渐次揭露，以及盟军在整个德国和欧洲范围内发现的大规模屠杀，好不容易得到德累斯顿等仍在纳粹治下的城市市民的理解，但仍有少数人对此表示怀疑。例如，米什卡·达诺斯回忆道，1944 年，他与一名年轻护士交上了朋友。这名护士任职于德累斯顿附近一家她不愿透露名字的医院，当时正在休假。她面色苍白，精神恍惚，达诺斯暗暗怀疑，她是不是被拉去协助做过传言中的那种活体医学实验。[5]

这座城市的艺术家——包括那些当局眼中的"堕落"艺术家，在灾后的几天和几周里，产生了强烈的创造性反思。奥托·格里贝尔和家人的遭遇与许多人的遭遇相似。好不容易团聚的一家人在灾后的混乱中再次失散，格里贝尔和几个孩子被带到一个临时营房，妻子和其他孩子则被安置在另一处。最终，借助官方和非官方的小道消息，格里贝尔一家终于再次团聚——所有人都毫发无伤——并被疏散到一个叫埃施多夫的小地方。格里贝尔失去了大部分作品，那些还没有成为纳粹眼中堕落艺术之迷恋的牺牲品的作品。他后来回忆说，这一切发生在他 50 岁生日前后。一般情况下，在这种重要的人生阶段，艺术家按照"惯例"会举办作品和荣誉展，以示庆祝。"现在我可以免去这些麻烦了。"他写道。[6] 他觉得他没法"重新开始"，他的冲动已经"随着我所热爱的城市德累斯顿的消失而消失,我的作品和我所热爱的一切都在那里分崩离析了"。然而,接下来的几周——以及政治局势的巨变——将给他的艺术生涯带来意想不到的新发展。

同样,这座城市的另一位艺术家也因他被焚毁的作品而郁闷。但对于56岁的威廉·鲁道夫来说,这次轰炸事件反而激发了新的创作热情。从20世纪20年代起,这位前表现主义艺术家就开始回归萨克森民间艺术传统,创作自然绘画和精制的木刻作品。鲁道夫和许多人一样,与纳粹政权的艺术监督员有过矛盾,虽然他的作品没有被完全禁止,但他不得不小心行事。如今,他成了这座城市废墟中最著名的人物之一。鲁道夫脚踏尘土,穿过破碎路面裂缝中快速生长的杂草。他觉得有必要用芦苇笔和黑色墨水在纸上记录下这一切。他站在火车站支离破碎的废墟前,一丝不苟地拍摄街道上只剩外壳的建筑,阳光透过空荡荡的窗框,投下陌生的阴影。

他在官方的怀疑下做的这一切,禁止抢劫的标志很显眼,警察的盘查很严格。除此之外,他还面临一种不言而喻的指责,有人认为他行为病态:摄影是一回事,它能确保暴行被记录在历史中,但这是搞艺术创作的地方吗?鲁道夫就像那些每天在废墟中寻找失散亲人的老人一样,对外人的言语毫不在意。他的作品有一种淡然、坚定的气质。

"没时间去哀悼,"鲁道夫后来说,"1945年,没有人哀悼,这就是生存。我画画,我着魔般地画画。一切都还在,真是不可思议。德累斯顿依然屹立不倒。那场大火把建筑物烧得只剩砂岩,像骷髅一样矗立在那里。到后来才全部倒塌或被炸掉。"[7]

在这座以华丽丰富的音乐而闻名的城市里,仅仅过了几周,就有人开始缓慢创作一首安魂曲,以纪念这场大灾变。圣十字唱诗班的乐长鲁道夫·莫尔斯伯格和唱诗班的男孩们一起躲在大花园公园的废墟附近，幸免于难。在随后的日子里，有关空袭中死去的 11 个唱诗班男孩和 3 个牧师的记忆不断折磨着他。在全城人民的流亡中，莫尔斯伯格被安置在乡下，在那里，他开始构思的曲子将成为他一生中最重要的作品。《城市如此荒凉》是他写给德累斯顿的安魂曲的序曲。[8] 其中一句歌词是这样的："以前人口众多的城市，如今为何如此荒凉？……圣殿的石头为何散落一地？"这些都是他在迷惑中不得不向天国提出的问题："我们已失去了我们的心，我们的眼前已变得黑暗……主啊，看看我的苦难吧。主啊，看看我的苦难吧。"与当时流行的无调性音乐不同，莫尔斯伯格运用旧德国赞美诗的动人和声，并将其与圣十字教堂深沉的钟声交织在一起，唱诗班中音部的回响哼鸣代表逼近的轰炸机，强劲的打击乐声代表炮火："唉，我生来就是为了看到我的人民被毁灭！"乐曲的意象是天启式的：苍白的马匹，空中的天使，大地在颤抖，火热的炮弹如冰雹般从天而降。

当德累斯顿还在坚持其狂热的梦想时，纳粹政权终于从内部崩解：1945 年 4 月 30 日，希特勒在柏林的地堡中开枪自杀。然而战争还没有完全结束，元首选定的接班人海军元帅卡尔·邓尼茨明白，投降是必要的，但是在他看来，只能向西方投降。他和前政权的残余分子认为，德国东部必须继续战斗并抵抗逼近的苏联军队。若非如此，几百万德国士兵就会被俘虏并押往西伯利亚，而他们留下的妇女和儿童就将听任被他们视为野蛮人的男人们摆布。西里西亚和波美拉尼亚爆发了许多谋杀-自杀事件：年轻的父母在恐惧中选择杀死自己的孩子——要么溺死，要么毒死——以逃避正在逼近的苏联红军，然后再结束自己的生命。

在德累斯顿，每到夜晚，人们就经历着痛苦的煎熬，要么如惊弓之鸟一般担心更多的燃烧弹空袭，要么时时刻刻都在留心听远处山头上回荡的阴森的战火声。州领袖向所有居民通告了他的意图。

尽管希特勒的死讯已经公布（他死亡时的确切情况被小心翼翼地省略了），但马丁·穆切曼显然与邓尼茨的新政府意见一致。虽然美国人已经到达莱比锡，但他们不可能在苏联红军之前深入萨克森，到达德累斯顿。因此，在穆切曼看来，市民们必须做好准备，奋力抵抗苏联入侵者：这座城市——或至少是城中那些仍可通行的地区——将成为战场。狙击手将逐街逐巷地驻扎在被大火熏黑的屋顶上，而在轰炸后相对完整的民用建筑上，纳粹党的万字旗将继续飘扬。然而，就在这些严厉的指令下达之时，德军日益混乱的行动告诉了德累斯顿人另一个故事。德军的许多部队被派往德累斯顿以南很远的地方，朝着波西米亚的方向行进，去做阻挡苏联红军的无用功。马丁·穆切曼真的相信这座城市的人民能战胜斯大林的部队吗？还是他相信他可以不向苏联投降，而向美国投降？这种错觉令人难以想象。

5月7日，威廉·鲁道夫努力不去理会军队车辆的隆隆声，纪律严明的士兵和躲在其他角落里那些放弃武器的逃兵混在了一起。"俄国炮兵向这座城市开火了，待在废墟中很危险。"他后来说，"城市的废墟中也有防御阵地，人们没看见。德累斯顿应该被保卫。他们可以像狩猎野兔一样把你干掉。"[9] 尽管如此，他还是继续沉迷于绘画。同样是在5月7日，马丁·穆切曼悄悄逃离了这座城市——用行动证明他自己的纳粹原教旨主义谎言有多虚伪。他设法弄到交通工具，向西南方向约60英里外的埃尔茨山区驶去，打算在那里的朋友家藏身。当苏联红军在德累斯顿城南和城东俘获数千名德国士兵时，这座城市毫无防备。

玛戈·希勒和母亲离开啤酒厂的隧道，回到了位于城市西南部的公寓，那栋公寓楼几乎没有受到破坏。目睹了这几波空袭和可怕的后果后，她们的人生再也不可能恢复真正的正常了，但是当苏联人在 5 月 8 日"欧洲胜利日"行军跨越"蓝色奇迹"大桥时，这个 17 岁的少女看到了战争更残酷的真面目。苏联红军获胜入城，尽管上面显然下达了命令，进行偷窃或侵犯平民的士兵将被立即处决，但几乎没有迹象表明这些威胁性的惩罚起到过震慑作用。几乎马上就传出了一些骇人听闻的性侵犯事件，情节十分恶劣，对受害者造成了永久的伤害。希勒家附近有一栋别墅，住着一些苏联士兵。玛戈的两个朋友住在这栋房子对面，她们是费尔森凯勒啤酒厂的女学徒。士兵注意到了她们，玛戈回忆起，他们在公寓里"进进出出"，和她们一起"庆祝"。"后来发生了什么事，我就不必说了。"[10]

她也不愿意多说。在多次强奸这两名女孩后，士兵坚持索要更多的女人，看来他们找来玛戈的公寓楼只是时间问题。玛戈的母亲很快就想出保护女儿的计划。在公寓楼后面有一个作坊，希勒太太想办法进入作坊，着手重新整理储藏在里面的机器，为她女儿和楼里的其他年轻女孩制造了一个隐藏空间。苏联人来了，要求人们把女孩都交出来，玛戈和她邻居们躲进潮湿、油腻的作坊里等待，不敢呼吸。少女们躺在黑暗中锈蚀的金属下面，听着刺耳的风箱声、命令声和断断续续的德语。士兵们失去耐心，把注意力转向旁边的公寓楼。玛戈后来听说，有一名年轻女子为了逃跑，被迫从二楼卧室的窗户爬下来。苏联士兵为了寻找新"猎物"，有计划地闯入一间间公寓，玛戈的另一名女同事干脆从她四楼的窗户跳了下去。玛戈回忆说，当时她的守护天使一定在场，因为楼下是一片草坪，那名女同事只断了几根肋骨，逃了出去。[11]

在"欧洲胜利日"后的头几天里，苏联人非常迅速地巩固了对德累斯顿市政部门的控制，并同样快速地发布了关于人民福利的公报，他们还确保有新鲜的土豆和小麦运进这座残破的城市。德累斯顿人的饮食稍稍好转的同时，法院、中小学、大学、广播电台、电影院、行政机关、商店、咖啡馆、餐厅、工厂、精密实验室和作坊的迅速整顿已经开始。"金鸡"和其他纳粹党官员被逮捕和监禁。有些人将面临被送往俄罗斯劳改营的命运，有些人则选择服毒自尽。一些市民被任命取代他们的职位，新生政权令这些新上任者欣喜鼓舞。其中包括香烟厂的会计埃尔莎·弗罗里希，一位共产主义的同情者，一直坚定不移地反对纳粹主义——即使她必须保持沉默。5 月 8 日，她和朋友厄娜·弗莱舍 - 古特出现在塔森贝格广场上由苏联官员设立的临时办公室，这些官员当时正在改组该市的组织体制。弗罗里希受到最热烈的欢迎，她的第一项任务是监督从集中营返回城市的囚犯。[12]

维克多·克伦佩雷尔和妻子伊娃自轰炸后一直在全国各地来回奔波，旅途似乎永无尽头。他们目睹美国士兵出现在德国西部，以一种略显别扭的慷慨对待德国小村庄里的平民，那些平民先是被黑人士兵的热情吓了一跳，之后又为之着迷。最终，克伦佩雷尔夫妇回到他们的老房子，这段历程宛若"童话故事"。[13]在经历这么多年的恐惧后，再一次看到安全的曙光，脱离铁砧般的压迫，这种感觉非比寻常，有时也让人心生忧惧，因为他们担心快速变化的命运可能会再次反转。

在一片混乱中，出现了更深层的混乱迹象，克伦佩雷尔回忆说：在那些日子里，德累斯顿没有人准确知道确切的时间。原因是报时的柏林广播电台在一个时区，被英国人占领的不来梅使用的是格林尼治标准时间，又在另一个时区，而德累斯顿使用的则是莫斯科时间。还有其他变化的迹象。克伦佩雷尔听说了苏联征用物资的事：从精密仪器工厂的设备（被装上火车向东运走），到设计这些精密设备的技术专家（他们也在前往莫斯科的途中）。然而，对于克伦佩雷尔来说，对于新政权施行的强制平等主义的任何疑虑，都被他自己的希望所抵消——他希望德累斯顿大学不仅能够复工复学，而且还能因为莫斯科对学术质量的高要求而提升到新的水平。他担心新的强制手段可能会引发纳粹党人新一轮的抵抗运动，但这种担忧被他那晕眩般的喜悦冲淡了，那些从前避他唯恐不及的人都突然待他尤为友好、热情和尊重。

与此同时，苏联军队在几天内就发现了萨克森州领袖的下落，并将其收押。他的许多同事和朋友为免于落入苏军之手而选择了自杀。穆切曼更倾向于抗议并自证清白，但即便他觉得自己没有罪责，苏联人也不会同意。他被火车带到莫斯科，在那里接受审讯，并被关进了卢比扬卡监狱。苏联人经过一番慎重的考虑，才决定了他的命运，直到 1947 年才最终将他处决。到那个阶段，纳粹暴行的全貌及其超出想象的规模已经在纽伦堡被曝光和审判。然而，与穆切曼不同，前市长汉斯·尼兰——在轰炸发生后不久也逃离了这座城市——受到更宽大的处理。被关押在英国在西德建立的监狱里四年后，尼兰被认定与德意志帝国的罪行仅有"轻微的牵连"。1950 年，他重获自由，不久之后，他成了一名银行家。尼兰于 1976 年去世，卒年 75 岁。[14]

1945 年的春夏之际，从易北河畔到大花园，被夷为平地的老城区寂静的灰色景象是一幅令德累斯顿人不安的图景。夜晚，在闷热的雷雨中，建筑物的骨架在电光下显得格外荒凉，大雨倾泻而下，落在尘土中发出嘶嘶的声响。许多人都避开废墟而行。关于太阳落山后这些废墟里发生的事，坊间流传出这样的说法：一些邪恶之人潜伏在残垣断壁之后，伺机攻击路过的行人。老人们手挽着手行路，以寻求保护。然而，如果说城市拥有自己的灵魂，那么在接下来的几年里，德累斯顿开始试着复活并革新它，尤其是通过艺术和音乐。

就在牛群被驱赶着穿过新市场那片布满石块的废墟时，德累斯顿作为文化和高雅艺术之城的自我意识也在慢慢苏醒。与此同时，关于这座城市遭受严重破坏的伦理辩论，开始在某些角落——尤其是在英国和美国——引出新的正反两方的声音，争论巩固了人们对这座城市的看法：一块被残酷蹂躏过的瑰宝。

第二十五章　反冲

　　如果说摧毁德累斯顿是犯罪，那么谁是真正的罪犯呢？首先，这场灾难给人的冲击似乎太过深远，以至于无法进行周密合理的调查。和许多人一样,出生于德累斯顿的著名作家埃里希·凯斯特纳——他于1929年出版的畅销小说《埃米尔擒贼记》迷住了数百万儿童——在灾难发生几个月后回到了这座城市，沿着杂乱堆叠的砖块和石头组成的长长"峡谷"行走，这条"峡谷"上方是宽阔却完全陌生的天空，他内心充满恐惧，试图在这片诡异的荒野中找到一些能勾起回忆的地点，却又无功而返。后来，他痛苦地回想起，自己在那一刻试图将这场暴行归罪于某个特定之人的想法不过是徒劳。

　　凯斯特纳生于1899年，父亲是马具匠，母亲是理发师（二人的职业一个古老，一个现代，并且有趣的是在时间上跨越了两个世纪），他们的家就在河对岸的新城区火车站附近。在搬到柏林之前，凯斯特纳的幼年时代是在圣十字教堂附近的大街、艺术学院的穹顶和老市场里五颜六色的鲜花摊之间的探险中度过的。那天，凯斯特纳回到德累斯顿，想要找到他的老学校，但学校消失了。他穿过灰蒙蒙的沙砾堆，这里曾经是新市场，他抬头望着圣母教堂的残垣断壁，他上学时曾在这座教堂唱过歌。

对他来说，纳粹统治的岁月充满了危险。20 世纪 30 年代初，他曾坚决反对崛起的纳粹，并将戈培尔形容为"一瘸一拐的小恶魔"[1]，但他没有选择移民到安全的地方。在 1933 凯斯特纳的成人小说——其中一部《法比安》描述了魏玛柏林淫荡的性爱场面——在首批被公开焚毁的作品中。纳粹政权排斥他，他不得不用化名创作剧本。凯斯特纳对轰炸很熟悉，因为他目睹了他居住的城市慕尼黑遭到空袭的经过，但他心爱的家乡城市被付之一炬，还是深深地震撼了他。几年后，他写道：

> 德累斯顿是一座奇妙的城市……历史、艺术和自然以无与伦比的和谐融合在城镇和山谷中……你们必须相信我说的，因为无论你们的父亲多么富有，你们都没有一个人可以去那里验证我说的话了。因为德累斯顿城已不复存在。仅仅一夜之间，第二次世界大战只动了动手指，就把它从地图上抹去。[2]

凯斯特纳观察到，大国之间在相互指责。在他看来，这种"争吵"毫无意义，它不会让德累斯顿恢复昔日的美丽。

在经历过那个地狱之夜的市民中，似乎也没有报复的欲望，甚至没有指控的诉求，至少最初没有。玛丽埃莲·埃勒尔与丈夫和女儿在吕讷堡团聚，她坐在床上，口述轰炸的经过。她的视力可能在火灾中受到永久损伤，毫无疑问，责任全在希特勒"那个疯子"。[3]不过她也认为，"更高权力"的意志也需要被考虑在内。相反，吉塞拉·赖歇尔特在多年后回想起来，觉得这场空袭带有一种纯粹的虚无主义意味，它在本质上是"毫无意义的"[4]。她是站在 10 岁的自己和德累斯顿所有孩子的角度来看待这件事的，许多幸存的孩子都受了重伤。

这是这座城市的精神创伤，它的人民将永远无法完全摆脱这个伤口，但在战后的那个时期，也没有时间调查这场空袭。苏联人正在加强对德累斯顿市政基础设施的控制，在这些设施中，从受损屋顶漏下的雨水在凹凸不平的地板上形成许多水坑。他们对驻扎在德国西部的美国人、法国人和英国人的意图疑虑重重。在这个在意识形态上分裂但政治上尚未分裂的国家，不存在确定无疑的事情。在投降后的几个星期甚至几个月里，德累斯顿人面临着最严重的食品短缺和更频繁的停电，连面包都成了稀缺品。所有这一切让人们没时间去哀悼，也没有精力去处理轰炸的道德问题。

但在英国的某些圈子里，轰炸行动的话题引起了更为广泛的不安，不过不是来自像奇切斯特主教乔治·贝尔这样充满激情、直言不讳的人物——他一直呼吁应该将"纳粹刽子手"和"德国人民"区分开来。在"欧洲胜利日"之后，这种不安更多来自英国政府高层。英国在"不列颠之战"、沙漠战场、意大利战场、"诺曼底登陆日"以及在欧洲的推进中都取得了辉煌的胜利，火风暴不会被编进这面象征着英勇无畏的民族织锦中。空军上将哈里斯对这一点非常敏感，他注意到丘吉尔在胜利演讲中没有明确提到轰炸机司令部成员付出的努力，也意识到地勤人员不会被授予轰炸机司令部的特别战功勋章。哈里斯本人曾自豪地给全体部下写信，赞扬从地勤人员到航空兵的所有人的努力，他们"在漆黑的夜里独自作战，身边只有峡谷阴云，飞过一英里又一英里，经受着有史以来最猛烈的炮火……在漫长的航程中，每一个黑暗的时刻都潜伏着威胁……在如此孤独的行动中的，是最后的考验，是对人类的坚忍和决心的终极考验"。[5]

哈里斯无法忍受白厅竟然这么随随便便地就把这种非凡的勇气

一笔勾销了。轰炸机司令部的成员仅被授予标准的"防御"勋章，哈里斯后来在回忆录中写道，这在地勤人员和工程师中引起很多"怨恨"的评论。哈里斯尖刻（又有些势利）地补充道："海外陆军后方的每个办事员、屠夫和面包师都有一枚'战功'勋章。"[6] 至于轰炸的道德伦理，哈里斯写道："我奉命攻击德累斯顿。这被认为是东线进攻的首要目标。"然而，他继续写："我知道，在战争后期，对如此辉煌的大城市进行破坏，许多人认为没有必要，哪怕是那些承认我们先前的攻击和其他战争行动完全正当的人也这么想。"哈里斯认为自己是个直言不讳的人，面对的是一群虚伪、拘谨的当权派。然而，尽管如此，他似乎也急于把责任归咎于他人。"在此，我只想说，在当时，还有比我本人更重要的人物将轰炸德累斯顿视为军事目标。"[7]

哈里斯被授予巴斯十字勋章，这是一项王室颁授的荣誉，但他傲慢地拒绝了白厅颁授的任何荣誉。如果他的机组人员不能得到特别的认可，那么他也不能。他还表示，希望以罗德西亚总督的身份迅速返回殖民地的中心地带。这个职位当时并不是空着的。在接下来的几个月至几年里，上级的沉默变得愈发明显，丘吉尔写的战争史中没有提到德累斯顿大轰炸。在 3 月 28 日首相发出的有关地区轰炸的备忘中，透露出一种羞愧：他害怕英国人已经变成"野兽"，他从前就如此警告过。其中还夹杂着一些对德国未来的忧虑；看到别人专门铸造勋章来庆祝和纪念这样的破坏，战败国的人民一定很难接受。

美国人在这个问题上也显得很矛盾，不过他们在某些方面很尊重哈里斯，并授予他美国杰出服役勋章。哈里斯也和伊拉·埃克将军等人保持着非常友好的通信交流。[8]（他后来在回忆录中提到，美国人"在对付日本时用燃烧弹摧毁大型工业城市，与欧洲轰炸机司令部使用的方法完全一样"。在此之后他们还部署了更可怕的武器。）

但是有一些非常杰出的美国人似乎很想把日本的战火和易北河畔的火海区分开来。特尔福德·泰勒就是这样一个人物。泰勒曾在盟军最秘密的中心作战：在白金汉郡的布莱切利公园担任密码破译员。战后，作为一名陆军中校，原职律师的泰勒成了纽伦堡的检察官。1945年2月，他"参与了一些关于攻击德累斯顿的讨论"。自那以后，这个问题的道德顾虑就一直困扰着他：

> 亚瑟·哈里斯爵士的目的是什么，我不知道，但英国人告诉怀疑者，在德累斯顿城内或附近有一个德国装甲师阻挡着苏联军队从东边挺进的路线，俄国人希望发动一次空袭，为他们扫清道路。
>
> 然而，英国译码员得到的情报是，德军装甲师不在德累斯顿，而是驻扎在南面许多英里以外的波西米亚。英国情报组织的一名高级空军军官根据这一情报和其他信息得出结论，攻击德累斯顿不能达到军事目的。他通知了亚瑟爵士在总部的部下，但没有结果。
>
> 这位英国空军军官随后向驻英美国空军参谋长卡尔·斯帕茨将军的部下提供了情报。斯帕茨将军的结论是，应该取消针对德累斯顿的空袭行动，但亚瑟爵士态度坚决，如果英国人坚持要将作战进行下去，斯帕茨将军也不愿袖手旁观。
>
> 因此，两支空军都加入了空袭行动，并造成了备受谴责的后果。[9]

在泰勒的叙述中，他似乎觉得哈里斯身上有一种阴暗、冰冷的特质，驱使他发动了一次他明知没有军事根据的进攻。然而，泰勒忽视了交通目标和苏方参与的因素。

　　而在美国空军的核心人物中，也有一些人对道德问题非常严格。罗伯特·兰德里少将曾任盟军远征部队最高司令部的作战指挥，多年后，他被问及关于德累斯顿空袭事件和美国轰炸机攻击一个实际上已被夷为平地的目标的问题。有人向他提出这是一次"恐怖袭击"，他立即否定了这个说法。"我不认为有任何关于是否会有平民被杀的问题……因为德国人在城市里建了很多工厂，是谁来决定工厂建在哪里的呢？"他说，"和德国人这样的民族作战，没人会把这些该死的炸弹带回去，扔进北海去的。"[10]

　　在其他地方，这场日益激烈的辩论恰恰受到德国人特质问题的影响。许多英国人认为，作为一个民族，德国人特别容易出现军国主义倾向并追求征服的暴行——一种特殊的日耳曼式激情，在最近几十年里把世界拖入两场毁灭性的战争。一些人担心德国很可能会重新走上老路。年轻的科学家弗里曼·戴森曾在轰炸机司令部工作过，他对战争接近尾声时进行的空袭感到尤其反感，他和一位"受过良好教育的、聪明的"高级空军军官的妻子讨论德累斯顿大轰炸的问题。戴森问她盟军杀害大量德国妇女和婴儿的行为是否正确。她告诉他："哦，当然。尤其是杀死婴儿。我考虑的不是这场战争，而是20年后的下一场战争。下次德国人再发动战争，我们必须与他们作战时，这些婴儿就会成为士兵。"[11]这种种族灭绝的倾向带有一种非常原始的气质，在之后几十年中，戴森一直无法忘记这种观点。这种情绪也证实了轰炸限制委员会最坏的疑虑，委员会在"欧洲胜利日"几个月后发布了一份小册子，声称有20万至30万人在德累斯顿被杀——大约是实际数字的十倍——呼应了戈培尔的宣传。

　　若干年后，在莫斯科方面的支持下，萨克森州的新州长马克斯·赛德维茨宣布，这次空袭是"英美恐怖轰炸"；英国人和美国人是"残暴的战争贩子"；德累斯顿的废墟能推动"反帝国主义土匪的战争"，还能激励反"法西斯主义压迫";每年都应该举行一次默哀,暂停一切交通,让大家不要将这场恐怖暴行遗忘。[12] 随着德国陷入分裂,美国和苏联试图越过丘吉尔所称的铁幕,揣测对方的意图,德累斯顿大轰炸如今不再是理性调查的对象,而是为各种丑陋的政治目的和更加尖锐、恶毒的宣传所利用。

战争结束后不久,亚瑟·哈里斯爵士应邀在英格兰德文郡的集市小镇霍尼顿发表演讲,霍尼顿离他曾经上学的地方很近。他的演讲——后来收录进了他的文稿里——带着一种挑衅的语气,而实际上充满了对他手下航空兵和地勤人员的同情。他特别强调了那些在无情的高射炮火中飞行的人所做出的巨大牺牲,他们必须"用头脑"而不是用身体去战斗。[13] 他说,他们缩短了战争时间,挽救了无数生命。在 12.5 万名机组人员中,大约有 55 573 人死亡:哈里斯确保这些数据为人所知。

在跨大西洋流行文化中,对于幸存的老航空兵来说,存在过一个苦乐参半的时刻。鲍威尔和普雷斯伯格的电影《平步青云》(1946)是一部形而上学的戏剧,讲述轰炸机飞行员——诗人彼得·卡特的故事。他在没有降落伞的情况下从燃烧的飞机上跳下,在飞机上的最后几分钟里,他通过电波爱上了引导他返回英国的美国无线通讯员琼。因为天堂里一些程序的混乱,他幸存下来,被冲上英国的海滩,喜出望外地与琼相遇。后来,一位天上的使者来到人间,试图劝说他大限已至,但他抗议说他现在与女友深深相爱,无法离去。这是有史以来第一场王室御前放映,国王和王后双双出席。影片的开场白——声音从外太空出发,逐渐接近地球,最后,从非常高的地方,到达德国——谈到"一场出动千架轰炸机的空袭",但这部戏剧是从那次空袭结束后,飞机穿过浓雾弥漫的英吉利海峡上空返航时开始演的。因为这是一部奇幻电影,所以它可以用一种近乎荒谬的浪漫主义手法来叙述轰炸机飞行员（大卫·尼文饰演）的故事，而不至于让丑陋的道德问题困扰观众。这部电影也强调了救赎和遗忘的重要性：随着战争结束，死者在天堂里快乐地生活，地上的人也要沉浸在所有美好的事物中——从夏夜的幽会到诗歌和莎士比亚。那个注定要死去的轰炸机飞行员反而被允许活下来，因为他代表了某种英国文明。

美国在 1945 年 8 月向广岛和长崎投下终结战争的原子弹，突然出现的炫目闪光和让墙上的影子永远不会消失的瞬间原子化，丝毫没有减少德累斯顿大轰炸引发的道德问题。原子弹改变了世界的秩序，指示了未来战争的形式，亚瑟·哈里斯预言了这样的未来，一个他认为自己都无法存活的未来。原子弹及其所有派生物（间谍传给斯大林的技术，使苏联人得以于 1949 年在哈萨克斯坦测试第一枚核武器）预示着前所未有的死亡规模。大卫·尼文饰演的彼得·卡特已经过时了。

在随后几年里，广岛和长崎似乎在西方国家引发了更多关于德累斯顿的影响的辩论，这主要是因为英国有许多人认为，火风暴中被烧死的德国人的数量——这与纳粹和轰炸限制委员会夸大的说法相呼应——超过了广岛原子弹爆炸造成的死亡人数。查尔斯·韦伯斯特爵士和诺布尔·弗兰克兰在 1961 年出版了四卷本官方史料《对德战略空袭，1939—1945》，该书对哈里斯战略的有效性和不足做出了客观的判断。尽管如此，还是有些资料来源进一步加深了人们的观念：轰炸机司令部做了一件非常可怕的事。1963 年，历史学家戴维·欧文——后来成了最具争议的人物——写了《德累斯顿的毁灭》一书，书中指出，德累斯顿的死亡人数可能有 13.5 万，甚至可能高达 20 万。[14] 前政治家和外交官哈罗德·尼科尔森在为《观察家报》评论这部作品时，同意其宽泛的论点，几乎断言般地指责轰炸是一项战争罪。

"英国公众喜欢说服自己：虽然其他国家都在沉溺于暴行，但我们自己从未犯下过邪恶的罪行。"尼科尔森写道，"然而，很少有作战行动像对德累斯顿的空袭那样没有缘由，那样没有目的，那样残忍。"尼科尔森不想把责任推到亚瑟·哈里斯爵士身上，在他看来，还有更高层的人物难辞其咎。他继续写："我们进行这次大规模行动就是为了让俄罗斯人对英国皇家空军的实力刮目相看——这种想法很难消除。"此外，尼科尔森在难以遏制的愤怒中提出一个后来为新纳粹分子加以利用的观点。他写道，即使与广岛相比，德累斯顿大轰炸也是"由战争引起的最可怕的大屠杀"。[15]即便他在使用"大屠杀"这个词时未曾斟酌，这个词用在此处也极其不得体并且带有愚蠢的煽动性。

次周，伦敦西南部 6 区的 E. 伯金给该报写了一封信，回应尼科尔森的文章。伯金是一名犹太大屠杀幸存者：

> 当我们看到德累斯顿的火焰和废墟时，我和其他许多集中营的囚犯正赶在前进的俄国军队之前艰难地穿越欧洲。眼前的场景使我们意识到末日即将来临。我们的看守和我们所遇到的德国人民的士气明显消沉了，而当他们终于意识到希特勒的承诺都是假的，他们对我们的态度明显改善。同时，这场轰炸给了我们新的希望和力量，使我们能够撑过战争的最后几个月。事实上，就在那天晚上，我们以汤代酒，向我们的盟友致意。[16]

也是在 20 世纪 60 年代，前投弹手迈尔斯·特里普与他以前的战友重聚。战争结束，特里普在复员后与女友奥黛丽结婚——两人曾在伯里圣埃德蒙兹共度许多夜晚。他成了一名律师，在业余时间写惊险小说，并取得了成功。[17]特里普警惕地意识到，轰炸德累斯顿已经变成"不假思索的破坏"的代名词，但他和以前的战友并不这么看。宽泛来说，他们认为，那种战争绝不可能完完全全仅仅针对军队而不造成平民伤亡。纳粹主义是个毒瘤，要切除这个疯长的组织，不可能不破坏其周围的肉体。事实上，除了飞行时间异常漫长之外，航空兵对那次特别的空袭并没有什么印象，毕竟他们完成了那么多次任务。此外，每次执行任务，他们脑子里想的主要是自身的存亡。在几千英尺的高空，很难想象他们投掷的炸弹落下时，地面上的人会遭遇什么。

有一个奇怪的矛盾：他们都记得恐惧、噩梦，还有许多人在战后患上了各种疾病——溃疡、胃病、椎骨融合、双手颤抖，他们把这些病症直接归咎于轰炸任务的巨大压力。但与此同时，特里普机组的每个人都毫不犹豫地宣称，那是他们生命中不平凡的一段时期，不可取代、不可重现。他们一致认可世人对德累斯顿这座城市的看法，作为回应，他们只能说，敌人犯下诸多暴行，所以任何任务的终极目标都是消灭纳粹，纳粹毒瘤若有任何残余，都可能复萌，导致未来不可遏制的暴力。特里普的战友们四散各地，过上了不同的生活，从地方政府职员到古董商。所有人都为自己服役时所做的贡献感到自豪。

然而，整个20世纪60年代末，在英国，尤其是在艺术界，有一种观点逐渐深入人心，那就是认为德累斯顿大轰炸是一起罪恶可耻的事件。由德国剧作家罗尔夫·霍赫胡特创作的《士兵：日内瓦的讣告》于1967年在伦敦西区首演，这是一部关于丘吉尔、轰炸和德累斯顿的戏剧。[18]引人注目的是，一位记者在写该戏的背景报道时，将戏中的德累斯顿事件描述为"历史上规模最大、速度最快的一次屠杀"，并补充说广岛原子弹"仅造成7.1万人死亡"。[19]另一个助长当时反轰炸情绪的因素，可能是美国正在越南战争的道德泥潭中越陷越深。越来越多的年轻一代认为，在这个时代，轰炸即意味着无情的帝国主义。

在丘吉尔的劝说下，亚瑟·哈里斯爵士最终在 1953 年接受了男爵爵位。1977 年，托尼·梅森为英国皇家空军的内部项目采访了他。彼时亚瑟爵士已经 84 岁高龄，但他的记忆依然清晰。他再次明确表示，他并不负责轰炸目标的选择，他在轰炸机司令部担任参谋长的整个时期都是在"一连串指令下"度过的。谈及德累斯顿和其他城市，他坚持认为，他指挥的轰炸空袭的无情压力耗尽了德军的兵力，因为防空防御、新式武器的制造和修理都需要人手。亚瑟爵士和家人在 20 世纪 50 年代从南非回到英国，住在柳树成荫的泰晤士河畔戈林镇。除了他在1977年表达的"战争最终没有给任何人带来任何好处"的冷淡观点外，他没有表示任何遗憾。[20] 他于 1984 年去世，享年 91 岁。

在战后的德累斯顿，当市民们适应了新世界、新政治、新哲学和新压迫带来的沉重压力时，人们越来越意识到记忆的重要性。事实上，关于纪念的斗争将变得残酷而痛苦。然而，与此同时，这座城市开始复兴和重建，并最终找到了一种新的美学，与公共生活的其他领域不同，这种美学并没有完全被苏联意识形态的重压所支配。

第二十六章 "斯大林风格"

在寒冷的冬天，废墟被积雪覆盖，景观变成单色，被炸毁的建筑物内部现在是一片不协调的白色。即使那些剩下部分屋顶的建筑物在暴风雪的侵袭面前也很脆弱。圣十字教堂直到1955年才被重建和修复，这是在它的主屋顶被击穿的10年后。但在乐长鲁道夫·莫尔斯伯格领导下，圣十字唱诗班成了苏联治下城市新生活的特色之一，他的唱诗班在老城区以外的其他公共场所演出。

除了莫尔斯伯格的《德累斯顿安魂曲》，唱诗班还改编传统民间音乐的主旋律，将其演绎成各种各样的新作品。维克多·克伦佩雷尔观看了其中一场演出，颇为喜爱。如今，克伦佩雷尔重返学术生活，再次成为一名教授，并无奈地陷入新政府呆板的体制中。[1]他被圣十字唱诗班的黑白制服和他们程式化的演唱迷住，甚至有一刹那他还以为这些男孩是一个个小机器人。❶

---

❶ 他们可不是机器：他们中的一些人——包括彼得·施赖尔——后来拥有最辉煌的音乐生涯。德累斯顿大轰炸发生几个月后，施赖尔加入唱诗班，成为全日制成员，他当时10岁。即使是在许多其他年轻的天才中间，他的声音也很突出。20世纪40年代末，他的独唱

　　对于维克多·克伦佩雷尔和伊娃·克伦佩雷尔来说，他们在战后岁月里所经历的世界时而奇妙美好，时而令人崩溃。美好之处在于，他们每天不仅能受到礼貌的对待，还得到人们的尊重。这是因为克伦佩雷尔教授的职业生涯进入了一个新阶段，他前往欧洲各地参加学术会议，甚至去了中国；也因为他发表的专著和他做的讲座。然而，战后的生活也令人难受，因为伊娃的健康状况一直很差，也因为在这个新生的德累斯顿，他们清醒地意识到，曾经生活在这座城市里的犹太人几乎全部死亡。死去犹太人的影子将永远浮在城市上空，对杀死他们的势力还会卷土重来的忧惧也永远不会消散。20世纪50年代初，伊娃死于心脏病发作——她去小睡了一会儿，克伦佩雷尔给她端来一杯晚间饮料时，发现她睁着眼睛，面色平静，没了呼吸。他悲痛欲绝，但尽管他感到自己的路已经走到尽头，他还是忍受着孤独和痛苦继续工作。在50年代，他遇见了第二任妻子哈德维格。克伦佩雷尔一直活到1960年初，他去世时78岁。他的幸存，以及他留下的那些记录黑暗岁月的非凡而详尽的日记，为揭露纳粹暴行的全部丑恶发挥了巨大作用。

　　克伦佩雷尔把穿制服的圣十字唱诗班成员描述成机器人可能有些不友好，但在战后的那几年里，那些被派去清理废墟的工人的确像是真人大小的木偶。轰炸发生一段时间后，堆积如山的瓦砾碎石中仍铺有特殊的窄轨铁路，以便把建筑残骸装上货车运走，清理这一片被摧毁的荒野，为新建筑的建设做准备。除了被派去清理这些石块的工人外，不知情的路人有时也会在苏联士兵的强迫下劳作——如果士兵发现他们没有携带所需的所有正确文件，就会强制他们轮

　　（接上页）被录制成碟。变声之后，施瑞尔开始了精彩的歌剧生涯，游遍欧洲各地，但德累斯顿一直是他的家。有一篇关于施赖尔的有趣的短篇传记，见 http://www.bach-cantatas.com/Bio/%20Schreier-Peter.htm。——原书注

班。然而，当局希望人们能将他们对城市的修整理解为新时代的英雄主义。他们制作了一些海报，画中宽肩的男人和微笑的女人正着手复原城市，昭示整个社会也正在以一种更清洁、更健康的方式进行重建。[2]

对某人来说，这一切都是他长久以来的梦想。那个人就是瓦尔特·乌布利希，一个资历深厚的德国共产党人，有着（在某些人听来）令人发狂的尖锐声音和（在某些人听来）刺耳的"萨克森口音"[3]。他曾于 20 世纪 30 年代在欧洲各地流亡，战争期间，他居住在莫斯科，随着纳粹的瓦解，他迅速返回德国。在他的领导下，德国共产党被迫与其竞争对手社会民主党合并，成为社会主义统一党。所有规则和协议都来自莫斯科，他对权力的掌握，从强调民主的必要性开始，敏锐犀利，不容置疑。德累斯顿和其他东德城市一样，配给非常严格，有一部分面包里还加了橡子，人们几乎没有精力对这个新政权表达激烈的政治反对。乌布利希的肖像迅速占据了每间教室、每个演讲厅、每家餐馆。他的形象取代希特勒，出现在所有邮票上。（在更换邮票之前，每张邮票上的希特勒肖像都用钢笔简单地涂抹掉了。）

在西德，有一些"去纳粹化"项目，其中包括向平民展示死亡集中营的照片和录像。在苏联占领区，包括柏林、德累斯顿、魏玛和莱比锡等城市在内的东部地区，苏联高级军官和官员严肃地以不同方式对民众进行再教育：前纳粹官员很快遭到围捕、审讯，并被送往俄罗斯的劳改营。再往下一层，那些（主要是通过工作）与纳粹过从甚密的公民被查出——许多人是被告发的——并被公共生活排斥在外，过着无业无依的困苦生活。

对于其余的平民百姓来说，改变既定思想的严肃过程很快开始了。从剧院到工厂车间，从工人在公共酒吧使用的粗俗语言到学者的高深讨论，政府设立委员会来监控和整顿人们在方方面面的态度，向中产阶级灌输对工人阶级的尊重，解释为什么征用私有产业是可取的，传达和实施马克思主义和辩证唯物主义的基本原理，审查书籍、报刊文章、无线电广播和任何他们认为对新政府统治下的未来不够乐观的艺术作品。（在使用粗俗语言方面，苏联官员郑重劝告中产阶级专业人士不要学工人阶级，他们认为，这非但不能表达团结的意图，反而可能带有嘲弄的意味。）[4] 每一个生活领域，每一个工作场所，每一个居民区，都在委员会的监管下。在昏暗的灯光下，男男女女坐在桌旁，制定议程，对偏离既定规范的话语毫不留情；他们可以随时解雇某人，而且无须做出解释；整个市政部门都可能在一夜之间被替换。主要的权威人士故意摆出反复无常、难以捉摸的姿态，通过引发人们对不安定的焦虑来确保他们服从政府。老字号店铺旁边出现了新的国营商店，电影观众现在可以看带有字幕的俄罗斯电影。

对这个城市的儿童和学生来说，在教育意义上，他们不再面向西方，而是快速地转向莫斯科。德累斯顿家庭意识到，未来的就业和晋升机会将直接受到对俄语适应性的影响，因此，俄语教学进入教室，成了核心课程。相反，英语教学开始减少，人们或许是认为，美国人的粗俗语言本身可能只会引入不受欢迎的思想。在接下来的一代人中，俄语变得越来越普遍和熟悉。20 世纪 50 年代和 60 年代，文化也发生了微妙的变化，当地家庭开始习惯去东方度假，他们会乘坐长途火车前往克里米亚和黑海海岸的新度假胜地。[5]

言论自由基本上是禁止的。没过多久，如果有人想在酒吧里讲一个温和的反独裁笑话，就会先把朋友叫到外面，避开别人的耳目，然后再讲。从 1933 年之前开始，这座城市里就没有人知道什么是真正的自由，不过对于那些活下来的少数人而言——他们不是被纳粹政权迫害，就是被纳粹政权排挤——这里有真正的、新的机遇。从医院到艺术馆，人们对生活有了一种强烈的新渴望。德累斯顿人看着植物园中植被渐渐恢复，城市中残存的、仍然茂盛的草木在春天开花抽芽，感到欣喜不已。此外，纵观整个欧洲，德累斯顿人可能都找不到比这座城市中的生活更轻松的地方了，也许除了美国占领的德国地区，因为据传那里有充足的食物供应。英国的占领区，和英国本土一样，实行严格的定量配给。那些房屋没有被炸毁的德累斯顿人至少还有家的安全感。在战后的几年里，包括被暴力逐出捷克斯洛伐克的苏台德日耳曼人在内的数以百万计的难民在欧洲大陆上离散流亡，而易北河上的这座城市在其新当权者的控制下至少还算稳定。

到 1949 年，德国正式分裂为两个国家，即德意志民主共和国和德意志联邦共和国。在随后十年中，东德有很多人移民到西德，但与此同时，还有更多的人选择放弃这个机会。著名的电子学专家海因里希·巴克豪森教授就是其中之一，他在轰炸一年后回到了德累斯顿。起初,他和（仍未从轰炸的破坏中修复的）大学的其他科学同事发现，眼前的政权并不希望德累斯顿恢复其工程专业，但随着时间的推移，政府的态度渐渐缓和。事实上，巴克豪森教授除了获得东德国家奖（他的大学同事克伦佩雷尔教授曾一度十分渴望获得这一荣誉）之外，还有幸以他的名字命名了一幢新的大学大楼。巴克豪森大楼的设计采用 20 世纪 50 年代那种简朴但明亮的直线型风格——学生们在大楼前宽阔的大道上骑着自行车来回穿梭。巴克豪森大楼是低功率技术系的基地，快速发展的晶体管技术研究也在其中开展。[6] 也许作为一名科学家，于 1956 年去世的巴克豪森比大多数人更容易远离无休止的意识形态骚扰，埋头于技术性很强的电子电路图和设计图中，很少能听见关于错误态度的争论。可以说，这项工作对社会主义阵营的进步有直接帮助。不仅如此，德累斯顿还设法保留了其作为产品广泛的精密制造和技术创新中心的特色。随着时间的推移，这座城市重新赢得了其在精密相机等产品方面的声誉，这反过来又会吸引来自社会主义阵营国家一些较落后地区的游客，他们渴望购买这些先进的产品。

在医学方面，德累斯顿也留住了战后那几年最杰出的人物之一：阿尔贝特·弗罗梅医生。他的家在那天夜里被大火吞噬，但他不慌不忙地在他担任院长的腓特烈施塔特医院内建立了新家。医院为他和家人提供了房间。事实上，他们要在那里住上几年，之后他搬进了一栋新房子，那个小区绿树成荫，景色宜人，俯瞰城市全景，邻近德累斯顿荒地的森林。他和重建后的腓特烈施塔特医院在当时经济拮据的情况下，完成了一些非常了不起的工作，包括大量的癌症研究，他就这些研究于 1953 年出版了一本书。[7]虽然技术资源匮乏，但腓特烈施塔特医院利用放疗技术治疗乳腺癌，取得了一些惊人的成就，一些病人从不久前还被认为是不治之症的疾病中幸存下来。弗罗梅医生在古稀之年仍继续工作，原本严苛的当局也向他致以感激之情：1954 年，他被任命为德累斯顿第一所医学院的院长，同年，他被授予"杰出人民科学家"称号。[8]

弗罗梅医生还对从东柏林到莱比锡的其他东德城市的科学院产生了浓厚兴趣。如果他对新政权心存疑虑，或者反对社会主义理想，那么他一定非常谨慎，不过，考虑到他冒着断送职业生涯的危险拒绝加入纳粹党，弗罗梅医生很可能与社会主义理想和为全民提供良好医疗服务的理念产生了共鸣。他直到 20 世纪 60 年代才退休，由于身体虚弱，他搬去西德与家人团聚（当局允许老年人穿越当时巡逻检查已非常严密的边境）。

艺术家和木偶制作者奥托·格里贝尔也是轰炸和纳粹政权迫害的幸存者，他在撤离德累斯顿后被欢迎回城。1946 年，格里贝尔与妻儿团聚，并被任命为德累斯顿美术学院的教师。[9]当其他人对触不可及但又无孔不入的苏联统治感到不适和不安时，格里贝尔却看到，一种自然的正义又在这个世界恢复了，而对于他自己而言，将绘画与社会主义理想相结合的希望再次出现。他的同辈人包括一些艺术家，如库特·克尔勒，一位入党很久的共产党人。随着东德巩固了自己的新身份，新的统治者试图为这些艺术家指明"正确"的创作方向。20 世纪 20 年代新出现的现代主义如今只能退后，艺术家们将其隐藏在带有社会主义现实主义色彩的作品中，创作题材也受到限制。但在这样的环境下，格里贝尔仍然感觉到了解放：例如，他早期对劳动人民的描绘虽然程式化，但仍然抓住了无产阶级英雄主义的本质。除此之外，他还热衷于用艺术来进一步传播和巩固社会主义。20 世纪 50 年代和 60 年代，他在德累斯顿创作的绘画以绿色、棕色、灰色和赭石色为基调，展现农业和工业场景，当然，1945 年的燃烧弹轰炸仍然是一个能激发他灵感的主题。[10]关于形式主义有许多争论——即使是最细微的笔触都具有政治意义，而不要走美国艺术的新路线也同样重要，因为美国的新艺术陷入了资本主义和帝国主义的泥潭。此外，他还努力确保艺术能深入工人的生活。就像同时代的科学工作者一样，格里贝尔似乎非常成功地在冷酷统治下的激流中稳定航行：他一直任教至 60 年代，于 1972 年去世。

　　他的儿子马蒂亚斯在爆炸发生时 8 岁，20 世纪 50 年代，他在 14 岁时就离开学校，专门学习农业知识，并在农场工作，后来成了一名农业顾问。再没有比这更完美的社会主义了。然而，他有自己自由不羁的艺术追求，他在 60 年代成为一名歌舞表演者。[11]他在东德各地的小俱乐部里巡回演出，目光锐利的斯塔西秘密警察❶对他进

---

❶ 斯塔西，前东德国家安全部，全称为"德意志民主共和国国家安全部"，成立于 1950 年 2 月 8 日，总部设在东柏林，被认作当时世界上最有效率的情报和秘密警察机构之一。斯塔西的成立宗旨是担任东德的政治警察，负责搜集情报、监听监视、反情报等业务。

行严密监视。斯塔西在德累斯顿北边的山上有一个很大的基地，可以俯瞰这座古老城市的废墟。整个50年代和60年代，年轻人都受到更密切的监控：东德的刑法典细致强调了反社会行为和反社会态度，可能判处终身监禁。在对待阶级斗争的问题上，只要稍有不慎，就会遭到秘密告发和审讯，无数家庭因此遭到破坏。即使在1953年斯大林死后，德累斯顿的生活依然压抑得令人窒息。当地的斯塔西国家安全总部有许多牢房和审讯室，延续了前政权的高压。当德意志民主共和国最终垮台时，据估计有1.2万至1.5万名囚犯——大部分是对当局持批评态度的人或设法逃离东德的人——在被送进监狱和集中营之前曾在这个拘留区待过。

　　尽管监控无孔不入，持续的威胁重压在身，但德累斯顿的大多数人都在寻求简单的生活。这座城市也在他们周围再次崛起。甚至，对那些像艺术家伊娃·舒尔策－克纳贝这样的人来说——她在日落时分凝视蓝天下的"粉红色废墟"时也能感受到其散发出的反常魅力[12]——看到新住宅项目的建设，更是一种陶醉。在约翰施塔特、新城区和腓特烈施塔特，一排排六七层楼高的公寓楼拔地而起，有些还带有阳台。排布上的严格几何风格秩序井然，建筑本身的风格也一样，由技术官僚专家精心规划每一个细枝末节，包括高楼前的小块草坪和运动场，以及数量减少的商店和生活便利设施。在这个新时代，政府希望所有居民——从工厂工人，到工匠，到银行经理——都使用具有统一审美标准的相同设施。这里也有宽阔的大道，宽度当然要足够坦克行驶。

　　即使在这种极尽谨慎维持的平等主义氛围中，仍有一些新公寓比别的住宅更受青睐，比如建于新市场两侧，在曾经满是灰土、杂草丛生的地面上建起的大公寓。这些为官员建造的公寓有很多房间，可以看到其他重建工程的美妙景色。大型百货商店得到重建，虽然现在这些商场都是国营的，但因为短缺而引起的纠纷仍在继续，特别是纺织品和服装的短缺。男士西服很难买到，有一次在一家国营商场里出现了五件女士风衣和"几件彩色罩衫"，当地一家报纸也刊出广告，这批货引起骚动，以至于外国媒体都报道了此事。"柜台和陈列架都被推翻"[13]，妇女们为这些稀罕之物大打出手。

创造出与过去大相径庭的景象也并非特别罕见。事实上，在两个超级大国都在向太空深处探索的时代——发射卫星，把人送至星际间——这似乎是很自然的事情。曾经的普拉格大街在 20 世纪 60 年代被改造成一个现代主义风格的国营购物广场：混凝土峡谷间排列着巨大的矩形公寓楼，广场本身也精心设计了喷泉、花坛和长椅。虽说这种未来主义的暗示对老年居民来说相当突兀，但它绝不是个例。这种城市空间的新风格遍布西欧，尤其是在英国，从克罗伊登到邓迪❶都能找到类似的设计。不仅如此，德累斯顿还迎来了许多西方游客。1965 年，在德累斯顿大轰炸 20 周年之际，《观察家报》的青年记者尼尔·阿舍森怀着好奇的心情环顾四周。"走在这座古城里，你很快就会迷失在那些原本可能是宫殿或教堂的残垣断壁之间，"他写道，"这座城市通向一片黄褐色的石屑平原，上面散落着许多雅致的新公寓楼。"与此同时，新市场已有一部分被改建成了"深沉、富丽又不失美观的斯大林风格街区"。[14]

不过，这座城市的古老气息并没有完全消失。其中一个受人喜爱的著名地标，茨温格宫，在经过严格的政治审查后得到修复。茨温格宫曾收藏着这座城市的艺术瑰宝，在 20 世纪 40 年代和 50 年代初，它一直维持着轰炸后的损毁状态。但哪怕在较为强硬的市政当

---

❶ 克罗伊登位于英国伦敦南部，邓迪位于英国苏格兰东部。

局中也有一种共识，即古典艺术是一种重要的公共需求，享受古典艺术的人不应局限于中产阶级知识分子。除了画廊本身的修复之外，首先要处理的棘手问题是马丁·穆切曼在轰炸前一早就从城里运出的那些绘画大师作品的下落。

就像大量的技术和农业设备一样，许多藏品被苏联的战利品搜寻者从避难所掘出，然后被带到俄罗斯。有的藏品藏在锁匠的地窖里，有的则通过地下交易迅速流入西欧市场。对于当下苏联人手中的 1200 多幅画作是否会保留在莫斯科，人们还有一些疑问。但到 20 世纪 50 年代中期，在小心翼翼的宣传下，这些画作回到了茨温格宫新改建的画廊里。在这座如今因其损毁而广为人知的城市里——一位居民提醒道，市民们像 18 世纪的诗人一样，逐渐习惯了对废墟的崇拜——这是一个重要的振兴时刻，因为这就相当于承认，各种形式的艺术才是城市的核心。随着绘画大师作品的回归，一场更广泛的艺术修复运动开始了：大约有 6000 件其他作品，从绘画到雕塑，被逐渐交还给城市当局。[15] 只要伦敦的哪家拍卖行里出现某些扎眼的画作，东德政府都会成功地游说将其送回。

音乐也始终是这座城市的核心，但与茨温格宫相邻的森帕歌剧院被炸成空壳后的命运就有些难料了。1947 年，一位市政官员建议将其重建并重新启用，不仅作为人民歌剧院，还能作为人民电影院。但也有一些人，他们很想用炸药把歌剧院剩下的部分也销毁，他们认为，老歌剧院及其正厅观众席上方的豪华包厢代表一种无可救药的资产阶级精神。歌剧若要回归，为它构建一个不会加剧阶级分化的空间必然更好吧？唯一能阻止这些人将歌剧院残桩废墟彻底销毁的理由是，所有德累斯顿人都认为歌剧是这座城市认同和历史的核心，在某种程度上，移除它无异于抹杀过去，而过去的许多东西已经被抹去，留下了无限创痛。就这样，废墟留在蜿蜒流淌的易北河畔。

经过有关人士多年的游说，直到 20 世纪 80 年代中期，森帕歌剧院的修复工作才终于开始。

　　20 世纪 60 年代末，音乐也出现在了其他地方：在老市场新建的文化宫里，人们可以欣赏到精彩的表演和世界级的演奏，从那里还能俯瞰到焚烧了数千具尸体的柴堆遗址。德累斯顿爱乐乐团首席指挥库尔特·马苏尔以贝多芬《第九交响曲》的演奏为音乐厅开幕。作为一个场馆，这座大厅有流畅的线条、玻璃门面、铜质屋顶和精美的巨大马赛克壁画——描绘德国社会主义时期的骄傲时刻。它刻意打破了这座古城的美学风格，却吸引了来自全国各地的游客（它还包含一个剧院空间和一个宴会厅，后者的地板可翻起转换成舞池）。这就是社会主义的理想：面向群众的高雅艺术。德累斯顿爱乐乐团也受邀为西方观众表演，以满足那些老资产阶级的胃口。到了晚上，这座建筑才最显得引人注目：灯光从入口处和玻璃面的夹层照射出来，照亮老市场和圣十字教堂。库尔特·冯内古特现在是一名小说家，并获得了古根海姆基金会的资助来发展写作事业。就在这座文化宫建成之前，他自 1945 年 2 月挖完"尸矿"以来第一次回到德累斯顿。

　　正是在那时，冯内古特的非凡之作《五号屠场》的构思在他脑海中浮现出来。小说中虚构的人物，生活在 20 世纪 60 年代美国的比利·皮尔格林发现自己在不同的时间轨迹上来来回回，穿梭于自己人生的不同阶段，而这些轨迹不可避免将他带回 1945 年 2 月 13 日。皮尔格林是一个虚构人物，但冯内古特故意把他放在他自己对轰炸的经历和末日余波的中心。他希望读者将这部小说看作真实发生过的故事。正是这部作品，不仅巩固了冯内古特作为黑色幽默作家和引人注目的文学声音的地位，也使围绕着这座城市惨痛经历的激烈道德辩论重新活跃了起来。轰炸发生时，作为战俘的冯古内特无法掌握事件的全貌，但当他于 1967 年重返德累斯顿时，曾经发生的悲剧的巨大规模像闪电一样击中了他。小说中呈现出一种苍白、简洁的愤怒。在小说中，冯内古特在描述轰炸事件时，让人物重复说，死亡人数是 13.5 万人——他选了一个较小的数字，不过还是被夸大了，自从十年前历史学家戴维·欧文给出这一数字后，就一直在流传，估计是由前德累斯顿市政府官员汉斯·福格特提供的。这个数字本身就是一场可怕的修正主义运动的导火索之一，这场运动坚持把德累斯顿的摧毁等同于犹太大屠杀，认为德累斯顿的市民也是蓄意犯罪暴行的受害者。

尽管德累斯顿当局略带痛苦地拒绝了这一观点，但一年一度的 2 月 13 日纪念活动在整个 20 世纪 60 年代和 70 年代越来越深入人心，伴随这一趋势，这种观点成为这座城市越来越难以忽视的问题。冯内古特几乎没有预料到这种后果。《五号屠场》的关注点并非数字，它要讨论的大主题是地狱的污秽和尝试重建战后生活的恐怖——无论是在德累斯顿还是在广岛。1969 年，这部小说一经出版立即成为当时的经典，但它也在众多读者中确立了这样一种观念：比起诸多遭到轰炸的德国城市，德累斯顿因其损失而最为独特、最不寻常。

灰色的混凝土写字楼，不稳定的热水供应，餐厅里的公共餐桌——这就是冷战缓和时期的德累斯顿。然而，到 20 世纪 80 年代，这座城市已经恢复了足够多的美学生活，不仅吸引来自俄罗斯和社会主义阵营国家的游客，也吸引西方人。那些对苏联及其卫星国的政治理念并不敏感的左翼游客穿过铁幕，去品味这个还没有被闪闪发光的物质主义陷阱所俘获的文化地标。除此之外，1985 年，随着森帕歌剧院重建工作终于启动，德累斯顿迎来一位新居民——弗拉基米尔·普京。在普京还是一名年轻的克格勃官员时，他和第一任妻子柳德米拉以及两个年幼的孩子在这座城市生活了四年。他的情报活动——拦截、窃听电话——据说很低调，与斯塔西（东德国家安全机构渗透进公共和私人生活的每一个角落，代表无孔不入的监控和暴力）相比，也许他们的确算是低调的。这对年轻的夫妇非常喜欢这座城市。普京当时已经能说一口流利的德语，他和妻子觉得这里的街道和城郊绿树成荫的乡村非常惬意。[16] 他们存钱买了一辆车。据说，普京对当地的拉德贝尔格啤酒情有独钟（普京家住在新城区东部，靠近易北河北岸，离拉德贝尔格啤酒厂不远）。

从这个意义上来说，作为一名 30 岁出头的克格勃官员，普京在德累斯顿的生活比他在街上遇到的任何市民都要愉快得多。1989 年秋天，整个德意志民主共和国失控，柏林墙倒塌，这是他第一次认真地警觉起来。在德累斯顿，愤怒的市民将注意力转向斯塔西总部。而且普京猜对了，他们也开始向克格勃办公楼进发。是他一个人站出来面对人群，用德语冷静地恳求他们不要再往前走，因为狙击手已经就位，后者会毫不犹豫地将他们击毙。普京成功地控制住了局面，并在接下来的三天里制造了一场火灾，销毁了机密文件。

在这些离奇的岁月里，这座城市的艺术之心在日益压抑和腐朽的政权背景下，以越来越强大的力量和信心跳动着。有一个阴沉的地标提醒着所有德累斯顿人 1945 年 2 月 13 日的景象：在开阔、荒凉的新市场里，圣母教堂的断壁残垣仍在那里。在德累斯顿这几十年漫长的重建过程中，这座令人赏心悦目的巴洛克式神殿从未被当局视为优先修复的建筑。相反，它那支离破碎的残迹永远提醒着人们美英帝国主义的邪恶，以及他们无端将如此美丽的事物当作轰炸目标的恶行。及至 20 世纪 80 年代初，该遗址成为德累斯顿和平运动的中心。就像西方年轻人大声疾呼反对核武库一样，德累斯顿年轻人也以同样的热情游行反对所有此类武器。圣母教堂现在的牧师塞巴斯蒂安·费特当时和他的朋友们带着许多条幅来到那里。他们还带来了残疾的德国士兵，没有带枪支。也许当局允许这样的示威活动是因为，美国向西德部署中程核导弹是苏联一直以来不安全感的根源，但这并没有减弱年轻抗议者的严肃态度和诚意，也没有减弱他们对按一个按钮就能改写的未来的恐惧。德累斯顿的毁灭还清晰地停留在人们的记忆中，设想核爆的闪光和放射性热浪并不需要多少想象力。有阴谋论认为，二战期间，盟军原计划把德累斯顿当作第一颗原子弹的试验场。

不过，与此同时，费特的祖母是个乐观派，她一直深爱着圣母教堂，她有一种预感，在未来某个时候，它会被完美地修复。她是否也预见到德累斯顿其他许多地方的惊人重建？不仅有从茨温格花园到日本宫殿经过修复后完美的巴洛克式建筑细节，还有修复后的别墅，重新种植的树木，甚至还有那些阴郁的廉价苏联建筑的细致翻新。圣母教堂处于这一切的中心。因为，尽管关于轰炸机是否有罪的激烈辩论仍在继续，但德英之间和解、合作和共同努力的长期原则也得到了实现——时至今日依然如此。德累斯顿终于找到了一种方法，一种让全世界都能看到、理解并且不会畏缩的方法，去承载和铭记它最黑暗的夜晚。

第二十七章　美好与纪念

　　人们手挽着手，在广场上组成长长的人链：大衣、棉袄、帽子，在严寒中像幽灵一般呼着白气。这是 2 月 13 日的晚上。太阳已落山许久，黑暗中钟声的深沉音调引人陷入寂静和思虑。钟声重复了一遍又一遍，每个望向黑暗天空的人，都能看到同样的景象：飞机飞过。它们并不存在，但无情的钟声莫名唤起了集体记忆。在新市场，站在圣十字教堂附近这些人当中的，有来自海外的游客，从美国到中国。这里的每一个人，无论他们来自哪里，都知道曾经发生过什么。这是一年一度的轰炸纪念日。

　　"人链"的想法部分是为了回应一些居心不良的人，他们一直试图利用纪念日达成自己的政治目的：极右翼分子希望把德国人塑造成战争罪行的殉难者。每个社会都有极端分子，但德累斯顿人明白，他们的城市是个异常敏感的圣地，如若失去守卫，圣地就会被亵渎。虽然花了几十年时间，但德累斯顿可以说是真正恢复了往昔的光辉，不论是在美学上，还是在精神上。而死者也从未被遗忘。

　　每年的这一天，还有其他活动：政客在议会大楼外发表演说；圣十字教堂里演奏莫尔斯伯格的《德累斯顿安魂曲》（长约一小时，座无虚席，几乎所有人都感动不已）；随后，在晚上9点45分，也就是1945年防空警报响起的那一刻，城市里所有钟声都开始敲响。这噪声令人深感不安；不和谐的声音在城市上空回荡，不同的音符和音调在修复后的墙壁和街道间跳动，仿佛一种不断聚拢的恐惧。当这些钟声响起时，站在圣母教堂旁，你会看到成群的人站在教堂前的大广场上，一动不动，再次凝望天空。城市里所有的钟都在铿锵作响，催促人们逃离，它们诉说着这个世界的秩序如何被粗暴地颠覆。钟声一直响到晚上10点03分，即炸弹落下的那一刻。在这突如其来的寂静中，人们点燃蜡烛，放在广场的砖石地面上。几百根蜡烛，放在一个特别标记的区域里。对一些人来说，这是祈祷的时刻，甚至是与当晚死去的先辈交流的时刻；对另一些人来说，这是非凡的一瞥，让他们得以窥见这座城市血脉中流淌的深情。

　　这一切都让德累斯顿听起来有些病态，而事实恰恰相反。今天的德累斯顿格外轻快，充满活力与欢乐。奇怪的是，重建后的建筑往往会显出人造的痕迹，但从老城区重建的街道到易北河畔被重新利用起来的王宫城堡（现在成了令人眼花缭乱的博物馆，里面摆满了瓷器珍品、金色的装饰品和镶着珠宝的名剑等），没有一个地方不透出过往的风貌。歌剧院找回了它在整个19世纪和20世纪初的辉煌，以其艺术规模和创新闻名于世。这座城市再一次让艺术爱好者蜂拥而至。除了茨温格宫画廊展出的一系列绘画大师的作品外，如今阿尔贝提努艺术博物馆也在展出19世纪和20世纪的精彩作品：卡斯帕·大卫·弗里德里希最让人身临其境和不安的风景画与奥托·迪克斯描绘一战的原始、严肃的画作，只有一层楼之隔。那些战后共产主义艺术家也获得了尊重和赞誉，他们的肖像画和习作现在自有其政治意涵和美学深度。总体感觉是，这座城市成功将时间编织在一起，拉近过去与现在的距离，弥合了纳粹主义和 1945 年 2 月那场灾难所造成的巨大裂痕。

不过，达到这种和解并不容易。在人们怀着耐心和无限的爱修复圣母教堂的过程中，交织着悲伤、失落、愧疚和责任。自从教堂穹顶坍塌以来，德累斯顿人就一直渴望看到穹顶重现，但东德政府坚定地把首要任务放在其他地方，而且路德教会或地方当局根本没有资金来支持这项修复工程。王宫城堡附近的天主教大教堂和圣十字教堂都寻得了修缮资金，且这些工程相对简单。但要在新市场重建这座古怪的巴洛克式建筑，不仅需要资金，还需要真正的工程学智慧。在一个迫切需要建造房屋的时代，这种不实用的工程不可能得到支持。曾有人提议，只要把残破的墙壁和瓦砾堆清理掉就可以了。

但圣母教堂的遗迹没有被清理。40 年来，这个阴森的地标一直象征着城市的衰败状态。在东德崩溃、德国统一、苏联解体之后，情况发生了改变，部分原因是这座教堂得到了世界范围内的关注。到 1992 年，人们达成共识：必须重建圣母教堂，还要完全按照建筑师乔治·巴尔在 1726 年最初设计这座教堂时的构想，修复其每一个细节。人们很容易认为现代技术会简化这项 18 世纪的大工程，但事实上，这个项目很快就变成了数学和几何学领域的紧张工作，建筑师和工程师试图再现教堂结构中精妙的平衡与承重，以重现其宏伟的石质穹顶和复杂的内部结构。这是对砖石结构原理的回归。当然，计算机建模帮助很大，但归根结底，这是基于人类智慧与关怀的建筑。

工作开始了：在瓦砾中挖掘，以便尽可能多地使用 18 世纪留下的原始石块；从几英里外的同一地点开采更多的砂岩；维护一口幸存的钟，其他钟则在作坊里重铸。到这个阶段，一家英国慈善机构——德累斯顿信托基金会——为这场坚定的和解做出了自己的杰出贡献。

这个想法在一定程度上由发生在伦敦的一起争议性事件引发，

即 1992 年在河岸街为一尊私人资助的亚瑟·哈里斯爵士雕像举行的揭幕仪式。仪式由王太后主持，但有抗议者认为，把这样的荣誉授予他们眼中的战犯是一种侮辱。双方针锋相对（也开启了该如何纪念轰炸机司令部及其机组人员的长期争论）。这在一定程度上是一种文化冲突，左翼青年的反对声最强烈。另外，哈里斯的雕像后来被活动家泼上油漆，这促使德累斯顿信托基金会开始教育年轻一代，普及关于这座城市的轰炸事件和整个二战的知识。这进而启发了该信托基金会的这个想法：复原圣母教堂穹顶顶端的金球和十字架。来自德国和曼彻斯特的学者汇聚一堂，讨论这一巨型装饰物的精细图案和尺寸。它的建造合同落在了伦敦的格兰特·麦克多纳银器公司手中。意外的是，有一位技术精湛的工匠艾伦·史密斯被选中参与这项紧张的项目，他表示自己是一位参加过德累斯顿空袭的轰炸机飞行员之子。

和修复主建筑结构一样，为复原这个 18 世纪的金色杰作，需要面对一系列挑战，进行精神上的时空之旅。教堂顶饰约 20 英尺高，最初由三个复杂的元素构成——"天上的云彩""雅各布的眼泪"和"荣耀的光芒"——这三个名字描述了在金球底座和十字架周围精心设计的雕饰图案。教堂顶饰于 1999 年完工，这个作品太过美丽，因此德累斯顿信托基金会决定，在将其展示于德累斯顿之前，先在英国巡展。当它在温莎城堡展示在王室成员面前时，也得到了最高阶贵族的赞助和认可。翌年，在隆重的仪式中，肯特公爵陪同它前往德国，并将它赠送给德累斯顿市民。德累斯顿信托基金会的指引者之一艾伦·罗素博士为这项工程争取到了许多慈善捐款，他坚信，这不仅有助于和解，也是在承认英国负有责任，英国人自己也可以将这一举动视为补救的标志。

教堂的修复工作在 2005 年完成，每一个细节都臻至完美，因此它本身也成了游客和朝圣者争相探访的奇观。牧师塞巴斯蒂安·费特笑着说，有些人觉得教堂内部的颜色太过艳丽，白色和金色过于闪亮，但这就是教堂最初的样子。同样，教堂外部的浅色砂岩与其在 20 世纪 30 年代照片上的样子形成鲜明对比——照片上的教堂外墙被煤烟熏黑。但时间会弥平这些差别。在未来的几十年里，砂岩会变暗，教堂内部的淡粉色和淡蓝色会自然褪成更浅的色调，然后教堂就会恢复成从前的模样。

　　任何复杂精细到这种程度的修复工作都会让一些不屑一顾的人认为，这不过是一件制作精良的赝品，新的建筑结构在哲学上与旧结构必然不可同日而语，所以任何对旧结构的复原都不过是一种历史媚俗。但游客发现事实并非如此，他们欣赏着教堂环形内部结构的富丽堂皇，爬上狭窄的螺旋形楼梯，经过石质穹顶，来到教堂顶部，他们体会到坚实牢固和深以为豪的感觉，完全没有身处仿造之地的疑虑。接着，他们可以从高处眺望。在老城区重建后的街道上，并非每一座建筑都与其前身完全相同，但是屋顶形状和街景本身的样式都忠于 20 世纪 30 年代的风格。然后，人们的视线又被吸引到宁静蜿蜒的易北河和远处树木繁茂的山丘上。

　　在圣母教堂重建之前，德累斯顿还有一个与英格兰恢复联系的举动。1959 年，德累斯顿与考文垂市结为姐妹城市。考文垂本身在 1940 年轰炸袭击后进行了大规模重建。那次轰炸将考文垂的中世纪心脏付之一炬，摧毁了天主教堂，管道熔化成岩浆般的细流，顺着炙热的墙壁嘶嘶作响地流下。在德累斯顿，一提起空袭这个话题，人们——尤其是老年人——就会热衷于提起考文垂。的确，有些德累斯顿人对考文垂的思考比大多数英国人还多。

　　近年来，关于德累斯顿大轰炸是否构成战争罪的争论变得更为具体。从已故的 W. G. 斯波德的著作《论毁灭的自然史》，到约尔格·弗里德里希的《火》中爆炸性的论点（即德国平民确实是受害者），再到 A.C. 格雷林的哲学著作《在死亡的城市中》，对道德伦理的探索带着相当的力度，自然也有忧郁和愤怒。"战争罪"一词具有一种法律精确性，学者唐纳德·布卢克萨姆在此背景下对其进行考察[1]：他衡量了对区域轰炸的谴责，以及可能存在的正当理由，并将德累斯顿置于德国人和英国人犯下的其他暴行的背景之下。

　　75 年后，我们或许还会说："战争罪"首先指向某种意图和理性决策，这就提出另一种可能。战争创造出它那令人作呕的危险引力，在长达六年的冲突即将结束时，在数百万人死亡，各方都已精疲力竭的情况下，轰炸这些城市真的不是出于报复，或是清醒理智的残酷之举？真的只是为了让另一方罢手而发动的又一次孤注一掷的、条件反射式的攻击吗？正如我们不能假定个人总是以完全理性的方式行事一样，基于某种意志而行动的整个组织也是如此。就像圣母教堂及其穹顶和巨石曾经（现在依然）被无形的几何力量所支撑，战争也可以被视为社会精密平衡的失调。任何持续时间如此之长、规模如此之大的战争，最终都将产生回响，开始破坏作为社会结构基石的理智本身，并由此揭露出文明内在的微妙之处。毕竟，这一次的问题是这样的：鉴于 2.5 万人在一夜之间被杀害的恐怖已经成为不可改变的事实，且轰炸无疑是一种暴行，无论是否有意为之，那么，现在是否可以通过提出法律上的精确指控来寻求任何安慰或补偿？

　　对于一些德国人来说，他们在争论中可能更能找到一种平衡感。德国作家托马斯·曼在他 1947 年的小说《浮士德博士》中讲述了一位天才作曲家在希特勒崛起之前和掌权期间的生活，小说的叙事者说："我目睹我们高贵的城市被空中的力量摧毁，如果不是我们这些受苦的人自己也背负着罪恶，我们定会向天国哭喊求助。但就像国王克劳迪的祈祷❶一样，我们的呼声也被压在喉中，'永远不会上升天界'。"

　　现在，很多德累斯顿人在对大轰炸做出笼统判断之前，也会小心翼翼地承认战争的起源。但无论如何，在其他许多方面，这座城市本身清楚地表明，关键在于纪念，而且必须把德累斯顿大轰炸视为所有战争之恐怖的普遍象征，而非单一事件。德累斯顿有一座设计精致的军事历史博物馆，坐落在城北平缓的小山丘上，俯瞰着远处的塔尖。这座建筑的前身是 19 世纪的军营，它有一个独特的附属部分，或者说是延伸部分，形状像巨大的几何形状弹片，有几层楼高，插入建筑的前部。它由丹尼尔·里伯斯金设计，在这个几乎向天空开放的"弹片"延伸结构的顶层，是一个为大轰炸专门设计的永久展览：铺在地上的石块和卵石，仅此而已。

　　如果你离开博物馆，回到山下易北河畔和老城区，你会经过充斥着欢乐气氛的 19 世纪街道，街上挤满学生，有许多时髦的咖啡馆和小工艺品店，为你展现一幅多元、青春和轻松的透景画。自两德统一以来，德累斯顿得到联邦政府的大量资助：有轨电车系统豪华快捷；博物馆和美术馆富丽堂皇，灯火通明；新的现代主义风格犹太会堂建筑群矗立在布吕尔露台旁；剧院和歌剧院吸引了世界各地的艺术家。游客络绎不绝。在其他许多方面，这座城市已经完全归复其古老的世界主义灵魂。在文化宫和圣母教堂附近，夏日的街道上回荡着乐音。这里的街头艺人与欧洲其他城市的街头艺人非常不同，小提琴手会演奏 19 世纪的经典作品，无伴奏男高音会演唱歌剧中的即兴片段。沐浴在温暖夕阳的琥珀色光晕中，你会生出一种眩晕般的陶醉之感。当精妙的音符与宫廷教堂清脆的钟声短暂交织之时，杂

---

❶　克劳迪是莎士比亚戏剧《哈姆雷特》中的反派，他弑兄篡位，后又向上帝祈祷请求宽恕。克劳迪的祈祷并非发自真心，在独白中他承认"没有思想的言语永远不会上升天界"。

糅却纯粹的乐音比任何事物都更能传达出生活的意义。

　　即使是在 12 月的寒冷空气中，德累斯顿也充满活力，洋溢着童年梦中的圣诞气息。在短暂的午后，天空呈现出蓝宝石色，然后逐渐变暗，老市场开阔的空间变成了由小木棚摊位组成的迷宫，这些摊位卖着热红酒和各种礼物，整个广场被红绿相间的绚丽灯光照亮。当时辰交替，圣十字教堂沉重的大钟总会在清冷的黑暗中敲响，发出深沉的乐音。而你会瞬间想起，过去，与你不过一步之遥。

致谢

　　首先，我非常感谢德累斯顿城市档案馆和所有在那里工作的人；它的大量收藏远不止那些令人难忘的日记和对 1945 年 2 月 13 日夜晚的记述。只需在市中心乘 7 路有轨电车，在绿树成荫的道路上行驶一小段，就能到达档案馆，阅览各种书籍、地图、文件甚至账本，通过它们，可以追溯德累斯顿 800 年来丰富多彩的历史。我要特别感谢馆长托马斯·库布勒，他惊人的精力和洞察力让我的写作走上正轨，还要感谢克劳迪娅·里歇特，她学识渊博，同样思维敏捷。

　　在德累斯顿的其他地方，我非常感谢彼得·沙夫拉特，感谢他的热情款待，感谢他带我游览这座城市，那是最宝贵的旅程，让我看到了这座城市的其他历史角落。感谢马克西米兰·林堡，他向我介绍了库布勒先生和沙夫拉特先生，并带领我了解德累斯顿文化、建筑和工业的重要方面。我也要感谢圣母教堂的牧师塞巴斯蒂安·费特，感谢他花这么多时间来见我，给我讲了这么多精彩的故事。

　　通过介绍，我认识了德累斯顿信托基金会主席伊芙琳·伊顿，同样来自德累斯顿信托基金会的艺术家莫尼卡·佩扎尔也给了我很大的帮助。德累斯顿信托基金会是一家英国慈善机构，正如其标语所言，致力于"治愈战争的创伤"，它参与了一些了不起的城市工作，从最后一章中提到的球体和十字架的精巧制作，到最近在新市场的植树活动。关于他们与城市合作的丰富多样的项目的全部详情，请访问以下链接：www.dresdentrust.org。

感谢保罗·艾迪森、塞巴斯蒂安·科克斯和纳丁·西默利对本书手稿的阅读和评论。书内如有任何错误，都是我自己造成的。

我还要感谢牛津基督教会学院，在那里可以找到波特尔子爵的文章。还要感谢史蒂文·阿彻，他让我在图书馆里受到极大的欢迎。我还要感谢亨顿皇家空军博物馆的档案员，在那里可以找到亚瑟·哈里斯爵士的私人文件。伦敦帝国战争博物馆收藏的机组人员回忆和经历也同样令人着迷。此外，还要感谢伦敦图书馆，它的书架深处藏有一些令人意想不到的、非常有用的宝藏；感谢大英图书馆，它馆藏的那一时期的报纸让我欲罢不能，以至于在闭馆时都不愿离开；还要感谢位于伦敦邱区的英国国家档案馆，那里丰富的原始资料也同样令人着迷。

我欠维京出版社的出版人丹尼尔·克鲁很多人情。首先也是最重要的是，这本书的创意来自他。我也非常感谢他敏锐的眼光和对初稿的精准判断。也感谢助理编辑康纳·布朗，他提出了敏锐的想法和建议。感谢编辑特雷弗·霍伍德对本书历史和语言力度进行的审视和倾注的精力；感谢艾玛·布朗令人敬畏的编辑管理；感谢萨拉·斯嘉丽在英语版权方面的工作；感谢萨姆·法纳肯确保这本书的销量；感谢市场部的罗斯·普尔和宣传部的奥利维亚·米德所做的工作，感谢他们帮助确保德累斯顿的周年纪念活动被铭记。

非常感谢我出色的代理人安娜·鲍尔，是她启动了这个项目，也非常感谢海琳·巴特勒，她不知疲倦地在各个领域工作。

在此向我父亲道歉，因为同他说好的德累斯顿之行迟迟未能兑现——我们很快就会去那里；也要感谢我的母亲，我答应她的旅行兑现了，在这趟旅程中，最吸引她的是德累斯顿文化宫上巨大的东德镶嵌画。这座城市本身是如此热情好客，如此美丽，艺术和音乐是如此丰富，在宜人的街道上漫步是如此令人心旷神怡，我真希望我们现在就在那里。

图片来源

这些照片大部分来自私人收藏。其他照片来自：2-8、12-14、16、21、30、32-5、46、47、52、54，盖蒂图片社（Getty）；9、15、19、27、31、41、58，阿拉米图片社（Alamy）；11、18、36、40，玛丽·埃文斯（Mary Evans）；23、56，布里奇曼图片社（Bridgeman）；42、43，特热·哈尔特贝格（Terje Hartberg）；53，德国照片库（Deutsche Fotothek）。我们已经尽一切合理的努力追查版权，但出版商欢迎提供任何能澄清任何未注明版权归属的资料的信息，并将尽力在重印时予以更正。

部分参考文献

Paul Addison and Jeremy A. Crang (eds.), *Firestorm: The Bombing of Dresden 1945* (Pimlico, 2006)

Jörg Arnold, *The Allied Air War and Urban Memory: The Legacy of Strategic Bombing in Germany* (Cambridge University Press, 2011)

Paul Betts, *Within Walls: Private Life in the German Democratic Republic* (Oxford University Press, 2010)

Martin Bowman, *Castles in the Air: The Story of the B17 Flying Fortress Crews of the US 8th Air Force* (Patrick Stephens, 1984)

Giulio Douhet, *The Command of the Air* (Faber and Faber, 1943)

Freeman Dyson, *Disturbing the Universe* (Harper & Row, 1979)

Sheila Fitzpatrick, *Mischka's War: A Story of Survival from War-Torn Europe to New York* (I. B. Tauris, 2017)

Roger Freeman, *Bases of Bomber Command: Then and Now* (Battle of Britain International, 2001)

Jörg Friedrich, *The Fire: The Bombing of Germany, 1940–1945* (Columbia University Press, 2006)

Mary Fulbrook and Andrew Port (eds.), *Becoming East German: Socialist Structures and Sensibilities After Hitler* (Berghahn Books, 2013)

Stephen A. Garrett, *Ethics and Airpower in World War II: The British Bombing of German Cities* (St. Martin's Press, 1993)

Robert Gerwarth, *The Vanquished: Why the First World War Failed to End, 1917–1923* (Allen Lane, 2016)

A. C. Grayling, *Among the Dead Cities: Is the Targeting of Civilians in War Ever Justified?* (Bloomsbury, 2006)

Sir Arthur Harris, *Bomber Offensive* (Collins, 1947)

Max Hastings, *Bomber Command* (Michael Joseph, 1979)

E. T. A. Hoffmann, *Selected Writings of E. T. A. Hoffmann*, trans. Leonard Kent and Elizabeth Knight (University of Chicago Press, 1969)

Tony Judt, *Postwar: A History of Europe Since 1945* (Heinemann, 2005)

Erich Kästner, *When I Was a Little Boy*, trans. Isabel and Florence McHugh (Jonathan Cape, 1959)

Ian Kershaw, *The End: Hitler's Germany, 1944–45* (Allen Lane, 2011)

Victor Klemperer, *I Shall Bear Witness: The Diaries of Victor Klemperer 1933–41*, trans. Martin Chalmers (Weidenfeld and Nicolson, 1998)

———, *To the Bitter End: The Diaries of Victor Klemperer 1942–45*, trans. Martin Chalmers (Weidenfeld and Nicolson 1999)

———, *The Lesser Evil: The Diaries of Victor Klemperer 1945–59*, trans. Martin Chalmers (Weidenfeld and Nicolson, 2003)

Fritz Löffler, *Otto Dix: Life and Work* (Holmes and Meier, 1982)

Heinrich Magirius, *Die Dresdner Frauenkirche von Georg Bähr. Entstehung und Bedeutung* (Deutscher Verlag für Kunstwissenschaft, 2005)

Thomas Mann, *Doctor Faustus* (Secker and Warburg, 1949)

Masterpieces from Dresden, guide accompanying the Royal Academy exhibition of art from the Gemäldegalerie Alte Meister (Thames and Hudson, 2003)

Anne McElvoy, *The Saddled Cow: East Germany's Life and Legacy* (Faber and Faber, 1992)

Leo McKinstry, *Lancaster: The Second World War's Greatest Bomber* (John Murray, 2009)

Ingelore Menzhausen, *Early Meissen Porcelain in Dresden* (Thames and Hudson, 1990)

Donald Miller, *Eighth Air Force: The American Bomber Crews in Britain* (Aurum, 2007)

Michael Miller and Andreas Schulz, *Gauleiter: The Regional Leaders of the Nazi Party and Their Deputies* (R. James Bender Publishing, 2012)

Roger Moorhouse, *Berlin at War: Life and Death in Hitler's Capital, 1939–45* (Bodley Head, 2010)

Richard Overy, *The Bombing War: Europe 1939–1945* (Allen Lane, 2013)

Henry Probert, *Bomber Harris: His Life and Times – The Biography of Marshal of the Royal Air Force Sir Arthur Harris* (Greenhill Books, 2001)

Walter Reichart, *Washington Irving and Germany* (University of Michigan Press, 1957)

Alan Russell, *An Englishman Speaks Out – On Dresden, On Destruction, On Reconciliation and Rebuilding* (Dresden Trust, 2015)

———, *A Trust for Our Times: The Story of the Dresden Trust* (Dresden Trust, 2015)

W. G. Sebald, *On the Natural History of Destruction* (Hamish Hamilton, 2003)

Richard Strauss and Stefan Zweig, *A Confidential Matter: The Letters of Richard Strauss and Stefan Zweig, 1931–1935*, trans. Max Knight (University of California Press, 1977)

Daniel Swift, *Bomber County* (Hamish Hamilton, 2010)

Dirk Syndram, *The Green Vault in Dresden: Renaissance and Baroque Treasury Art*, trans. Daniel Kletke (Staatliche Kunstsammlungen Dresden, 2004)

Frederick Taylor, *Dresden: Tuesday 13 February 1945* (Bloomsbury, 2004)

Adam Tooze, *The Deluge: The Great War and the Remaking of Global Order, 1916–1931* (Allen Lane, 2014)

Miles Tripp, *The Eighth Passenger: A Flight of Recollection and Discovery* (Heinemann, 1969; repr. Leo Cooper, 1993)

Kurt Vonnegut, *Slaughterhouse-Five; or The Children's Crusade – A Duty-Dance with Death* (Cape, 1970)

———, *Kurt Vonnegut: Letters*, ed. and intro. Dan Wakefield (Vintage, 2013)

Richard Wagner, *My Life* (Constable, 1911)

H. G. Wells, *The War in the Air* (George Bell, 1908)

Stefan Zweig, *The World of Yesterday: Memoirs of a European* (Cassell, 1943; repr. Pushkin Press, 2009)

注释

第一章　在那天之前

1　Gerhard Ackermann, interviewed in the popular German newspaper *Bild*, 1 January 2018, a piece focusing slightly more upon his lifelong addiction to cinema-going rather than upon Dresden.

2　Corey Ross, 'Mass Culture and Divided Audiences: Cinema and Social Change in Inter-War Germany', *Past & Present*, no. 193 (November 2006).

3　Ibid.

4　Interview with Churchill's interpreter Hugh Lunghi for National Security Archive, 1 July 1996.

5　Ibid.

6　Jörg Arnold, *The Allied Air War and Urban Memory* (Cambridge University Press, 2011).

7　Dresden City Archives, series 6.4.53.1 (hereafter DCA), file 500.

8　DCA, file 477.

9　Tami Davis Biddle, 'Dresden 1945: Reality, History and Memory', *Journal of Military History*, vol. 72, no. 2 (2008).

10　DCA, file 107.

11　Victor Klemperer, *To the Bitter End: The Diaries of Victor Klemperer 1942–45*, trans. Martin Chalmers (Weidenfeld and Nicolson, 1999).

12　DCA, file 500.

13　Ibid.

14　Klemperer, *To the Bitter End*.

15　DCA, file 107.

16　An article in the arts journal *The Burlington Magazine* in April 2007 described the station as being one of Europe's most 'ethereal'.

17　See www.das-neue-dresden.de/kaufhaus-alsberg for an article on the architectural history, as well as the expropriation by the Nazis.

18 There is a haunting portrait of Elsa Frölich, and her daughter Sunni, drawn by fellow communist Lea Grundig in the mid 1930s; both Frölich and Grundig would flourish under the post-war regime.

19 DCA, file 475. Pleasingly, the brewery's tunnels have recently been repurposed by Dresden University physicists for atom-colliding experiments.

20 The dairy today has a dedicated website (www.pfunds.de) and is still one of Dresden's most pleasing and unexpected aesthetic spectacles.

21 Today the site is a stately and rather old-fashioned hotel; see www.schloss-eckberg.de.

第二章　在州领袖的森林里

1 A memo sent from Lord Cherwell to Churchill on 30 March 1942 in which he speculated about 'de-housing' one third of the German population; as cited in Richard Overy, *The Bombing War: Europe 1939–1945* (Allen Lane, 2013).

2 Harris Papers, RAF Museum Archive, Hendon, file 40.

3 Harris Papers – 'Correspondence with Supreme Headquarters Allied Expeditionary Force'.

4 Sir Arthur Harris, *Bomber Offensive* (Collins, 1947).

5 Ibid. Harris, although styling himself as a curt colonial, had a feel for passionate and emotional rhetoric, of which there were echoes to be heard in his message to Bomber Command – 'Special Order of the Day' – issued on 10 May 1945, Harris Papers, folder 40.

6 Harris, *Bomber Offensive*.

7 Ibid.

8 Ibid. He deployed the term in correspondence with his superiors.

9 DCA, file 101.

10 DCA, file 802.

11 Victor Klemperer, *I Shall Bear Witness: The Diaries of Victor Klemperer 1933–41*, trans. Martin Chalmers (Weidenfeld and Nicolson, 1998).

12 The artist Monica Petzal – a key figure in the Dresden Trust – has written fascinatingly of her mother, Hannelore Isakowitz, who was brought up in the city; as a girl, Hannelore saw Dresden at its height of sophistication and artistic richness. Monica Petzal's work, which exhibits in a range of galleries, explores the ghostly echoes of that city. For more information on her work see www.monicapetzal.com.

13 Dr Margarete Blank is often written about in German journals; and not just because of her execution at the hands of the Nazis. There are also portraits of the life of a female doctor in the early years of the twentieth century, and also articles to do with the way her memory was used by the post-war communists. For a concise and illuminating short biography see www.leipzig.de.

14 For a concise biography of Mutschmann see www.spitzenstadt.de.

15 Bizarrely, this item turned up on the online auction site www.liveauc tioneers.com in February 2017, complete with a snap of Mutschmann's inscription.

16 *Daily Telegraph*, 27 January 1933.

17 E. T. A. Hoffmann's 'The Automata' was published in 1814. Two years later, in 'The Sandman', there is an even creepier fragment involving a young woman called Olimpia who beguiles the young hero; that young man is then driven mad when he discovers that she is clockwork, and he sees her eyes upon the floor.

18 The Nazi war on jazz music is fascinatingly explored in Michael H. Kater, 'Forbidden Fruit? Jazz in the Third Reich', *American Historical Review*, vol. 94, no. 1 (February 1989).

19 Patrick Merziger, 'Humour in Nazi Germany: Resistance and Propaganda?', *International Review of Social History*, vol. 52 (December 2007).

20 *Daily Telegraph*, 25 May 1935.

21 *Daily Telegraph*, 25 April 1935.

22 *Daily Telegraph*, 20 October 1937.

23 An interesting short biography can be found at db.yadvashem.org/deportation/supervisors.

24 A terrifying portrait of Hans Clemens can be found in Klemperer, *To the Bitter End*, and a fascinating piece in *Der Spiegel* (www.spiegel.de) from 16 February 2011 details his murky post-war career in Soviet espionage.

25 For an interesting and concise biography of Dr Kluge see Sächsische Biografie, http://saebi.isgv.de/biografie/Rudolf_Kluge_(1889-1945).

26 See Sächsische Biografie, saebi.isgv.de/biografie/Hans_Nieland_(1900-1976).

27 http://saebi.isgv.de/biografie/Rudolf_Kluge_(1889-1945).

第三章 理性的废黜

1 For an extraordinary essay concerning Wagner, his friendship with the synagogue's architect Semper, and his desire to have a copy of the lamp that hung before the tabernacle doors see Colin Eisler, 'Wagner's Three Synagogues', *Artibus et Historiae*, vol. 25, no. 50 (January 2004).

2 Helen Rosenau, 'Gottfried Semper and German Synagogue Architecture', *Leo Baeck Institute Year Book*, vol. 22 (January 1977).

3 Ibid.

4 Ibid.

5 Ibid.

6 For the restoration of the synagogue and its star, see 'Dresden Synagogue Rises Again', news.bbc.co.uk/1/hi/world/europe/1647310.stm.

7 The demolition was filmed by the Technisches Hilfswerk, a civil protection organization controlled by the German federal government; fragments of the film are to be found on YouTube, though it is the sort of footage that attracts unsavoury viewers.

8 The story of Erich Isakowitz is related by his granddaughter, the artist Monica Petzal. As well as creating powerful and haunting works inspired by her family and the city, Petzal has written of her family in brochures to accompany 'Indelible Marks: The Dresden Project'. For further information, see www.monicapetzal.com.

9 Ibid.

10 Ibid.

11 Klemperer, *I Shall Bear Witness*.

12 Ibid.

13 Stefan Zweig, *The World of Yesterday: Memoirs of a European* (Cassell, 1943; repr. Pushkin Press, 2009).

14 Timothy W. Ryback, *Hitler's First Victims: And One Man's Race for Justice* (Bodley Head, 2015).

15 See www.monicapetzal.com.

16 Klemperer, *I Shall Bear Witness*.

17 Zweig, *The World of Yesterday*.

18 Klemperer, *I Shall Bear Witness*.

19 Ibid.

20 These insights among others are discussed by John Wesley Young, in 'From LTI to LQI: Victor Klemperer on Totalitarian Language', *German Studies Review*, vol. 28 (February 2005).

21 Henry Ashby Turner, Jr, 'Victor Klemperer's Holocaust', *German Studies Review*, vol. 22 (October 1999).

22 Young, 'From LTI to LQI'.

23 Stills from surviving film clips can be seen at en.stsg.de/cms/node/815 – the Saxon Memorial Foundation.

第四章 艺术与堕落

1 The subject of *Hamlet* in Dresden – and other Shakespeare adaptations around the country in the seventeenth century – is discussed by Simon Williams in *Shakespeare on the German Stage* (Cambridge University Press, 2004).

2 DCA, file 802.

3 Ibid.

4 The exhibits of such richly jewelled swords – and other wonders in gold, porcelain and tapestry – are now permanently on show in the Dresden Royal Palace. The site www.schloesserland-sachsen.de/en/palaces-castles-and-gardens/dresden-royal-palace/ gives a taste of the other aesthetic wonders.

5 As with the Royal Palace and its Green Vault, the Zwinger Galleries – literally across the road – are so fully restored that it is possible to spend days in them. For an overview of their exhibitions and works, it is worth looking at www.der-dresdner-zwinger.de/en/home/.

6 Ibid.

7 Ibid.

8 Dresden's modern art museum, the Albertinum, contains many of Friedrich's works among its dazzling array of exhibits. See albertinum.skd.museum/en.

9 For a discussion of Nolde see Michael Hoffmann, 'At One with the Universe', *London Review of Books*, 27 September 2018.

10 See Ian Buruma, 'Art of a Degenerate World', *New York Review of Books*, 27 September 2018.

11 Dix's nightmares and the psychological impact of war upon his work are explored in fascinating detail by Paul Fox in 'Confronting Postwar Shame in Weimar Germany: Trauma, Heroism and the War Art of Otto Dix', *Oxford Art Journal*, vol. 29, no. 2 (June 2006).

12 Felixmüller was a friend of the Isakowitz family; examples of his work are at www.monicapetzal.com.

13 A short illustrated overview of Griebel's work can be found at weimar art.blogspot.com/2010/06/otto-griebel.html.

14 A further analysis of the exhibition and its internal aesthetic conflicts is Neil Levi, "Judge for Yourselves!" – The '*Degenerate Art*' Exhibition as Political Spectacle', *October*, vol. 85 (Summer 1998).

15 There is an interesting blogspot on the original Dresden 'Degenerate Art' exhibition and the works featured, plus the evolution of this artistic persecution, at hausderkunst.de/en/notes/beschlagnahme-

der-entarteten-

kunst-1937-1938.

16 As well as an illuminating range of his work in the Dresden Albertinum (see note 8 above), there is a good essay on earlier subjects before his dismissal and reluctant move into landscape studies by Sabine Rewald in 'Dix at the Met', *Metropolitan Museum Journal*, vol. 31 (1996).

17 For a short biography of Mauersberger and a range of photographs through the decades see www. bach-cantatas.com/Bio/Mauersberger-Rudolf.htm.

18 An interesting blog on Mauersberger and the Kreuzchor together with excerpts from his *Dresdner Requiem* can be found at www.overgrownpath.com/2006/02/dresden-requiem-for-eleven-young. html.

19 Siegfried Gerlach, *George Bähr. Der Erbauer der Dresdner Frauenkirche. Ein Zeitbild* (Böhlau, 2005).

20 Perhaps rather startlingly, a recording was made of this 1944 performance and was available into the 1990s.

21 Robert Giddings, 'Wagner and the Revolutionaries', *Music & Letters*, vol. 45, no. 4 (October 1964).

22 Hans Rudolf Vaget, 'Wagnerian Self-Fashioning: The Case of Adolf Hitler', *New German Critique*, no. 101 (Summer 2007).

23 Elena Gerhardt, 'Strauss and His Lieder', *Tempo*, no. 12 (Summer 1949), is a charming personal reminiscence that also mentions the occasion he took the Dresden Opera Company to London in 1936.

24 Zweig, *The World of Yesterday*, for this and what follows.

25 Zweig's time as an exile in Brazil was dramatized in a film reviewed – with some background – in *The Economist* in 2016: www.economist.com/prospero/2016/06/22/stefan-zweig-in-exile-a-european-in-brazil.

26 Thomas Eisner, 'Fritz Busch: A Friend Remembered', *Musical Quarterly*, vol. 85 (Autumn 2001).

27 Raffaele De Ritis, 'Circus Sarrasani', www.circopedia.org/Circus_Sarrasani.

28 Ibid.

29 Hay's memoir – 'An Old Airman's Tale', as told to Malcolm Brooke – is available at www. bomberhistory.co.uk.

第五章　玻璃人和物理学家

1 For a short biography see https://ethw.org/Heinrich_Barkhausen.

2 There is more at the Dresden university website: https://tu-dresden.de/ing/elektrotechnik/die-fakultaet/profil/100-jahre-schwachstromtechnik.

3 Sheila Fitzpatrick, *Mischka's War: A Story of Survival from War-Torn Europe to New York* (I. B. Tauris, 2017).

4 Ibid.

5 Ibid.

6 Clare Le Corbeiller, 'German Porcelain of the Eighteenth Century', *Metropolitan Museum of Art Bulletin*, vol. 47 (Spring 1990).

7 Ibid.

8 Ibid.

9 Edmund de Waal wrote movingly about this theme in the *Guardian*, 18 September 2015.

10 Ibid.
11 Ibid.
12 Eike Reichardt, *Health, 'Race' and Empire: Popular-Scientific Spectacles and National Identity in Imperial Germany, 1871–1914* (Lulu.com, 2008).
13 Ibid.
14 Ibid.
15 Paul Weindling, *Health, Race and German Politics Between National Unification and Nazism, 1870–1945* (Cambridge University Press, 1993). The Hygiene Eye painting was by Franz von Stuck.
16 Vintage examples of these cameras can be found pictured lovingly on a great number of websites. More on the history of the firm can be found in Michael Buckland, 'Histories, Heritages and the Past: The Case of Emanuel Goldberg', in W. Boyd Rayward and Mary Ellen Bowden (eds.), *The History and Heritage of Scientific and Technological Information Systems* (Information Today, 2002).
17 Ibid.; Buckland's essay focuses on how Professor Goldberg's name was both systematically and accidentally erased from histories of scientific innovation.
18 Klemperer, *I Shall Bear Witness.*

第六章　"小伦敦"

1 DCA, file 855, for this and what follows.
2 DCA, file 107.
3 Tami Davis Biddle, 'Sifting Dresden's Ashes', *Wilson Quarterly*, vol. 29 (Spring 2005).
4 Jeremy Black, *The British and the Grand Tour* (Routledge Revivals, 2011).
5 Walter A. Reichart, 'Washington Irving's Influence in German Literature', *Modern Language Review*, vol. 52, no. 4 (October 1957).
6 Nadine Zimmerli, 'Elite Migration to Germany: The Anglo-American Colony in Dresden Before World War 1', in Jason Coy et al. (eds.), *Migrations in the German Lands, 1500–2000* (Berghahn Books, 2016).
7 Ibid.
8 Digital versions of these advertisements, as featured in the *Daily Telegraph* and *Daily Mail*, can be seen at the British Library Newspaper Archive.
9 Charles Shields, *And So It Goes: Kurt Vonnegut, a Life* (Henry Holt, 2011).
10 Kurt Vonnegut, *Kurt Vonnegut: Letters*, ed. and intro. Dan Wakefield (Vintage, 2013).
11 Ibid.
12 Victor Gregg with Rick Stroud, *Dresden: A Survivor's Story, February 1945* (Bloomsbury, 2019), for this and what follows.
13 Miles Tripp, *The Eighth Passenger: A Flight of Recollection and Discovery* (Heinemann, 1969; repr. Leo Cooper, 1993), for this and what follows.

第七章　末日的科学

1 Harris, *Bomber Offensive*, for this and what follows.
2 Ibid.

3 Cited in Abigail Chantler, *E. T. A. Hoffmann's Musical Aesthetics* (Routledge, 2006).

4 An interesting essay by Patrick Wright – 'Dropping Their Eggs' in the *London Review of Books*, 23 August 2001 – explores how the RAF's Hugh Trenchard deployed that startling phrase to describe how bombs would fall on city centres before the end of the First World War.

5 Malcolm Smith, ' "A Matter of Faith": British Strategic Air Doctrine Before 1939', *Journal of Contemporary History*, vol. 15 (July 1980).

6 The anxieties surrounding the possibilities of city bombing are explored in Overy, *The Bombing War*.

7 As discussed in Philip K. Lawrence, *Modernity and War: The Creed of Absolute Violence* (Macmillan, 1997).

8 As cited in Hew Strachan, 'Strategic Bombing and the Question of Civilian Casualties up to 1945', in Paul Addison and Jeremy A. Crang (eds.), *Firestorm: The Bombing of Dresden 1945* (Pimlico, 2006).

9 Ibid.

10 Ibid.

11 Ibid.

12 Stewart Holbrook, 'The Peshtigo Fire', *American Scholar*, vol. 13, no. 2 (Spring 1944), is an extremely atmospheric retelling of the catastrophe. See also 'Nature's Nuclear Explosion', in Denise Gess and William Lutz, *Firestorm at Peshtigo: A Town, Its People, and the Deadliest Fire in American History* (Holt, 2003).

13 Philip G. Terrie, ' "The Necessities of the Case": The Response to the Great Thumb Fire of 1881', *Michigan Historical Review*, vol. 31, no. 2 (Fall 2005).

14 Ibid.

15 A fascinating piece on the earthquake can be found in *The Smithsonian* magazine at https://www.smithsonianmag.com/history/the-great-japan-earthquake-of-1923.

16 J. Charles Schencking, 'The Great Kanto Earthquake and the Culture of Catastrophe and Reconstruction in 1920s Japan', *Journal of Japanese Studies*, Summer 2008.

17 *The Smithsonian*, as note 15.

18 Ibid.

19 Churchill wrote this in a speculative piece about future weaponry in the *Pall Mall Gazette*, 1924.

20 Strachan, 'Strategic Bombing'.

21 Ibid.

22 Harris, *Bomber Offensive*.

23 Remarkably, a recording of Mann's broadcast can be found at www.dialoginternational.com/dialog_international/2012/12/listen-germany-thomas-mann-on-the-firebombing-of-lubeck.html.

第八章 适宜的大气条件

1 According to Pia de Jong in a charming piece for the Institute of Advanced Study, it was young Dyson himself who came up with the phrase: his father overheard him using it, was tickled, and sent it to *Punch* magazine. The article is at www.ias.edu/ideas/2013/de-jong-dyson.

2 National Archives AIR 40/1680.

3　As recounted in Freeman Dyson, 'A Failure of Intelligence', *MIT Technology Review*, 1 November 2006, a mesmerizing piece that can be read at www.technologyreview.com/s/406789/a-failure-of-intelligence.

4　Aldous Huxley, *Ends and Means: An Enquiry into the Nature of Ideals and into the Methods Employed for Their Realization* (Chatto and Windus, 1937).

5　Dyson, 'A Failure of Intelligence'.

6　Ibid.

7　Ibid.

8　Freeman Dyson, *Disturbing the Universe* (Harper & Row, 1979).

9　David Lodge, 'Dam and Blast' (1982), in his collection *Write On* (Secker & Warburg, 2012). Lodge also pointed out that, although his father was in the air force, he somehow avoided going up in a plane.

10　Tami Davis Biddle, 'Bombing by the Square Yard: Sir Arthur Harris at War, 1942–1945', *International History Review*, vol. 21, no. 3 (September 1999).

11　Jörg Friedrich, *The Fire: The Bombing of Germany, 1940–1945* (Columbia University Press, 2006).

12　Ibid.

13　National Archives AIR 20/4831.

14　Ibid.

15　Ibid.

16　Lord Portal Papers, Christ Church, Oxford, folder 10, file 3A.

17　Ibid., file 3B.

18　Ibid.

19　Ibid.

20　Ibid., file 3C.

21　Ibid.

22　Ibid.

23　Ibid., file 3D.

第九章　冲洗

1　Daniel Swift, *Bomber County* (Hamish Hamilton, 2010).

2　A. C. Grayling, *Among the Dead Cities: Is the Targeting of Civilians in War Ever Justified?* (Bloomsbury, 2006).

3　Vera Brittain, *Seed of Chaos: What Mass Bombing Really Means* (New Vision, 1944).

4　Lord Dowding, a spiritualist, wrote on the subject in, among other books, *Twelve Legions of Angels* (Jarrolds, 1946).

5　Letter from Michael Scott, RAF Wattisham, published in Andrew Roberts (ed.), *Love, Tommy: Letters Home, from the Great War to the Present Day* (Osprey Publishing, 2012).

6　Frank Blackman, quoted in Swift, *Bomber County*.

7　Tripp, *The Eighth Passenger*.

8　Ibid.

9　Russell Margerison, *Boys at War* (Northway Publications, 2009).

10　Swift, *Bomber County*.

11　Hay, 'An Old Airman's Tale'.

12 Ibid.
13 Ibid.
14 Swift, *Bomber County*.
15 Ibid.
16 Bill Burke, 'The Sheer Thrill of Being a Member of an Operational Marking Team', www.627squadron.
co.uk/afs-bookpartIII-SheerThrill.html.
17 Tripp, *The Eighth Passenger*.
18 Burke, 'The Sheer Thrill'.

第十章 魔鬼不得休息

1 www.iwm.org.uk/history/tips-for-american-servicemen-in-britain-during-the-second-world-war.
2 See www.americanairmuseum.com, part of the Imperial War Museum's website.
3 For Fielder's obituary, published by several Pittsburgh newspapers,
see www.legacy.com/obituaries/postgazette/obituary.aspx?n=morton-
irwin-fiedler.
4 Gordon Fenwick interviewed in the 384th Group magazine. As well as having an entry on the
American Air Museum site, Fenwick has been interviewed frequently in the US press and television.
5 Ibid.
6 Pleasingly, the idea of the 'friendly invasion' is now a tourist attraction in Norfolk – see www.
visitnorfolk.co.uk/things-to-do/Friendly-
Invasion-in-Norfolk.aspx.
7 The term 'spillage' appears in Charles W. McArthur, *Operations Analysis in the U.S. Army Eighth
Air Force in World War II* (American Mathematical Society, 1990).
8 Mentioned in an introduction to the subject at the Imperial War Museum by Carl Warner at www.
iwm.org.uk/history/american-airmen-in-britain-during-the-second-world-war.
9 More information (plus pictures) at the American Air Museum website, http://www.americanairmu-
seum.com/place/136207.
10 In my *The Secret Life of Bletchley Park* (Aurum, 2010), Wrens recalled the urgency to attend a
concert by Glenn Miller and his band at Bedford, which was close to the codebreaking centre.
11 Fenwick, in 384th Group magazine.
12 Eugene Spearman, ww2awartobewon.com/wwii-articles/bremen-mission-384th-bomb-group/.
13 There is a very interesting essay about James Stewart's acting career before and after the war by
Geoffrey O'Brien in the *New York Review of Books*, 2 November 2006, which, although it only
touches on his bombing experiences, none the less suggests that there was a duality to Stewart's
screen persona after the war.
14 Thomas Childers, ' "*Facilis descensus averni est*": The Allied Bombing of Germany and the Issue of
German Suffering', *Central European History*, vol. 38, no. 1 (March 2005).
15 Ibid.
16 Ibid.
17 For background see Smithsonian Institute, airandspace.si.edu/collection-objects/messerschmitt-me-
262-1a-schwalbe-swallow.
18 Fenwick, in 384th Group magazine.

第十一章　黑暗之日

1　DCA, file 803.
2　Ibid.
3　DCA, file 107.
4　DCA, file 802.
5　DCA, file 133.
6　DCA, file 855.
7　DCA, file 523.
8　DCA, file 477.
9　DCA, file 475.
10　Ibid.
11　DCA, file 855.
12　DCA, file 500.
13　Klemperer, *To the Bitter End*.
14　Ibid.
15　Ibid.
16　DCA, file 802.
17　Ibid.
18　Ibid.
19　Ibid.
20　Ibid.
21　Fitzpatrick, *Mischka's War*.
22　Tripp, *The Eighth Passenger*.
23　Ibid.
24　Ibid.
25　DCA, file 107.
26　Ibid.
27　DCA, file 133.
28　DCA, file 472.
29　DCA, file 104.
30　Tripp, *The Eighth Passenger*.
31　Ibid.
32　Ibid.
33　Klemperer, *To the Bitter End*.
34　Vonnegut, *Letters*.
35　Ibid.
36　Gregg, *Dresden*.
37　*Bild*, 13 February 2017.
38　Hay, 'An Old Airman's Tale'.

第十二章　警报拉响前的五分钟

1　DCA, file 107.

2 More on the 'Bob Gerry Troupe' and their interesting post-war career at http://www.circopedia.org/
Bob_Gerry_Troupe.

3 Griebel's memoir, *Ich war ein Mann der Strasse. Lebenserinnerungen eines Dresdner Malers* (I
Was a Man on the Street: The Memoirs of a Dresden Painter) (Röderberg, 1986), now out of print,
has been widely cited for his intense and at times grotesque account of that night.

4 Fitzpatrick, *Mischka's War.*

5 DCA, file 802.

6 DCA, file 133.

7 DCA, file 477.

8 DCA, file 116.

第十三章　坠入深渊

1 DCA, file 109.

2 Ibid.

3 DCA, file 803.

4 Ibid.

5 DCA, file 477.

6 Vonnegut, *Letters.*

7 DCA, file 802.

8 Ibid.

9 DCA, file 533.

10 Ibid.

11 DCA, file 472.

12 Ibid.

13 Klemperer, *To the Bitter End.*

14 Pleasingly, a number of Mauersberger's folk songs have been issued on CD.

15 DCA, file 847.

16 Ibid.

17 Ibid.

18 DCA, file 107.

19 Ibid.

20 Ibid.

第十四章　影与光

1 The Imperial War Museum has an extended and wholly fascinating interview with William Topper
which can be heard at www.iwm.org.uk/collections/item/object/80015851 and which informs much of
what follows.

2 DCA, file 104.

3 DCA, file 802.

4 DCA, file 107.

第十五章   晚上 10：03

1　DCA, file 109.

2　DCA, file 803.

3　Fitzpatrick, *Mischka's War.*

4　DCA, file 475.

5　Ibid.

6　DCA, file 477.

7　Ibid.

8　Ibid.

9　DCA, file 107.

10　Ibid.

11　DCA, file 802.

12　Ibid.

13　Ibid.

14　DCA, file 472.

15　Klemperer, *To the Bitter End.*

16　Ibid.

17　DCA, file 477.

第十六章   灼伤的眼睛

1　DCA, file 477.

2　Ibid.

3　DCA, file 475.

4　Ibid.

5　Ibid.

6　DCA, file 472.

7　Ibid.

8　DCA, file 104.

9　Ibid.

10　Although not currently in print, Griebel's *Ich war ein Mann der Strasse* has a number of in print episodes that have been cited by admirers.

11　Fitzpatrick, *Mischka's War.*

12　Michal Salomonivic, interviewed on Czech Radio (www.radio.cz).

13　DCA, file 506.

14　Ibid.

15　Ibid.

16　Ibid.

17　Ibid.

18　DCA, file 533.

19　DCA, file 109.

20　DCA, file 802.

21　Ibid.

22　Ibid.

23　Ibid.

24　Ibid.

25　Ibid.

26　DCA, file 107.

27　Ibid.

28　Ibid.

29　Ibid.

30　Ibid.

31　Ibid.

32　Klemperer, *To the Bitter End.*

33　Ibid.

第十七章　午夜

1　As cited in Tripp, *The Eighth Passenger.*

2　Fitzpatrick, *Mischka's War.*

3　Friedrich, *The Fire.*

4　Ursula Elsner, interviewed in the *Daily Telegraph*, 8 February 2015.

5　Biddle, 'Sifting Dresden's Ashes'.

6　DCA, file 506.

7　DCA, file 109.

8　DCA, file 472.

9　Friedrich, *The Fire.*

10　DCA, file 104.

11　An account from Dresden zoo inspector Otto Sailer-Jackson, cited in Alexander McKee, *The Devil's Tinderbox: Dresden 1945* (Souvenir Press, 2000).

12　Fitzpatrick, *Mischka's War.*

第十八章　第二波

1　Tripp, *The Eighth Passenger*, for this and what follows.

2　Hay, 'An Old Airman's Tale'.

3　Tripp, *The Eighth Passenger.*

4　A BBC tribute to Harry Irons can be found at www.bbc.co.uk/news/uk-england-london-46201076.

5　Fitzpatrick, *Mischka's War.*

6　Klemperer, *To the Bitter End*, for this and what follows.

7　DCA, file 472.

8　DCA, file 104.

9　DCA, file 477.

10　Ibid.

11　DCA, file 107.

12　Ibid.

13 DCA, file 802, for this and what follows.
14 DCA, file 533, for this and what follows.
15 Fitzpatrick, *Mischka's War*.
16 A chilling account, given by Otto Sailer-Jackson, is cited in several sources, including McKee, *The Devil's Tinderbox*.
17 Friedrich, *The Fire*.
18 DCA, file 109.
19 Ibid.
20 A fascinating account both of Dorothea Speth's experiences, and also about the lives of Mormons in Dresden, can be found at rsc.byu.edu/archived/harm-s-way-east-german-latter-day-saints-world-war-ii/dresden-district/dresden-altstadt.
21 DCA, file 475.
22 Klemperer, *To the Bitter End*.

第十九章　在死者间

1 DCA, file 802.
2 Ibid.
3 DCA, file 472.
4 Fitzpatrick, *Mischka's War*.
5 DCA, file 477.
6 Ibid.
7 DCA, file 109.
8 DCA, file 475.
9 Fitzpatrick, *Mischka's War*.
10 Klemperer, *To the Bitter End*, for this and what follows.

第二十章　第三波

1 Interviewed in various American newspapers. His war records can be seen at 384thbombgroup.com.
2 Ibid.
3 Ibid.
4 Overy, *The Bombing War*.
5 Cited in Childers, ' "*Facilis descensus averni est*" '. In 1982 Fussell wrote a searingly powerful essay about his war experiences – and the horror of that winter of 1944/45 – for *Harper's* magazine which can be read at harpers.org/sponsor/thewar/wwiiharpers/my-war-how-i-got-irony-in-the-infantry/.
6 Overy, *The Bombing War*.
7 DCA, file 107, for this and what follows.
8 DCA, file 533.
9 DCA, file 802, for this and what follows.
10 As noted on the IWM site americanairmuseum.com.
11 DCA, file 475.

12　DCA, file 477.

第二十一章　亡者与梦游人

1　DCA, file 107.
2　Ibid.
3　DCA, file 475.
4　DCA, file 802.
5　Klemperer, *To the Bitter End*.
6　DCA, file 116.

第二十二章　灼热的坟墓

1　Ralph Blank et al., *Germany and the Second World War, vol. IX* (Clarendon Press, 2008).
2　Klemperer, *To the Bitter End*.
3　Friedrich, *The Fire*.
4　Vonnegut, *Letters*.
5　Kurt Vonnegut, *Slaughterhouse-Five; or The Children's Crusade – A Duty-Dance with Death* (Cape, 1970).
6　Ibid.
7　DCA, file 107.
8　Gregg, *Dresden*.
9　DCA, file 477.
10　Matthias Griebel, interviewed in *The New York Times*, 11 February 1995.
11　Ibid.
12　Klemperer, *To the Bitter End*.
13　DCA, file 802.
14　Ibid.
15　DCA, file 109.

第二十三章　恐怖的含义

1　*Daily Mirror*, 15 February 1945.
2　*Daily Telegraph*, 15 February 1945.
3　Ibid.
4　Ibid.
5　Tripp, *The Eighth Passenger*.
6　Ibid.
7　Biddle, 'Sifting Dresden's Ashes'.
8　Ibid.
9　*Daily Telegraph*, 17 February 1945.
10　*Daily Telegraph*, 5 March 1945.
11　*Daily Mail*, 5 March 1945.

12　Ronald Schaffer, 'American Military Ethics in World War II: The Bombing of German Civilians', *Journal of American History*, vol. 67, no. 2 (September 1980).

13　*Manchester Guardian*, 7 March 1945.

14　Ibid.

15　Ibid.

16　Harris Papers, folder H55, document 71A.

17　Ibid., document 73A.

18　Ibid., document 72A.

19　Ibid., folder 4B, document dated 28 March 1945.

20　Ibid.

21　Ibid., document dated 29 March 1945.

22　Ibid.

23　Ibid., document dated 1 April 1945, stamped 'personal'.

第二十四章　亡魂的乐曲

1　DCA, file 802.

2　Ibid.

3　DCA, file 115.

4　*Der Freiheitskampf*, Dresden edition, 16 April 1945, for this and what follows.

5　Fitzpatrick, *Mischka's War*.

6　Griebel, *Ich war ein Mann der Strasse*, quoted in a fascinating essay by Francesco Mazzaferro which can be seen at letteraturaartistica.blogspot.com/2018/10/otto-griebel29.html.

7　As cited in an absorbing essay by Johannes Schmidt: 'Dresden 1945: Wilhelm Rudolph's Compulsive Inventory', *Art in Print*, vol. 5, no. 3 (2015), artinprint.org/article/wilhelmrudolph/.

8　The Carus Classics 2013 CD issue of *Dresdner Requiem* has interesting sleeve notes by Matthias Herrmann, a detailed look at Mauersberger's musical inspirations and English translations of the requiem's lyrics.

9　Schmidt, 'Dresden 1945'.

10　DCA, file 475.

11　Ibid.

12　There is some interesting background on Elsa Frölich and her husband as well as Dresden's other underground communists at www.stadtwikidd.de/wiki/Elsa_Frölich (in German).

13　Victor Klemperer, *The Lesser Evil: The Diaries of Victor Klemperer 1945–59*, trans. Martin Chalmers (Weidenfeld and Nicolson, 2003).

14　There is some information on Nieland's surprising post-war life and rehabilitation to be seen at Sächsische Biografie, saebi.isgv.de/biografie/Hans_Nieland_(1900-1976).

第二十五章　反冲

1　A very interesting – and frightening – piece about Kästner and his relationship with the Nazis (and the burning of his books) can be seen at Spiegel Online: www.spiegel.de/international/zeitgeist/ nazi-book-burning-anniversary-erich-kaestner-and-the-nazis-a-894845.html.

2 Erich Kästner, *When I Was a Little Boy*, trans. Isabel and Florence McHugh (Jonathan Cape, 1959).

3 DCA, file 802.

4 DCA, file 477.

5 Harris Papers, folder 40, document dated 10 May 1945.

6 Harris, *Bomber Offensive*.

7 Ibid.

8 Harris Papers, folder 3A, letter dated 18 June 1945.

9 Letter from Taylor to *The New York Times*, published 18 January 1992.

10 This is part of an epic oral interview conducted by Hugh A. Ahmann for the United States Air Force Oral History Program, the transcript of which can be read at www.trumanlibrary.gov/library/oral-histories/landryrb#146.

11 Dyson, 'A Failure of Intelligence'.

12 Max Seydewitz, speaking in February 1950; the speech was widely reported in British newspapers.

13 Harris Papers, folder 40, 'Lectures, Speeches, Talks etc.'.

14 David Irving, *The Destruction of Dresden* (Kimber, 1963).

15 *Observer*, 5 May 1963.

16 *Observer*, 12 May 1963; Birkin was one of several readers taking issue with Nicolson.

17 Tripp, *The Eighth Passenger*.

18 As discussed by Mark Arnold-Foster in the *Guardian*, 14 February 1967.

19 Ibid.

20 This fascinating interview was screened by the BBC on 11 February 2013.

第二十六章 "斯大林风格"

1 Klemperer, *The Lesser Evil*.

2 Some of the propaganda posters from this period – stylized and striking – are on display to very fine effect at the Dresden Museum of Military History.

3 The accent was even mentioned in his obituary in *The New York Times* on 2 August 1973.

4 Klemperer, *The Lesser Evil*.

5 Ibid.

6 Like so much of Dresden's Soviet post-war architecture, there is something now quite strangely evocative about the Barkhausen building; pictures to be found at navigator.tu-dresden.de/gebaeude/bar?language=en.

7 For a concise biography of Dr Fromme see Sächsische Biografie, saebi.isgv.de/biografie/Albert_Fromme_(1881-1966).

8 Ibid.

9 According to some accounts, Griebel was based in the Workers' and Peasants' Department of the college, the purity of which must have appealed.

10 The rooms of post-war painting now in the Albertinum Gallery (where in 1945 the civic authorities were based) are fascinating, and they raise the further question of whether art and ideology in the wider world are more frequently fused than we imagine.

11 In later life, Matthias Griebel became director of the Dresden City Museum; he has been frequently interviewed, and profiled admiringly, such as in this piece for *Disy* magazine at www.disy-magazin.de/Matthias-Griebel.337.0.html.

12　Klemperer, *The Lesser Evil*.

13　This shop fracas was reported in the *Daily Telegraph* on 27 March 1953.

14　Neal Ascherson, in the *Observer*, 13 February 1965.

15　This gradual restoration features as a sort of mini-exhibit in its own right in the Zwinger galleries today.

16　Some of the details were recalled by Lyudmila in Vladimir Putin, *First Person* (PublicAffairs, 2000), a 'Self-Portrait' featuring interviews with the then new president. There was also interesting BBC news coverage in September 2015 tying in with Chris Bowlby's Radio 4 documentary *The Moment that Made Putin*.

第二十七章　美好与纪念

1　Donald Bloxham, 'Dresden as a War Crime', in Addison and Crang (eds.), *Firestorm*.

图书在版编目（CIP）数据

德累斯顿：一座城市的毁灭与重生 /（英）辛克莱·麦凯著；
张祝馨译 . -- 上海：文汇出版社，2022.1
ISBN 978-7-5496-3664-8

Ⅰ.①德… Ⅱ.①辛… ②张… Ⅲ.①第二次世界大
战战役–战略轰炸–史料–1945 Ⅳ.① E195.2

中国版本图书馆 CIP 数据核字 (2021) 第 219743 号

版权登记图字 09-2021-0940
审图号：GS（2021）4867

德累斯顿：一座城市的毁灭与重生

作　　者/　〔英〕辛克莱·麦凯
译　　者/　张祝馨
责任编辑/　何　璟
特邀编辑/　唐　涛
装帧设计/　人马艺术设计·储平
出　　版/　**文汇**出版社
　　　　　上海市威海路 755 号
　　　　　（邮政编码 200041）
发　　行/　新经典发行有限公司
电　　话/　010-68423599　邮　　箱 / editor@readinglife.com
印刷装订/　山东韵杰文化科技有限公司
版　　次/　2022 年 1 月第 1 版
印　　次/　2022 年 1 月第 1 次印刷
开　　本/　640×960　1/16
印　　张/　24.5
字　　数/　300 千

ISBN 978-7-5496-3664-8
定　　价/　78.00 元

敬启读者，如发现本书有印装质量问题，请与发行方联系。